D0627040

L'harmonie
de la maison
par le Feng Shui

Karen Kingston

L'harmonie de la maison par le Feng Shui

Avant-propos de Denise Linn

traduit de l'anglais
par Sylviane Pied

Bien-être

Titre original :
CREATING SACRED SPACE WITH FENG SHUI
First published by Judy Piatkus (Publishers) Ltd, England
© Karen Kingston, 1996
Pour la traduction française :
© Éditions J'ai lu, 1999

SOMMAIRE

TROISIÈME PARTIE
CRÉER DU SACRÉ EN TOUTE CHOSE

QUATRIÈME PARTIE
SENSIBILISATION À L'ÉLECTROMAGNÉTISME

CINQUIÈME PARTIE
DE LA MAGIE DANS VOTRE MAISON !

REMERCIEMENTS

Mes sincères remerciements et ma profonde gratitude aux personnes suivantes :

– à Rai, mon fiancé originaire de Bali, qui a su créer de l'espace dans notre relation pour me permettre d'écrire ce livre. Je le remercie pour sa douceur et son amour sincère ;

– à ma mère, Jean Kingston, pour m'avoir donné la liberté d'être toujours moi-même et à mon père, Frank Kingston, pour avoir instillé en moi, dès mon plus jeune âge, qu'avec de la volonté on arrive à tout ;

– à ma meilleure amie, Leigh Mollett, pour m'avoir enseigné la compassion et avoir cru en moi avant que j'apprenne à croire en moi-même ;

– à Keith Meehan, pour son amitié constante et sa grande générosité ;

– à Denise Linn, pour m'avoir spontanément tendu son microphone en 1991 et permis de parler des merveilles que peut faire la Purification de l'Espace (*Space Clearing*) aux 200 participants du cours qu'elle était en train de donner ! Son amitié, son appui et ses encouragements ont joué un grand rôle quant à l'existence de ce livre ;

– à Gina Lazenby, pour avoir su anticiper les choses, s'être dévouée et avoir fait preuve d'endurance dans l'organisation du lancement des cours que j'anime maintenant dans le monde entier. Je la remercie mille fois pour tout le travail qu'elle a accompli et pour sa précieuse amitié ;

– à Sean Milligan, Leonard Orr, William Spear et Graham Wilson, qui savent combien ils ont compté dans la genèse de ce livre. Je les remercie de tout cœur ;

– à Anne Lawrance, l'éditrice la plus sympathique, compétente et maîtresse d'elle-même, celle que tout auteur qui est publié pour la première fois voudrait avoir comme amie, et à Susan Reid, pour ses remarquables dessins qui dégagent beaucoup de tendresse ;

– à Roger Coghill, pour avoir vérifié le contenu du chapitre sur le stress électromagnétique et pour y avoir contribué. Je le remercie vivement ;

– à tous ceux qui ont contribué à ce livre sans le savoir : tous mes professeurs (en particulier Peter, où qu'il se trouve maintenant), mes merveilleux amis balinais, pour avoir partagé avec moi leur sagesse et leur façon de vivre ;

– à tous ceux qui ont participé à mes cours, pour leur enthousiasme, leur contribution et leurs précieux commentaires ;

– à tous ceux qui m'ont invitée chez eux pour une consultation privée. C'est toujours un privilège et une expérience enrichissante d'avoir à travailler à un niveau aussi intime dans l'espace personnel de quelqu'un ;

– à tous ceux qui lisent cet ouvrage et qui mettent en pratique les principes qui y sont énoncés, améliorant ainsi leur qualité de vie. J'ai pris un immense plaisir à écrire ce livre et espère que vous tirerez autant de joie, de connaissance et de bienfaits à le lire qu'à l'appliquer à votre vie.

AVANT-PROPOS

Au printemps de 1991, je devais donner un cours à des praticiens des vies antérieures dans les locaux de la Société royale d'horticulture (*Royal Horticultural Halls*) du quartier Victoria à Londres. Il y avait plus de 200 participants à ce stage, aussi les organisateurs avaient-ils pris des dispositions pour qu'il se déroule simultanément sur deux étages, ma voix étant retransmise par haut-parleurs à un étage supérieur. Je suis arrivée en avance pour préparer les deux salles et pour rencontrer les personnes qui allaient m'assister durant le cours.

À chaque fois que je conduis un séminaire, j'essaie d'avoir un certain nombre de guérisseurs et de thérapeutes qui m'apportent leur concours en se tenant à la périphérie de la salle. Cela permet de mettre les participants à l'aise et de leur apporter de la chaleur humaine. Je trouve qu'à l'intérieur de ce merveilleux espace sécurisant les participants peuvent méditer avec plus de profondeur et de force. Ce matin-là, j'ai eu la chance d'avoir comme assistante Karen Kingston qui était à l'époque une thérapeute londonienne réputée. Je connaissais les compétences de Karen en tant que thérapeute, mais j'ignorais ses connaissances en matière de purification de l'espace, fait que j'appris de la façon la plus théâtrale.

Une fois que la salle de l'étage inférieur fut prête pour l'arrivée des participants, je suis passée à l'étage du dessus pour vérifier l'autre pièce. Je fus consternée par l'atmosphère qui y régnait. Il s'en dégageait en effet une énergie épaisse, lourde et terne. Quelqu'un m'ayant appelée, je quittai la pièce pour quelques minutes et quand je revins je fus tellement frappée de stupeur que je m'arrêtai brusquement.

« Que s'est-il passé ici ? m'écriai-je. » Il n'y avait dans la pièce qu'un petit groupe d'assistants qui sursautèrent en entendant ma voix tonitruante. J'avais crié, parce que j'étais stupéfaite de la transformation radicale de l'énergie. L'atmosphère de la pièce n'était plus pesante ni déprimée. Aucun des objets présents n'avait été déplacé, pourtant la salle était étincelante de lumière et d'énergie. C'était remarquable. Très calmement, Karen a fait un pas en avant du groupe et m'a expliqué qu'elle avait purifié la pièce.

« Le changement d'énergie est incroyable, lui ai-je dit. »

Elle parut surprise et répondit : « C'est la première fois que je rencontre quelqu'un qui est assez sensible pour pouvoir remarquer instantanément cette métamorphose, en particulier quand je ne suis qu'à mi-chemin de mon travail de purification ! » À cet instant, nous nous sommes reconnues en l'autre, tandis que nous réalisions que nous venions de rencontrer quelqu'un qui partageait les mêmes aptitudes, qui sont en fait peu communes. Ce fut le début d'une riche et tendre amitié qui se perpétue jusqu'à aujourd'hui.

Le lendemain matin, j'invitai Karen à venir parler de la Purification de l'Espace pendant mon séminaire. Ses connaissances approfondies sur la question et sa personnalité chaleureuse captivèrent l'auditoire. Rien qu'avec sa voix elle peut emplir l'espace où elle se trouve d'une belle énergie. Depuis, nous avons travaillé ensemble en de nombreuses occasions et Karen anime maintenant des séminaires dans le monde entier. Elle est devenue, en outre, une consultante émérite en Feng Shui et en Purification de l'Espace, et un écrivain prolifique. Son enseignement s'est propagé de par le monde. Aussi, lorsqu'elle m'a fait part de son intention d'écrire ce livre, j'étais ravie. Elle possède un style qui est unique et qui a été fortement influencé par ses séjours à Bali.

Le livre de Karen traite de l'ancien art du Feng Shui et de la Purification de l'Espace, qui permettent de créer un espace sacré à son domicile ou sur son lieu de travail, suscitant santé, richesse et bonheur dans sa vie. Le Feng Shui se rapporte à la circulation naturelle de l'énergie qui est présente dans toute chose. Les mots « *feng* » et « *shui* » se traduisent littéralement par « vent » et « eau ». Ce sont les deux forces de l'énergie naturelle — ou ch'i — qui flottent dans le ciel et sur la terre. Le ch'i est ce qui relie tout ce qui se trouve dans l'univers. C'est le souffle cosmique de l'énergie qui circule dans toute chose. Une mauvaise conception d'un bâtiment, des pièces mal agencées et une énergie stagnante peuvent entraver toute tentative de celui qui vit ou travaille en ces lieux. Ainsi, le Feng Shui et la Purification de l'Espace nous apprennent à équilibrer et à harmoniser le ch'i pour créer équilibre et harmonie dans nos vies.

Karen est une enseignante et une praticienne exceptionnelle, qui a trouvé la manière de faire entrer l'art oriental du Feng Shui dans la société occidentale moderne. Elle a très bien assimilé l'expression « suivre le courant » : elle sait que les choses se mettent en place naturellement. En effet, lorsque nous nous trouvons au bon endroit au bon moment, tout nous réussit, phénomène que les gens attribuent au destin, et ce, depuis très longtemps. En mettant en pratique les indications de ce livre, toutefois, nous pouvons apprendre à vivre en harmonie avec notre environnement, afin de nous trouver au bon endroit et de contrôler notre destinée. De par ma longue expérience, je sais que créer un espace sacré peut avoir des effets remarquables sur notre vie.

Dans la Chine ancienne, il était dit : « Si l'harmonie règne dans la maison, il y aura de l'ordre dans la nation. S'il y a de l'ordre dans la nation, il y aura la paix dans le monde. » Tandis que nous approchons de la fin du millénaire, il n'y a jamais eu une période aussi favorable dans l'histoire de notre planète pour nous concentrer sur ce principe. Le livre de Karen contient justement des informations fondamentales qui nous permettent d'obtenir bien-être et facilité dans le parcours de notre vie, de nous rappeler qui nous sommes et ce que nous sommes venus faire ici. Par ricochet, cela peut conduire à une planète plus saine et plus harmonieuse, comme ce caillou que l'on jette dans une mare pour créer des ondulations qui se propagent jusqu'aux rives les plus éloignées.

Denise Linn
Auteur de *Sacred Space*

PREMIÈRE PARTIE

Purification de l'espace

CHAPITRE I

APPRENTISSAGE DU FENG SHUI

Origines

Un soir de 1978, je me rendais en voiture chez des amis qui venaient d'emménager dans un nouvel appartement lorsqu'une idée me traversa l'esprit. Je ne me doutais pas alors qu'elle allait changer le cours de ma vie.

Arrivée devant leur porte, je leur ai expliqué ce que j'avais en tête. Plutôt que de me faire visiter leur nouveau domicile, je leur ai demandé la permission d'explorer les lieux, les yeux bandés.

Cela faisait quelques années que je m'exerçais à développer mes facultés sensorielles et tout particulièrement celle qui me permet de lire les énergies à l'aide de mes mains, de détecter et de déchiffrer les pulsations électromagnétiques qui émanent des êtres animés ainsi que des prétendus objets « inanimés ». Je décris généralement ce phénomène comme étant une faculté à lire des informations à l'aide de mes mains, de la même façon que je peux lire un livre avec mes yeux. Je m'étais beaucoup entraînée auparavant chez moi et dans des édifices publics, mais jamais chez quelqu'un d'autre ni les yeux bandés.

Mes amis étaient aussi intéressés que moi par cette petite expérience, aussi me bandèrent-ils solidement les yeux avec un foulard d'épaisse soie noire qu'ils avaient pu dénicher chez eux. Nous avons commencé alors la visite de l'appartement depuis le seuil, en suivant le périmètre intérieur de l'espace.

Je marchais la première, avançant très lentement, dans le couloir, puis dans la première pièce. Usant de mes mains comme d'antennes, je suivais le contour des murs, des meubles et des objets. Je ne les touchais pas vraiment, mais sentais simplement l'énergie qui en émanait.

D'abord, je découvris que je pouvais dire, sans presque jamais me tromper, quels meubles appartenaient à mes amis ou au propriétaire. Des premiers se dégageaient une énergie chaleureuse et familière, des seconds, une vibration plus sourde et plus pesante.

Nous commencions à trouver cela palpitant. « Voyons si tu peux nous décrire les peintures qui sont accrochées au mur », me demandèrent mes amis en me mettant au défi. Cela prit un peu plus de temps, mais je prenais conscience que je pouvais sentir très précisément où étaient situés les tableaux et, lorsque je me trouvais en syntonie, j'étais capable d'en deviner les couleurs, et parfois même le contenu. De la même manière, je pus donner les noms de quelques personnes se trouvant sur les photographies exposées dans leur appartement.

« Voyons ce que tu peux faire d'autre », ajoutèrent mes amis d'un ton encourageant. Ils étaient dès lors totalement fascinés. Ils me demandèrent de deviner quels bibelots leur appartenaient, mais nous fûmes consternés devant ma piètre performance à ce niveau. Tout d'abord, nous n'arrivions pas à comprendre, et puis ils réalisèrent que beaucoup de leurs bibelots étaient des antiquités qui avaient appartenu à d'autres et qui étaient donc également imprégnées de l'énergie des propriétaires précédents. C'était ce qui m'avait induite en erreur.

Cela me donna l'idée de faire à nouveau le tour de l'appartement et de le sonder d'une façon complètement différente. Cette fois, je me concentrai sur ce qui s'était passé en ce lieu avant que mes amis soient venus y vivre. À ce moment-là, nous nous lancions vraiment dans l'inconnu, car aucun d'entre nous n'en connaissait le passé. Je devinais les choses plus que je ne les sentais, mais je décrivais quelques-unes des vibrations que je captais de la meilleure façon possible. Un signal très fort me parvint : Je ne pus le qualifier en cet instant que de « dureté mentale ». Je ressentais également de vives douleurs dans mes os, en particulier dans les articulations des doigts.

Je passai la soirée entière à parcourir l'appartement et à détecter les différentes énergies, ne retirant le foulard qu'après avoir franchi le seuil et dit au revoir. Une semaine plus tard, je recevais un appel téléphonique de mes amis, qui étaient tout excités. Ils s'étaient renseignés auprès du propriétaire et avaient appris que le locataire précédent avait vécu là pendant vingt ans. C'était un vieil homme extrêmement têtu et perclus d'arthrite, particulièrement aux mains !

Développements ultérieurs

L'expérience de cette soirée m'a véritablement donné un élan pour continuer à développer davantage mes capacités à sentir les énergies, à l'aide de mes mains et de mon sens du toucher, mais aussi à regarder, écouter, sentir et goûter à un niveau énergétique. J'ai également développé mon intuition et étudié tous les principaux arts divinatoires, tels que la chiromancie, l'astrologie, les tarots, la numérologie, la graphologie, etc. J'ai appris à guérir à l'aide des couleurs, de la musique, de l'harmonisation (*toning*), des cristaux et bien d'autres moyens. Utilisant une technique spéciale de *channeling*, j'ai pu me connecter directement au cœur de l'essence même de la musique, de la danse et des cérémonies à caractère spirituel de différentes cultures et j'ai pu ainsi mieux les étudier. Je devins très habile à m'abstraire, afin de pouvoir canaliser des informations claires et puissantes.

Tandis que ma capacité à lire les énergies des bâtiments se développait, je commençais à prendre conscience que beaucoup d'entre elles étaient désagréables et indésirables. Je voulais en particulier que ma propre maison soit débarrassée des influences étrangères. Cela fut donc une progression naturelle que d'apprendre à nettoyer et à purifier les énergies des constructions, technique que j'ai appelée « Purification de l'Espace » (*Space Clearing*), ce qui semblait décrire le processus avec le plus de justesse. Cela devint fondamental dans mon existence de purifier le lieu où je voulais vivre puis d'y créer et d'y maintenir une atmosphère de haut niveau.

Quelques années plus tard, j'ai commencé à mettre en pratique ce que je connais maintenant comme étant « l'art de l'habitat ». J'ai pu observer qu'il se passait quelque chose d'étonnant au niveau de l'énergie, lorsque je disposais les objets d'une certaine façon les uns par rapport aux autres, en tenant également compte des dimensions spatiales qui les entouraient. J'ai ainsi commencé à utiliser cet art, obtenant des résultats incroyables dans ma propre vie. Chaque fois que quelque chose n'allait pas très bien, j'allais chez moi et procédais à un nouvel arrangement de mes meubles et de mes bibelots, jusqu'à ce que tout à coup un « clic » se fasse entendre dans les champs énergétiques, comme si soudainement tout s'était trouvé aligné. Après cela, tout allait beaucoup mieux. Ultérieurement, tandis que je développais davantage cette technique, j'ai acquis la réputation parmi mes amis de pouvoir réaliser des choses impossibles dans ma vie, et ce, à l'infini.

Tout cela était très amusant. J'allais de découverte en découverte ; je jouais avec les énergies et expérimentais de nouvelles idées pour voir celles qui pouvaient fonctionner ou non. J'apprenais à transformer les atmosphères, à les rendre plus denses ou à les modérer. Les gens qui me rendaient visite étaient habituellement si stupéfaits qu'ils s'exclamaient: « Sensationnel ! Quel endroit étonnant ! » ou bien : « C'est tellement agréable chez vous ! » De plus, ils ne voulaient plus partir lorsqu'il en était temps. Vu le nombre de fois où cela est arrivé, je savais pertinemment que j'obtenais des résultats tangibles.

Cela faisait environ dix ans que je mettais ces techniques en pratique lorsqu'un ami m'apporta un livre illustré très volumineux. Il contenait un chapitre sur quelque chose dont je n'avais jamais entendu parler, appelé Feng Shui. Il me dit : « Regarde ça ! Les Chinois s'y connaissaient déjà bien avant toi, il y a environ trois mille ans ! » Je lus le chapitre en question avec intérêt, mais c'était écrit en grande partie dans un jargon oriental incompréhensible qui n'avait pas beaucoup de sens pour moi à cette époque. Je trouvais toutefois merveilleux de savoir que des recherches avaient déjà été effectuées dans ce domaine. Plus tard, lorsque je fus à même de les comprendre mieux, je pus, grâce à ce livre, vérifier et compléter les connaissances que j'avais acquises en travaillant purement du point de vue de l'énergie.

Au fil des ans, je continuais à développer de nouvelles aptitudes. Je me suis entraînée à travailler sur le corps. Je découvris qu'en passant mes mains au-dessus du corps des êtres humains sans les toucher, et ce, d'une dizaine de centimètres, je pouvais lire les souvenirs et les traumatismes accumulés dans les tissus du corps, étant ainsi à même d'aider les personnes à s'en débarrasser. J'ai appris à travailler avec le souffle et suis devenue une professionnelle du *rebirth* (« renaissance »), enseignant l'utilisation de la respiration pour trouver les réponses en soi-même. Je devins experte pour deviner ce qu'une personne pouvait ressentir et expérimenter, simplement en regardant la façon dont elle faisait entrer l'énergie à travers le souffle : je pouvais donc l'aider à devenir consciente des blocages d'énergie enfouis depuis longtemps et à les libérer. J'ai combiné l'harmonisation du corps, le *reiki*, et d'autres formes de travail sur le corps, avec des conseils métaphysiques lors de séances de *rebirth*, afin d'obtenir des résultats d'une très grande efficacité.

En même temps que je travaillais avec l'énergie des êtres humains, j'améliorais également mon savoir-faire relatif à l'énergie de l'espace, ne pensant pas qu'un jour quelqu'un pût être intéressé par l'étude de ce domaine. Cela a donc été très stimulant pour moi de compter parmi les précurseurs du récent engouement pour ce sujet dans le monde occidental et de découvrir que toutes mes habiletés avaient soudain une utilité et une valeur pour les autres également.

À la découverte de Bali

En 1990, j'ai effectué un autre bond en avant dans mes études, lorsque j'ai découvert Bali, une île minuscule de l'archipel indonésien. La culture, qui y est présente, vibrante et spirituelle, est l'un des meilleurs exemples d'un peuple vivant en parfaite harmonie avec son environnement naturel. En outre, il ne m'a jamais été donné d'assister à des cérémonies de purification d'un tel niveau de sophistication. Je suis tombée amoureuse de cette région, y ai passé la majeure partie des trois années suivantes et continue d'y vivre depuis, six mois par an. Possédant une aptitude naturelle pour la langue indonésienne, j'ai commencé à apprendre le balinais, une langue merveilleuse pour décrire les choses. Incroyablement complexe, avec ses trois niveaux de langue et d'innombrables dialectes, elle n'est connue que d'une poignée d'Occidentaux. Il n'existe par ailleurs aucun dictionnaire. La connaissance du balinais m'a vraiment ouvert des portes, spécialement celles des prêtres et des chamans plus âgés qui parlent à peine quelques mots d'indonésien, étant donné qu'ils ont quitté l'école alors que cette langue commençait tout juste à y être enseignée. Je reparlerai plus longuement de Bali tout au long de ce livre et des conséquences de mon travail avec ces prêtres et ces chamans.

Premiers cours

J'ai pendant longtemps refusé d'enseigner la Purification de l'Espace sauf à quelques amis proches, parce que je ne voulais pas être étiquetée comme «excentrique» ou « bizarre ». Puis, j'ai donné un cours intitulé « Créer votre vie selon vos désirs ». J'ai alors remarqué quelque chose de très intéressant : mes étudiants obtenaient de bons résultats, mais ceux qui réussissaient le mieux étaient ces mêmes amis auxquels j'avais enseigné la façon de purifier l'énergie dans leur propre habitation.

Ce fut l'incident que Denise Linn décrit dans l'avant-propos de ce livre qui m'a véritablement poussée à enseigner à plus de monde la Purification de l'Espace. Nous nous connaissions à peine à cette époque, pourtant Denise me demanda de venir parler le jour suivant de ce que je savais de la Purification de l'Espace devant les stagiaires qui suivaient son cours sur les vies antérieures. Ensuite, j'ai été submergée par les étudiants qui, enthousiasmés par cette technique, me demandaient de venir donner une consultation privée à leur domicile. J'étais à la fois stupéfaite et ravie. Denise m'a alors encouragée à donner mes propres cours et m'a même aidée pour commencer, me recommandant auprès des personnes qui organisent ses séminaires en Angleterre et en Australie. J'enseigne maintenant le Feng Shui, la Purification de l'Espace et d'autres sujets connexes dans le monde entier.

Développement ininterrompu

Le terme « Feng Shui » est originaire de Chine mais, au fil des ans, j'ai découvert que toutes les cultures du monde possèdent une forme de Feng Shui, ainsi que la branche du Feng Shui qui concerne la purification et la consécration des lieux et que j'appelle la Purification de l'Espace. J'ai adapté les techniques de tous les pays où j'ai pu trouver des choses utiles, que ce soit de Chine, du Japon, de l'Inde, de l'Amérique, de Grande-Bretagne, de nombreux pays d'Europe et du Moyen-Orient, et évidemment de Bali.

Quelques-uns des savoirs que j'ai pu trouver dans des livres et dans différentes cultures sont contradictoires, mais, étant donné que je travaille toujours du point de vue de l'énergie, il a été très facile pour moi de discerner les éléments qui fonctionnent ou non, ceux qui peuvent être adaptés à la vie occidentale et ceux qui ne conviennent pas aussi bien. Ma vie est une suite d'expérimentations : je cherche, je vérifie, je raffine mes conclusions avec un grand enthousiasme.

Lorsque je donne une consultation de Feng Shui ou de Purification de l'Espace, je me promène d'abord à l'intérieur du périmètre du lieu en question et fais une lecture de l'énergie à différents niveaux. Ensuite, cela dépend de l'intensité que souhaitent me voir développer les personnes qui y vivent ou y travaillent. Je me souviens d'une femme qui était tellement enchantée de ma prestation que la consultation d'une heure qu'elle avait demandée à l'origine se transforma en une lecture approfondie sept heures durant de toutes les pièces de sa demeure de quatre étages. C'était une mère aimante qui avait éprouvé une série de difficultés avec ses enfants maintenant adultes. Aussi, lorsqu'elle se rendit compte de mon aptitude à me mettre en syntonie et à lire l'énergie de sa maison, elle me demanda de me rendre dans chaque pièce et de lui dire ce que les murs, les meubles et les bibelots avaient en mémoire. Pour chacun de ses enfants, je fus en mesure de lui décrire leur caractère, leurs luttes intérieures, leurs aspirations profondes et de lui dire comment elle pouvait les aider individuellement, pour que cela leur soit le plus bénéfique possible.

Les gens me demandent souvent si je pense que mon talent est unique. Je crois que je possède une empathie et une passion naturelles pour travailler avec l'énergie, mais mon habileté est principalement due à des années et des années de perfectionnement. Depuis que j'ai commencé à utiliser dans mes cours les informations qui se trouvent dans ce livre, un grand nombre de personnes ont découvert qu'elles pouvaient, elles aussi, apprendre à lire les énergies et à utiliser le Feng Shui et la Purification de l'Espace, chez elles ou sur leur lieu de travail. J'ai formulé mon enseignement de manière que, sans entraînement préalable, les étudiants puissent après le cours le mettre immédiatement en pratique. Je reçois du courrier et des appels téléphoniques tous les jours de personnes qui me parlent des choses agréables survenues grâce à cette technique. Finalement, pour qu'un plus grand nombre puisse y avoir accès et l'utilise, mes cours sont maintenant disponibles sous une forme écrite.

Contenu de cet ouvrage

Ce livre se divise en cinq parties :

● La première partie introduit le concept de Feng Shui et de la Purification de l'Espace. Elle comprend un guide en 21 étapes vous permettant d'apprendre à purifier vous-même votre lieu d'habitation.

● La deuxième partie présente les principes de base de la Purification de l'Espace d'une façon plus détaillée et répertorie les différentes méthodes possibles de purification, afin que vous puissiez créer vos propres rituels.

● La troisième partie traite en profondeur des techniques de consécration de l'espace et du sacré dans les divers aspects de votre vie.

● La quatrième partie vous permet d'élargir votre conscience à un autre aspect de l'énergie, celui du stress électromagnétique provenant de sources naturelles et humaines.

● La cinquième partie est un cours sur l'art de l'habitat selon les principes du Feng Shui, combinant corrections et mises en valeur, à l'aide de miroirs et de cristaux.

Je vous recommande de lire ce livre dans l'ordre de présentation des chapitres. Les techniques de purification et de consécration de l'espace présentées dans les trois premières parties et les informations sur l'électromagnétisme dans la quatrième partie vous permettront d'obtenir d'excellents résultats lorsque vous mettrez en pratique les indications de la dernière partie qui traitent de l'art de l'habitat selon les principes du Feng Shui.

Tout au long de cet ouvrage, je fais référence à votre lieu d'habitation en tant que bâtiment auquel vous appliquerez ces techniques. Il est évident que cela concerne également votre lieu de travail ou tout autre bâtiment que vous occupez.

CHAPITRE II

L'ART
DU FENG SHUI

Pour les personnes qui ont étudié la visualisation et d'autres méthodes permettant de transformer sa vie, le Feng Shui et la Purification de l'Espace ouvrent de nouvelles perspectives passionnantes. Une fois que votre maison sera « en ordre », vous découvrirez que toute une armée d'assistants dont vous n'aviez jamais soupçonné l'existence se trouve à votre disposition.

Les informations contenues dans ce livre vous permettront de faire vous-même des découvertes, en vous apprenant à lire le symbolisme et l'énergie de votre maison, pour mieux les modifier à votre avantage. En effet, grâce à un ajustement et à un bon équilibre de la circulation de l'énergie dans votre maison, vous pourrez considérablement influer sur le cours de votre vie et obtenir des résultats effectifs.

Votre maison

Si vous n'êtes pas chez vous tandis que vous lisez ces lignes, imaginez votre habitation pour quelques instants. Si vous y êtes, faites une pause et regardez autour de vous. Comment la décririez-vous ? Est-elle élégante, en désordre, accueillante, inachevée, grandiose, austère, fonctionnelle… ?

Quels que soient les termes que vous utiliseriez pour répondre à cette question, il vous faut prendre conscience que ce que vous observez est la manifestation extérieure de votre Moi profond. En effet, tout ce qui se trouve à l'extérieur de votre moi, et particulièrement l'environnement de votre maison, reflète votre personnalité profonde. À l'inverse, tout, dans votre maison, peut vous affecter, du plus petit bibelot au plus grand élément du décor.

La plupart des gens ne sont même pas conscients de l'effet incroyable que peut avoir sur eux leur maison et leur environnement de travail. Ils considèrent généralement les bâtiments comme des choses secondaires, ne se rendant pas compte qu'ils peuvent véritablement contribuer à améliorer ou à entraver leurs projets. Ils réagissent ainsi inconsciemment, sans savoir qu'ils y sont sensibles.

Un bon praticien du Feng Shui peut décrire votre personnalité, grâce à la lecture de votre maison, aussi bien qu'un astrologue qui étudie votre carte de naissance, un chiromancien qui vous lit les lignes de la main ou un graphologue qui interprète votre écriture. Tout ce qui peut être vu et ressenti se trouve là, dans votre maison. C'est *impossible* que cela n'y soit pas, car cela vient de vous en premier lieu. À un certain niveau, consciemment ou inconsciemment, c'est vous qui avez choisi votre lieu d'habitation, choisi tout ce qu'il contient et placé les choses où elles se trouvent maintenant. Tout cela a un sens et des effets. Votre maison est le portrait vivant de ce que vous êtes et de ce qui vous arrive dans la vie.

Tout est vivant

Comprendre le Feng Shui et la Purification de l'Espace, c'est d'abord prendre conscience que chaque particule est vivante, pleine de l'énergie de la force de vie, pleine d'esprit et d'intelligence. Nos maisons sont vivantes ; les chaises sur lesquelles nous sommes assis sont vivantes ; les bagues que nous portons aux doigts sont vivantes. Si vous savez comment être à l'écoute, les choses vous parleront et vous révéleront leurs secrets.

Pour ma part, j'ai toujours senti que tout ce qui existe était vivant. L'idée n'est pas nouvelle. L'animisme est partie intégrante de la plupart des cultures dites « primitives » qui sont encore reliées à la conscience universelle. À Bali, l'hindouisme imprégné d'animisme constitue la base des pratiques religieuses. Chaque famille possède au moins un objet sacré qui, croiton, a des pouvoirs mystiques.

La magnifique planète sur laquelle nous vivons n'est pas un morceau de rocher sans vie filant à toute allure dans l'espace vers une destination inconnue. Elle vibre avec tout ce qui s'y trouve, dégageant une énergie que les Chinois appellent *ch'i*, les Japonais, *ki*, les Hindous de l'Inde, *prana* et les Polynésiens, *mana*. Dans toutes les cultures, on donne un nom à cette énergie. Nous l'appelons « esprit », « force de vie » ou simplement « énergie ».

On peut se rendre compte de sa présence en observant les diverses langues et coutumes qui sont nées en réponse aux différentes énergies émanant de la Terre. En certains lieux, on peut aisément constater qu'à quelques kilomètres de distance, les dialectes locaux sont complètement différents, parce que l'énergie émanant de l'endroit l'est aussi.

Une énergie pure nous entoure, même si nous ne pouvons la voir que lorsqu'elle a une incidence concrète sur notre environnement immédiat, de la même manière que nous ne pouvons voir la lumière que lorsque quelque chose est éclairé. L'électricité est un phénomène invisible que nous tenons pourtant pour évident quand nous allumons une lampe. Les photographies réalisées par Kirlian offrent la preuve de l'existence des champs énergétiques émanant de toute chose aux esprits occidentaux en quête d'objectivité. J'ai eu l'occasion de voir une de ces photographies. Il s'agissait d'une tranche de pain de mie blanc raffiné, disposée à côté d'une tranche de pain brun biologique de grains entiers. Autour du pain blanc, on pouvait voir un semblant de champ énergétique, alors qu'autour du pain brun se dessinait un champ énergétique solide, plein de vie et considérablement plus grand. La différence était si surprenante que je n'ai presque jamais mangé de pain blanc depuis ! Les aliments raffinés perdent tellement de leurs propriétés vitales.

Dans son essence, le Feng Shui consiste à vivre consciemment sur la Terre Mère et à profiter de la force de vie de la plus haute qualité possible. C'est l'art de l'équilibre, de l'harmonie et de la mise en valeur du flux des énergies naturelles. En outre, puisque toutes les choses sont imprégnées de ces énergies, nous pouvons appliquer cet art ancien, d'une façon ou d'une autre, à tout ce que nous faisons.

Le Feng Shui en Orient

Le terme Feng Shui est originaire de Chine et se traduit par « vent et eau ». J'emploie ce nom plutôt qu'un autre, parce que c'est celui qui est le plus connu dans le monde occidental, mais chaque culture traditionnelle a sa propre dénomination.

Le Feng Shui a d'abord été utilisé dans la Chine ancienne, il y a environ trois mille ans, dans le but de déterminer les sites les plus favorables aux tombes des ancêtres et de donner à ces derniers les meilleures places pour qu'ils puissent aider leurs descendants encore en vie. Ultérieurement, on a commencé à le mettre en pratique pour ériger les palais, les bâtiments gouvernementaux importants et les monuments, jusqu'à ce que toutes les villes soient conçues et construites selon les principes du Feng Shui.

Hong Kong est l'une d'entre elles, son incroyable prospérité étant citée comme le meilleur exemple de l'efficacité du Feng Shui. On estime que 90 % des immeubles y ont été construits selon ces principes. Le cas célèbre de la Banque de Chine à Hong Kong est l'exemple type du sérieux que l'on accorde au Feng Shui en Orient. En effet, les banques voisines lui auraient intenté un procès à cause des angles aigus de son gratte-ciel de 70 étages qui leur portait préjudice. Cela ne fait aucun doute que l'architecte qui a conçu l'immeuble de cette banque savait exactement ce qu'il faisait lorsqu'il a dessiné une structure qui semble délibérément lancer des flèches en direction des concurrents, visant ainsi à « tuer leur ch'i ». La réponse immédiate des occupants des bâtiments environnants fut d'installer des miroirs selon l'art du Feng Shui, dans une tentative de renvoi à sa source de l'énergie néfaste, et d'entamer une procédure judiciaire. Voilà un exemple d'utilisation du Feng Shui en vue de manipuler les énergies, plutôt que de contribuer au bien de tous. Heureusement, la loi du karma nous met tous en définitive sur le même pied d'égalité : nous récolterons ce que nous aurons semé.

Le Feng Shui en Occident

Au début des années 90, le Feng Shui a commencé à être connu aux U.S.A. et, comme pour la plupart des nouveautés, sa popularité s'est étendue progressivement au reste du monde occidental. Le Feng Shui est devenu l'un des mots « à la mode » de la dernière moitié des années 90. Londres en est la capitale dans le monde occidental, avec plus de cours et de programmes de formation que dans tout autre pays.

Lorsqu'ils découvrent le Feng Shui pour la première fois, beaucoup de gens disent que cela explique énormément de choses, des choses qu'ils ont toujours sues à l'intérieur d'eux-mêmes, mais qui y étaient restées enfouies ! La plupart des femmes et des hommes d'affaires qui réussissent pratiquent en fait le Feng Shui sous une forme ou sous une autre sans le savoir. Sir William Lyons, président de Jaguar Cars, cherchait toujours ce qu'il appelait « la ligne lumineuse » lorsqu'il examinait un nouveau modèle de voiture. Il faisait allusion à une douce réflexion de la lumière le long de la voiture, de l'avant vers l'arrière, ce qui en langage Feng Shui serait un mouvement circulaire harmonieux de l'énergie. Selon lui, la Jaguar type E, la voiture la plus populaire et la plus rentable qui ait jamais été conçue par Jaguar, possédait la meilleure ligne lumineuse au monde. Les boutiques Body Shops dessinées par Anita Roddick, où des murs couverts de miroirs, placés derrière chaque produit, semblent en multiplier l'effet, constituent un autre exemple des mises en valeur naturelles suivant le Feng Shui.

Feng Shui et purification de l'espace

Le Feng Shui comprend un vaste corpus de connaissances qui nécessite en Orient au moins trente ans d'apprentissage pour devenir un maître. La plupart des Occidentaux ont une perception très limitée de cet art complexe, croyant qu'il ne concerne que la décoration intérieure et l'agencement du mobilier, ce qui constitue seulement en fait une branche du Feng Shui. L'art de purifier et de consacrer les bâtiments (Purification de l'Espace) est l'une des autres branches importantes ; lire les énergies émanant de la Terre et choisir les bons sites pour les bâtiments en est une autre, sans compter l'art des mises en valeur et des corrections. L'étude du Feng Shui comprend aussi d'autres disciplines telles que l'orientation des bâtiments (étude de leur position en relation avec les points cardinaux ou des aspects significatifs de la topographie), l'orientation dans l'espace (étude des effets dus au déplacement dans une direction particulière à l'aide d'une boussole), l'astrologie, les couleurs, l'alimentation, le diagnostic médical, etc.

Pour devenir expert dans l'une des branches du Feng Shui, même au rythme actuel d'apprentissage qui est accéléré, plusieurs années d'étude et de mise en pratique sont nécessaires. Il existe toutefois quelques principes de base relativement faciles à enseigner qui sont l'objet de cet ouvrage. Commencer par l'étude de la Purification de l'Espace rend les choses plus faciles, car cela procure une expérience pratique de la façon dont l'énergie se déplace et affecte notre vie.

Améliorer votre qualité de vie

Tout le principe de ce livre repose sur votre désir d'apprendre en vue d'être heureux et d'avoir une vie bien remplie et réussie. Chacun d'entre nous est un esprit incarné dans un corps physique, sur une planète donnée, et dont l'un des besoins fondamentaux est un abri physique. Jouer au « jeu de la protection » fait partie de l'art de vivre en harmonie avec l'univers physique. Aussi, même si vous ne vous considérez pas comme une personne « spirituelle », vous pouvez néanmoins apprendre ce jeu et y exceller, si vous avez l'intention de rester sur Terre encore pendant un certain temps ! Voilà dans les faits quelques principes « terre à terre », justement, pour vivre sur la planète Terre.

Autrefois, le centre de la maison occidentale était la cheminée ou bien la table de la cuisine — point de rencontre pour partager des activités —, de nos jours, c'est la télévision. Si vous en doutez, vous n'avez qu'à regarder comment les fauteuils sont disposés dans la plupart des salles de séjour. Ils sont tous dirigés vers la boîte noire, cause du manque de communication entre les êtres humains et de la baisse des activités communautaires, accentuant les sentiments de séparation que beaucoup ressentent.

Dans le monde occidental, beaucoup d'entre nous ont oublié ce que la vie pourrait être. Nous nous sentons séparés et déconnectés de la Terre, de notre environnement, des autres et de beaucoup de nos sources principales de nourriture. Il y a si peu de sacré dans nos vies. Lorsque nous sommes déconnectés de notre environnement, nous tombons malades non seulement sur le plan physique, mais aussi sur le plan mental, émotionnel et spirituel. Nous construisons des édifices qui nous rendent malades et nous nous demandons pourquoi nos vies semblent avoir si peu de sens. Voilà pourquoi nous nous éveillons aux savoirs et aux pratiques séculaires des cultures orientales.

Le Feng Shui offre de l'espoir. C'est un moyen de se reconnecter et de redonner un sens sacré à nos vies. Lors de mes voyages autour du monde, j'ai pu en maintes occasions observer que l'Est se tourne vers l'Ouest pour ce qu'il n'a pas — le matérialisme — et l'Ouest, vers l'Est pour ce qui lui manque — la spiritualité. Le Feng Shui est un pont entre les deux mondes ; c'est véritablement un art que tout le monde peut utiliser, quelles que soient sa nationalité, sa religion ou sa condition sociale.

CHAPITRE III

BALI : APERÇU D'UN AUTRE MONDE

La matière de mon enseignement et de ce livre vient de Bali, car c'est un exemple parfait. Vous trouverez aux chapitres suivants des indications précises sur la façon de créer un espace sacré dans votre propre maison. Mais commençons d'abord par explorer une culture où le Feng Shui et la Purification de l'Espace constituent un art de vivre à part entière.

Le visible et l'invisible

Je mène véritablement deux existences parallèles depuis ces vingt dernières années : une part de moi s'appuie fermement sur le monde matériel et visible, l'autre moitié vit dans le monde métaphysique et invisible des énergies et des vibrations.

Une des raisons pour lesquelles j'aime séjourner long-temps à Bali vient du fait que les Balinais vivent aussi dans ces deux mondes. Ils les appellent *sekala* (le visible) et *niskala* (l'invisible). Ils conçoivent très bien que tout ce qui se manifeste dans le monde physique ait son origine et sa contrepartie dans le domaine invisible de l'énergie. J'ai une extrême empathie pour les Balinais. Leur île magnifique est le seul endroit que je connaisse où trois millions de personnes ont une façon de vivre totalement intégrée, vibrante et spirituelle. C'est aussi un lieu où je n'ai pas besoin d'expliquer qui je suis. Ses habitants comprennent parfaitement bien comment je mène ma vie.

Un mode de vie empreint de cérémonies

En Occident, nous ne mêlons pas notre vie matérielle et notre vie spirituelle. C'est l'inverse pour les Balinais, dont la religion transparaît dans tous les aspects de leur vie. Ils ont développé une forme d'hindouisme unique et théâtrale qui englobe l'animisme et le culte des ancêtres. Leur religion n'est pas une affaire indigeste et sérieuse, elle procure un immense plaisir, ce qui explique la participation enthousiaste des jeunes comme des anciens.

Il n'y a rien que les Balinais aiment autant que de se rendre au temple trois jours de suite pour assister à une cérémonie qui est à la fois un événement religieux et une rencontre sociale. Ils passeront les jours précédents à préparer avec grand soin des offrandes pour les dieux, composées d'aliments et de fleurs. Dans les jours qui suivent la cérémonie, comme ce sont des gens à l'esprit pratique, ils consommeront la nourriture dont les dieux n'auront absorbé que l'essence ! Étant donné qu'il y a trois temples par village et une grande fête environ deux fois par an dans chaque temple, il se

trouve toujours à Bali une cérémonie à laquelle il est
possible d'assister. On estime qu'il y a plus de
20 000 temples sur l'île, ce qui est étonnant si l'on
considère qu'elle ne fait pas plus de 80 km du nord au
sud et 144 km d'est en ouest !

Les Balinais croient qu'ils vivent véritablement au para-
dis, aussi honorent-ils et respectent-ils la portion de
terre sur laquelle ils habitent. Chaque habitation possède son propre temple, des offrandes de fleurs, d'encens
et d'eau sacrée y sont faites aux dieux trois fois par jour :
à l'aube, à midi et au crépuscule. Ils vivent réellement
en totale harmonie avec leur environnement.

Voici l'une de mes histoires préférées illustrant parfaitement cette relation. Il existe très peu d'animaux à
Bali qui peuvent vous infliger une blessure sérieuse,
excepté un mille-pattes pouvant atteindre plusieurs
centimètres de long. Sa morsure n'est pas mortelle,
mais elle est extrêmement douloureuse. Une nuit, alors
que j'étais endormie, je fus mordue par l'un d'entre
eux. Ses crochets avaient laissé des trous en deux
endroits différents sur ma poitrine et je fus à l'agonie
pendant des heures. Le lendemain matin, tous mes voisins balinais vinrent demander ce qui avait provoqué
tout ce tapage durant la nuit. Après leur avoir raconté
ce qui s'était passé, ils voulurent examiner immédiatement les traces de morsures, puis ils s'en allèrent
promptement.

« Ils n'ont vraiment aucune compassion pour moi ! » dis-
je en m'exclamant. Rai, mon fiancé d'origine balinaise,
secoua la tête, sourit et m'expliqua gentiment que, pour
eux, j'avais été mordue parce que j'avais commis un acte
qui avait offensé les esprits de la Terre. En fait, mes voisins étaient partis déposer d'autres offrandes sur le pas de
leur porte, afin de ne pas être mordus à leur tour ! Mon

fiancé ajouta que nous devrions les imiter pour éviter d'autres visites. C'est ce que nous avons fait et il n'y a plus jamais eu d'autres incidents depuis.

Le Feng Shui à Bali

L'une des raisons faisant de Bali une véritable île paradisiaque vient de ce que l'art du Feng Shui y est si répandu que les bâtiments semblent pousser directement du sol. Ils font tellement partie intégrante de l'environnement qu'ils semblent avoir grandi à partir d'une graine et prolongé leurs racines dans la terre. Quel que soit l'angle sous lequel on regarde Bali, on se trouve toujours devant une magnifique carte postale.

L'art du Feng Shui n'est pas réservé à quelques professionnels expérimentés. Tous les Balinais possèdent naturellement un sens de l'harmonie fort développé qui s'applique aux relations avec les autres, à leur environnement immédiat et à tout le cosmos. Je n'en ai jamais rencontré qui n'avaient pas une aptitude innée pour le Feng Shui et j'ai souvent été émerveillée de voir comment ils peuvent créer tant de beauté sans effort. Ils ne rasent pas toute la végétation pour construire des petites boîtes en béton et sans âme comme nous le faisons. Ils intègrent au contraire leurs habitations aux contours naturels du paysage et s'attachent à chaque détail, en l'accentuant ou en le mettant en valeur. Ils n'alignent pas leurs maisons les unes sur les autres et n'essaient pas de les rendre identiques. Leur maison est une extension d'eux-mêmes, l'expression de leurs valeurs spirituelles et de leur créativité individuelle.

Les Balinais vivent très près de la terre. Ils aiment pouvoir la sentir, entendre les bruits de la nature, être réveillés par le chant du coq et s'endormir au son apaisant des grillons et des grenouilles. Même dans les zones urbaines, ils utilisent tous les éléments — terre, air, feu et eau —, afin de se sentir profondément reliés à leur lieu de résidence.

La vie à Bali est perpétuellement en mouvement. Cela se reflète dans la langue, qui ne possède ni temps passé ni temps futur. Les Balinais vivent tout simplement dans le présent. Ils ont un sens inné de la créativité et, comme les Occidentaux, ne résistent pas au changement. C'est la raison pour laquelle leur façon de vivre traditionnelle a survécu, car ils savent s'adapter facilement aux nouvelles influences venant de l'Ouest, les incorporant à leur culture. Un bon exemple de cet état de fait est la cérémonie appelée *Tumpek Landep* se tenant tous les deux cent dix jours et pour laquelle les offrandes doivent traditionnellement être des armes de guerre en métal. Maintenant qu'il n'y a plus de guerre, les Balinais ont adapté la cérémonie au goût du jour et apportent voitures métalliques, motos et camions au temple local pour qu'ils soient bénis ! Les grilles des radiateurs et les rétroviseurs extérieurs sont tous décorés de feuilles de cocotier habilement tressées qui claquent au vent jusqu'à ce qu'elles soient emportées dans les airs. Ils peuvent aussi offrir d'autres objets en « fer », comme des ordinateurs par exemple.

Construction
d'une nouvelle maison à Bali

À Bali, les maisons sont traditionnellement construites selon les mensurations du chef de famille, afin de créer avec certitude un environnement en totale harmonie avec les membres de la famille. Pouvez-vous vous imaginer vivant dans une maison qui a été conçue expressément d'après vos mensurations ? Cela doit être fantastique, comme revêtir un pardessus confortable vous allant à la perfection, parce qu'il aura été confectionné par un tailleur habile.

Pour connaître le jour le plus propice à la planification de la nouvelle maison, il faut tout d'abord consulter un expert. Les Balinais fonctionnent selon deux calendriers, parallèlement au calendrier grégorien : le calendrier lunaire — *Saka* — et le calendrier de 210 jours — *Pawukon*. Ce dernier a pour particularité de ne pas tenir compte des années écoulées, le cycle se répétant à l'infini. En outre, les semaines se décomposent comme suit : une première semaine d'une journée, une deuxième de deux jours, une troisième de trois jours et ainsi de suite jusqu'à une semaine de dix jours. Les jours propices à certaines activités sont déterminés au point de croisement des semaines, les plus importantes étant généralement celles qui comptent trois, cinq ou sept jours. C'est la semaine de huit jours qui sert de référence en matière de construction.

Les principes traditionnels d'architecture sont appelés *Asta Kosala Kosali* et l'architecte se nomme *undagi*. Tous les Balinais possèdent un « sixième sens » pour savoir ce qu'il faut faire, mais, s'ils peuvent se le permettre financièrement, ils emploieront l'un de ces architectes qui calculera les proportions exactes et surveillera les travaux.

Lors de la première visite du chef de famille à l'*undagi*, ce dernier prend des tas de mesures : la longueur de ses doigts, de ses pieds, de ses bras, etc. Il additionne et multiplie ensuite ces chiffres entre eux pour déterminer les dimensions du portail, des murs d'enceinte, des piliers et ainsi de suite. Le *depa*, pour vous donner un exemple d'une unité de mesure, est la distance entre l'extrémité des doigts de la main gauche d'une personne et l'extrémité des doigts de sa main droite, lorsqu'elle étire ses bras au maximum de part et d'autre de ses épaules. Ajouté à ces mesures de base, il y a un petit quelque chose appelé *urip* qui, dans le cas du *depa*, se trouve être le diamètre du poing. *Urip* peut se traduire littéralement par « chose qui stimule la vie ». Grâce à lui, le bâtiment acquiert une dimension autre que matérielle.

En Occident, nous construisons généralement nos habitations où cela nous plaît, sans penser aux esprits de la Terre qui peuvent résider dans n'importe quelle parcelle de terrain. À Bali, on choisit avec grand soin les sites de construction, afin de maintenir l'harmonie entre les humains et les êtres invisibles qui partagent le même espace. Si des esprits demeurent dans un lieu particulier et que l'on ne peut les amener à « déménager », aucune construction ne sera entreprise sur ce site, on choisira alors un autre endroit. Il est également hors de question d'ériger des immeubles par nécessité économique, car personne n'oserait y habiter, ni de construire une maison sur un site impur, tel qu'un ancien cimetière ou un lieu où s'est déroulée une tragédie.

Cérémonies de construction

Un certain nombre de cérémonies diverses ont lieu tout au long du processus de construction, à commencer par la cérémonie de fondation qui est particulière à chaque village et qui peut varier considérablement d'une partie de l'île à l'autre. Une version de cette cérémonie pour les immeubles et les temples d'importance nécessite des offrandes de cinq métaux différents (or, argent, bronze, cuivre et fer), accompagnées d'une noix de coco jaune entourée de cinq fils de couleurs différentes, offrandes que l'on doit enfouir dans la terre. Pour les habitations plus humbles, quelques briques enveloppées simplement dans un morceau de tissu blanc suffisent. Ces cérémonies s'accompagnent toujours d'eau bénite, de fleurs, d'encens, de *mantras* et de prières, afin que les travaux de construction se poursuivent dans l'harmonie.

Pour les bâtiments de type sacré, on doit avoir préalablement fait des offrandes aux arbres que l'on utilise pour la construction, avant de les abattre. Pour les autres bâtiments, les règles sont plus souples, quoiqu'il soit tout de même très important que les piliers de soutènement se trouvent placés dans le même sens que le serait l'arbre qui leur correspond.

Une autre cérémonie se tient lorsque les éléments de la construction vont être joints et, lorsque les travaux sont finalement terminés, on choisit une journée favorable pour exécuter une grande cérémonie de consécration de la nouvelle maison appelée *pamelaspasan*. Avant que cela ne soit fait, il est interdit à quiconque de dormir dans cette maison, d'y faire du feu et de donner de la lumière.

Cette cérémonie de consécration a pour but d'assurer sécurité et harmonie à ses occupants et de donner une vie propre au bâtiment. Aucun Balinais ne voudrait loger ni travailler dans une maison qui serait « morte ». Ils considèrent en effet que tous les matériaux ont été tués dans le processus de construction, les pierres lorsqu'elles ont été extraites de la terre, les arbres lorsqu'ils ont été abattus, l'herbe lorsqu'elle a été coupée, etc. Le coût de cette cérémonie de consécration n'est pas négligeable, aussi les banques ont-elles coutume d'inclure une provision à cet effet, d'un montant équivalent au prêt d'une construction.

Microcosmes et macrocosmes

Dans la bible des Chrétiens, il est dit que « l'homme a été créé à l'image de Dieu ». Les Balinais passent à l'étape suivante en construisant des habitations à l'image de l'homme ! À des niveaux différents, ils créent des petits microcosmes qui sont le reflet du grand macrocosme.

Ils ont un concept connu sous le nom de *Tri Angga*, qui veut dire trois composants ou parties. Ainsi, le corps humain est pour eux composé de trois parties : la tête, le thorax et l'ensemble jambes et pieds. Ils considèrent que la tête est sacrée, le milieu, neutre et la partie inférieure, profane.

Une maison est donc conçue de façon que son lieu de culte se trouve au niveau de la « tête », les pièces à vivre, au niveau du « thorax », les animaux et les ordures ménagères, au niveau des « pieds ». Un temple possède trois cours : le sanctuaire le plus important se situe au niveau de la « tête », les cérémonies de moindre importance se tiennent au centre et les activités de tous les jours, dans la cour extérieure. Les villages eux-mêmes suivent le même principe. Chacun comprend trois temples séparés, le plus sacré se situe au niveau de la « tête » où se tiennent les grandes cérémonies, celui du milieu est consacré aux cérémonies ordinaires, enfin celui du bas, appelé « temple des morts », est adjacent au cimetière et destiné à recevoir les cadavres avant leur crémation.

Orientation

À une plus grande échelle, les Balinais perçoivent leur île selon ces trois divisions : les montagnes sacrées, qui forment une chaîne d'est en ouest au centre de l'île se trouvent au niveau supérieur, la zone entre les montagnes et la côte où résident la plupart des Balinais se situe au niveau intermédiaire, enfin la mer est au niveau inférieur.

Les hindous (95 % de la population balinaise) croient que les dieux résident dans les montagnes dont la plus haute et la plus sacrée est le mont Agung. Toutes les maisons balinaises sont construites de façon que la partie la plus sacrée de la maison, c'est-à-dire le temple, soit orientée vers ce mont. De la même manière, les lits sont disposés pour que l'on puisse dormir avec la tête dirigée vers lui. Si cela est impossible pour une raison quelconque, on prend en considération les directions qui suivent dans l'ordre du sacré : une montagne voisine ou l'est.

Les ethnologues qui tentent d'expliquer depuis des décennies l'extraordinaire résistance de Bali aux ravages du tourisme n'ont jamais songé à examiner cette particularité. Quiconque a eu l'occasion de méditer dans un groupe où les personnes sont allongées, la tête dirigée vers le centre, connaît la force qui peut en résulter. En effet, c'est comme si quelque chose de supérieur à la somme de l'énergie dégagée par le groupe venait s'ajouter. Le fait que les Balinais soient orientés de cette façon toutes les nuits de leur existence, pour des raisons de croyance, a d'énormes répercussions. Quel que soit le nombre de touristes qui viennent leur rendre visite, cette pratique se poursuit. Toutes les nuits, dans leur sommeil, ils renforcent leur objectif spirituel commun et leur incroyable esprit communautaire. Ils créent un espace sacré à l'échelle nationale !

Les Balinais se sentent désorientés s'ils ne dorment pas de cette façon. C'est comme si leur corps devenait aimanté aux volcans. On dit que vous pouvez bander les yeux d'un Balinais, le faire tourner sur lui-même et lui demander ensuite dans quelle direction se trouvent les montagnes : il sera capable de vous répondre avec exactitude. Je me suis beaucoup amusée à vérifier cette théorie sur quelques volontaires consentants et j'ai été très impressionnée par la justesse de leur réponse !

Si vous vous rendez à Bali dans l'espoir d'en faire l'expérience, vous constaterez que seulement quelques hôtels sont construits selon ces principes. Les Balinais ont réalisé depuis longtemps que les touristes n'accordent aucune importance à l'orientation, aussi construisent-ils de grands hôtels sans se soucier de la disposition des lits. De temps en temps, je quitte ma maison de Bali et voyage à travers l'île. Si je constate que le lit de ma chambre a besoin d'être déplacé, il y a toujours des sourires de personnes ravies de voir que j'attache de l'importance à ce genre de choses et beaucoup se proposent pour m'aider.

D'autres formes de consécration à Bali

Les Balinais consacrent non seulement des bâtiments, mais aussi des voitures, des instruments de musique et des objets sacrés tels que des masques de danse et des clochettes de prêtre. Ensuite, ils font régulièrement des offrandes afin d'en conserver le haut niveau de vibration énergétique. Je plaisante toujours au sujet de ma voiture qui, à Bali, a besoin de trois choses pour bien fonctionner : de l'essence dans le réservoir, de l'eau dans le radiateur et des fleurs sur le tableau de bord !

Purification de l'espace à Bali

À Bali, on purifie toute l'île sur une base journalière en balayant les énergies inférieures (reportez-vous au chapitre suivant). C'est une autre des raisons pour lesquelles la culture spirituelle s'y est maintenue intacte, en dépit de l'accroissement considérable du tourisme. Jusqu'à ce jour, on n'entend presque jamais parler de viol, l'inceste est inexistant, et le vol, extrêmement rare, à l'exception de quelques régions touristiques où l'on rapporte qu'une poignée de résidents occidentaux dirigent des bandes de voleurs venant de Java, l'île voisine. Bali est aussi l'une des îles au monde (et peut-être la seule) où aucune femme qui y est née ne se prostitue. C'est tout simplement quelque chose d'impensable pour une femme. Les prostituées qui se trouvent à Bali sont originaires d'autres îles de l'archipel indonésien, jamais de Bali, que l'on pourrait appeler le centre de purification de la planète.

« *Nyepi* »

Aucune description de Bali ne serait complète sans y inclure l'extraordinaire cérémonie annuelle de la Purification de l'Espace qui est appelée *Nyepi* et qui se tient au mois de mars, marquant le début du nouvel an balinais. Durant les semaines précédentes, on autorise les enfants à allumer des pétards un peu partout, dans le but de faire peur aux esprits malveillants. Dans chaque village de l'île, on confectionne des démons géants en papier mâché appelés *ogoh-ogoh*. La nuit précédant *Nyepi*, les jeunes hommes défilent dans les rues, portant fièrement ces démons sur des cadres en bambou. Ils sont accompagnés à grand fracas par des gamelans[1] composés de joueurs de cymbales et de sortes de xylophones portatifs. Le défi est de faire autant de bruit que possible. C'est une expérience visuelle et auditive inoubliable.

---

1. Gamelan : n. m. Orchestre traditionnel indonésien comprenant gongs, xylophones, tambours, etc.

À minuit, les effigies *ogoh-ogoh* sont déposées aux croisements des routes, accompagnées d'un tas d'offrandes que l'on fait aux *bhuta kala* (esprits inférieurs ou en colère) qu'elles personnifient. Après l'accomplissement d'une grande cérémonie, les *ogoh-ogoh* sont brûlées. Pour les Balinais, les carrefours sont des intersections de l'énergie comme du trafic des voitures et, s'il arrive tellement d'accidents en ces endroits, c'est à cause des esprits furieux qui s'y rassemblent. En faisant ces offrandes et en brûlant ces effigies, leur intention est d'apaiser les esprits et de purifier les lieux. Beaucoup de gens restent debout toute la nuit, faisant autant de bruit que possible jusqu'à l'aube, moment où un silence total doit régner sur tout le territoire.

Le jour de *Nyepi* à Bali est incroyable. C'est le seul endroit au monde où tout doit s'arrêter complètement pendant toute une journée. Personne n'a le droit d'aller sur les routes, que ce soit à pied ou par un moyen de locomotion quelconque. Il n'y a pas si longtemps encore, les avions n'avaient pas le droit d'atterrir, mais cela désorganisait tellement les horaires des compagnies d'aviation internationales que le gouvernement balinais leur en donne maintenant la permission. Les nouveaux arrivants sont toutefois escortés par la police directement jusqu'à leur hôtel d'où ils n'ont pas le droit de sortir pour le reste de la journée. Mis à part quelques services essentiels, personne n'a le droit de travailler. On ne peut utiliser aucun appareil ni donner de la lumière. Il est interdit de faire du feu et on ne peut donc pas cuisiner (les Balinais ont développé des façons ingénieuses de conserver des plats cuits toute une nuit sans avoir à les réfrigérer). On ne peut pas jouer d'un instrument de musique, ni regarder la télévision, ni écouter la radio (toutes les stations nationales

sont fermées pour la journée de toute façon), ni téléphoner. Dans certains quartiers, l'électricité est en fait
coupée pendant vingt-quatre heures, afin de mieux
faire respecter la loi. Il est également prohibé de fumer,
de jouer à des jeux d'argent et de boire de l'alcool. On
ne parle qu'à voix basse. Même les chiens cessent
d'aboyer et les poules de glousser ! Un délicieux silence
tropical vous enveloppe comme dans un conte de fées.
Durant toute une journée, vous n'avez nulle part où
aller ni rien à faire. Tout votre corps se relâche ; il est
com-plè-te-ment dé-ten-du. C'est une expérience
extraordinaire, un moment propice pour méditer, faire
de l'introspection et vous concentrer sur vos souhaits
pour l'année à venir. Après la tombée de la nuit, les
effets sont encore plus intenses, tandis que vous êtes
assis, dans l'obscurité totale et dans un silence complet,
en la douce compagnie de ceux que vous aimez, occupé
à réfléchir à l'année écoulée et à songer à la nouvelle.
Il vous semble que cela pourrait continuer indéfiniment ; c'est votre plus cher désir.
Le jour suivant, tout redevient normal. Dès les premières lueurs de l'aube, les humains, les bicyclettes, les
voitures, les camions et les bus envahissent les routes,
et vous avez l'impression que *Nyepi* n'était qu'un
rêve… jusqu'à l'année suivante.

Enseignement sacré de Bali

Les Balinais n'ont peut-être pas les biens matériels que
nous avons en Occident, mais ils possèdent une
richesse spirituelle qui émane de toute leur personne.

Nous avons beaucoup à apprendre de leur culture qui est remarquable. Je me propose dans ce livre de vous montrer comment nous pouvons intégrer un peu de leur sagesse et de leurs pratiques dans notre manière de vivre occidentale, afin d'améliorer notre qualité de vie. Dans les chapitres qui suivent, en particulier, j'ai incorporé aux techniques de Purification de l'Espace qui y sont présentées des éléments de cérémonies balinaises qui sont très efficaces et que j'ai adaptés pour l'Occident. Vous trouverez au chapitre suivant toutes les explications nécessaires.

CHAPITRE IV

PURIFICATION DE L'ESPACE

La Purification de l'Espace, c'est l'art de nettoyer et de consacrer certains lieux. Pour mieux comprendre pourquoi cette pratique est si importante, il est nécessaire de savoir comment les êtres humains transforment l'énergie.

La lumière astrale

L'atmosphère de notre planète ne contient pas que l'air que nous respirons. Il y a aussi une énergie invisible : la lumière astrale qui comprend sept niveaux, du plus bas (qui n'est pas mauvais en lui-même, mais qui, avec les temps modernes, est devenu très pollué sur un plan psychique) au plus élevé et chargé spirituellement. Il nous est possible d'inhaler et de transformer n'importe lequel de ces sept niveaux à tout moment, mais la plupart d'entre nous ne le savons pas et nous contentons de vivre aux niveaux les plus bas. Certains endroits de la planète sont les hôtes naturels des degrés élevés de la lumière astrale. Les anciens, qui en étaient parfaitement conscients, y ont bâti des temples et des structures sacrées, favorisant ainsi l'accès à ces hauts niveaux. (Vous avez peut-être remarqué, lorsque vous vous trouvez dans l'un de ces sites, que votre respiration devient malgré vous peu profonde, signe que vous n'êtes pas familier avec ces niveaux.)

Voici un autre exemple des effets de ces différents degrés. Vous avez sans doute déjà fait l'expérience d'avoir une lueur soudaine de compréhension à propos de quelque chose, puis d'être complètement incapable quelques heures plus tard de vous en souvenir. L'explication réside dans le fait que ces étincelles existent à un niveau de la lumière astrale plus élevé que celui de la vie de tous les jours. La seule façon de retrouver cette clairvoyance consiste à vous reconnecter au niveau où vous vous trouviez lorsque ce phénomène est apparu.

Nécessité de la purification de l'espace

Dans toutes les religions du monde, des cérémonies ou des rituels permettent aux disciples de s'élever temporairement à des degrés de la lumière astrale qu'ils ne peuvent atteindre aisément d'eux-mêmes et d'expérimenter de cette façon des états meilleurs. Pour plus de facilité, les temples sont purifiés en permanence, afin de maintenir leur atmosphère à de hauts niveaux, en particulier lors des grandes cérémonies.

Le but de la Purification de l'Espace est d'augmenter le niveau de la lumière astrale de l'atmosphère dans notre propre espace et d'améliorer ainsi la qualité de vie qu'il nous est donné d'expérimenter. En d'autres termes, selon vos connaissances et votre habileté, vous pouvez utiliser ces techniques pour nettoyer la lumière astrale et créer un espace sacré, quel que soit le lieu où vous vous trouvez. Si vous voulez donner à votre vie un sens plus profond, apprendre à purifier votre atmosphère vous sera d'un grand bénéfice.

L'énergie dans les bâtiments

Au niveau énergétique, tout ce qui se déroule dans un bâtiment crée des ondulations, à la manière d'une pierre que l'on jette dans une mare, et s'inscrit dans les murs, le sol, le plafond, les meubles, les objets, les plantes, les animaux et les êtres humains qui occupent cet espace, ainsi que dans la structure même de la construction. Les comportements répétitifs, les états d'esprit et les atmosphères y sont imprimés profondément. Tout événement accompagné d'émotions fortes ou tout traumatisme s'y impriment avec plus d'intensité. S'il vous est déjà arrivé d'entrer dans une pièce où des personnes venaient de se disputer, vous avez certainement dû le ressentir, comme si cela flottait littéralement dans l'air. Vous avez dû entendre aussi des gens s'exclamer : « On aurait pu couper l'air avec un couteau ! » Ce qu'ils veulent dire c'est que l'atmosphère était si dense qu'ils avaient l'impression que la dispute en question était tangible.

Les résidus de ces ondes énergétiques s'accumulent autour des pièces, particulièrement dans les coins et les recoins.

Il est intéressant de noter que, pour les membres de certaines cultures indigènes, il est impensable de vivre dans un bâtiment comportant des coins, où, d'après eux, résident des « démons », l'énergie de niveau inférieur restant collée dans ces endroits. Les Zoulous et les

Amérindiens, par exemple, vivent dans des habitations circulaires.

Dans notre culture occidentale, les enfants sont souvent plus sensibles à ce phénomène que les adultes. Ils vous diront qu'ils n'aiment pas les coins ni les espaces sous les lits qui donnent la chair de poule ou encore qu'ils ne veulent pas dormir si les portes d'une armoire sont ouvertes. C'est une réaction parfaitement naturelle, même chez les adultes !

Si vous êtes en train de lire ces lignes à l'intérieur d'une maison, levez les yeux de votre livre pendant quelques minutes et imaginez ce à quoi elle ressemblerait s'il elle n'avait jamais été nettoyée depuis le temps où elle a été construite. Songez à l'accumulation de poussière, de toiles d'araignée, etc., en particulier dans tous les coins et recoins. Il est évident que personne ne voudrait vivre ni travailler dans un tel lieu. Au niveau énergétique, c'est exactement l'impression que donne un bâtiment qui n'a jamais été purifié, avec ses toiles d'araignée électriques tièdes et collantes, avec ses masses compactes et séchées d'énergie statique dans tous les recoins.

Nous créons tous quotidiennement une certaine quantité de substance visqueuse au niveau psychique, ce qui laisse un résidu dans la lumière astrale de nos maisons comparable à la poussière ou aux saletés qui s'accumulent naturellement et nécessitent un nettoyage. Comme Jane Alexander le disait brièvement en 1994 dans son article sur la Purification de l'Espace du *Daily Mail* : « La plupart d'entre nous vivons probablement au niveau psychique dans ce qui correspond à une décharge publique. »

Il y a très peu de maisons occidentales qui soient conçues pour éviter l'accumulation d'énergie en certains endroits. On construit des bâtiments sans penser à la façon dont l'énergie pourra circuler autour d'eux, des meubles mal placés aggravant en outre le problème. La quantité d'énergie accumulée dans une maison dépend de son Feng Shui (de la bonne circulation de l'énergie autour d'elle) et des activités des personnes qui y vivent.

J'ai purifié des maisons ancestrales vieilles de plusieurs siècles où il y avait un mètre d'épaisseur d'énergie accumulée autour des murs, ce qui donnait l'impression de se trouver dans une purée de pois psychique. J'ai aussi purifié des bâtiments qui n'avaient que vingt ans d'âge, mais dont l'atmosphère semblait aussi dense, cela étant dû à un trafic mental et émotionnel extrêmement intense durant une période de temps très brève.

L'énergie des objets

Les objets peuvent également être purifiés. Ils sont tous imprégnés de l'énergie dégagée par les événements qui les entourent. Si vous en achetez un d'occasion, il portera les traces de l'énergie de son ancien propriétaire. S'il a été beaucoup utilisé, s'il a servi pendant une longue période ou encore s'il est fortement relié à cette personne du point de vue émotionnel, les émanations correspondantes n'en seront que plus intenses.

C'est le principe même de la psychométrie : une personne qui connaît cette technique peut, en tenant une bague dans sa main par exemple, en traduire la fréquence vibratoire et décrire tout ce qui concerne son possesseur, sans jamais l'avoir rencontré. C'est la raison pour laquelle beaucoup de gens veulent posséder un objet qui a appartenu à un saint ou qui a été touché par lui. Cela explique aussi pourquoi les affaires personnelles des stars de cinéma, des héros du football et consorts sont si prisées. Les gens veulent posséder une chose dans laquelle est imprimée l'énergie de son propriétaire. Un autographe est une combinaison du flux de l'énergie provenant de la main d'une personne célèbre et une illustration de l'empreinte de son énergie, que toute personne qualifiée en graphologie pourra décrypter aisément. Après un objet personnel, l'autographe est la meilleure chose que l'on puisse posséder.

Domaines d'utilisation de la Purification de l'Espace

AMÉLIORATION DE L'ART DE L'HABITAT

L'art de la Purification de l'Espace se combine parfaitement bien avec celui de l'habitat du Feng Shui traditionnel chinois. Il permet à ce dernier de se pratiquer d'une façon plus aisée, harmonieuse et profonde. Les deux se complètent parfaitement. La Purification de l'Espace vous permet également de connaître plus intimement l'énergie contenue dans votre espace de vie, les changements à apporter selon les règles du Feng Shui se présentent à vous naturellement.

Lorsque j'effectue une consultation combinée de Purification de l'Espace et de Feng Shui, je commence généralement par purifier les lieux que je parcours en sentant l'énergie qui s'en dégage, puis je m'occupe de l'agencement selon les principes du Feng Shui. Utiliser ces deux arts en même temps est une expérience puissante et transformatrice, qui peut devenir un véritable tournant dans la vie de quelqu'un. C'est pourquoi j'ai inclus dans ce livre des renseignements sur ces deux sujets.

ÉLIMINATION DES BLOCAGES

Beaucoup de gens se lancent dans l'apprentissage de la Purification de l'Espace, parce qu'ils se sentent pris dans un problème. En effet, chaque fois que nous nous sentons bloqués dans notre vie par un problème quelconque, il se trouve toujours un équivalent quelque part dans notre maison, et en nettoyant l'énergie de notre habitation et en lui permettant de circuler à nouveau, le problème commence alors à se résoudre.

Je connais une femme qui désespérait de pouvoir jamais trouver une nouvelle maison à louer après plusieurs semaines de recherches infructueuses. Elle était prête à payer un bon prix pour quelque chose de bien, dans un quartier agréable, mais chaque fois qu'elle trouvait une maison correspondant à son budget, elle était louée à quelqu'un d'autre avant qu'elle n'ait pu conclure l'affaire. La situation devenait urgente, car le contrat de l'habitation qu'elle occupait allait bientôt expirer. Elle ne pensait pas que cela aurait beaucoup d'effet, mais elle décida tout de même de purifier l'espace de sa maison. Vingt-quatre heures plus tard, elle avait signé un nouveau bail pour un logement qui correspondait entièrement à ce qu'elle voulait. Elle me raconta : « C'était comme si quelqu'un avait enlevé un barrage, pour laisser couler une rivière, ne m'apportant soudainement que du succès ! »

Une autre femme encore, propriétaire d'un commerce, m'a rapporté ceci : « Je devais prendre une décision importante et n'y arrivais pas. Tout à coup, je me suis souvenue de votre conseil et ai commencé à nettoyer et à ranger ma maison, puis à la purifier. Au fur et à mesure que j'effectuais ce travail, j'ai senti que ma confusion interne se dissolvait. Lorsque tout fut terminé, j'étais tellement sûre de ce que je voulais faire que je pouvais à peine attendre de commencer ! »

Un couple m'a raconté qu'ils voulaient acheter l'appartement où ils demeuraient depuis les huit dernières années, mais que le propriétaire refusait de le vendre. Ils purifièrent alors leur espace, et, le lendemain même, le propriétaire prenait contact avec eux, leur annonçant qu'il consentait à vendre !

J'aime tout particulièrement la Purification de l'Espace, parce que les principes de base sont très faciles à enseigner. Vous pouvez donc l'apprendre et prendre personnellement en charge l'élimination de vos blocages quand vous en avez besoin.

ÉLIMINATION DE PROBLÈMES RÉCURRENTS

La Purification de l'Espace s'avère aussi particulièrement utile, dans le cas de problèmes récurrents. Il peut s'agir, par exemple, d'une dispute avec votre famille ou avec votre partenaire qui revient régulièrement et qui n'est jamais résolue. La Purification de l'Espace n'éliminera pas la cause du différend, mais elle vous fournira un nouveau départ, vous donnant plus de chance pour pouvoir le résoudre définitivement.

Une histoire très émouvante concerne une femme dont la fille avait arrêté toute relation avec elle depuis des années, mais qui lui téléphona pour lui proposer une rencontre tandis que je purifiais l'espace de son appartement. Elles sont maintenant à nouveau très proches l'une de l'autre, comme peuvent l'être une mère et sa fille.

Une autre femme était mariée à un homme qui, s'il ne pouvait agir à sa guise, disparaissait sans donner signe de vie pendant des semaines. Cela durait depuis des années et elle en avait vraiment assez. La fois suivante, elle purifia sa maison en faisant particulièrement attention à la zone des Relations (reportez-vous au chapitre XVIII traitant du Ba-ga, pour trouver où se situe cet endroit dans votre maison). Quelques heures plus tard et pour la première fois après l'une de ses disparitions, il téléphona pour s'excuser et revint à la maison pour discuter à fond du problème. Une année plus tard, elle m'appela pour me dire : « Il ne s'est jamais emporté contre moi depuis. Maintenant, nous nous asseyons et discutons de nos problèmes, comme des personnes raisonnables. Pour moi, cela ne fait aucun doute que la Purification de l'Espace a sauvé mon mariage. »

NETTOYAGE DE L'ÉNERGIE DES PRÉDÉCESSEURS

L'histoire a tendance à se répéter. Ici, il ne s'agit pas du blocage de votre propre énergie, mais du résidu psychique des personnes qui ont demeuré auparavant dans l'espace qui affecte votre vie… Par exemple, si les dernières personnes qui ont habité votre maison ont divorcé, il y a de fortes chances que les précédentes aient aussi divorcé ou se soient séparées, et qu'à votre tour vous éprouviez des difficultés similaires dans votre couple, simplement parce que cette énergie flotte encore dans l'air. Si vous emménagez dans une nouvelle maison et remarquez, après quelque temps, que tous les membres de votre famille prennent du poids, vérifiez si les occupants précédents étaient gros. Si vous vous mettez à dormir beaucoup, c'est peut-être que vos prédécesseurs étaient de gros dormeurs. L'énergie des personnes qui ont occupé avant vous votre logement peut vous affecter de tant de façons que vous ne pourriez les imaginer toutes, à moins que vous ne sachiez lire l'énergie des événements qui se sont déroulés dans l'espace que vous occupez actuellement.

La Purification de l'Espace permet d'effacer cette énergie d'une manière très efficace, vous permettant de bénéficier d'un nouveau départ. Il est toujours préférable de purifier et de consacrer l'espace de votre domicile quel qu'il soit, de préférence avant d'y emménager, c'est ce que je me propose de vous montrer.

POUR GUÉRIR

L'un des premiers soins que l'on vous donne, lorsque vous êtes admis dans un hôpital à Moscou, est un lavement. Les membres de la profession médicale savent très bien, en effet, que l'aptitude naturelle du corps à guérir est largement accrue si les voies pour évacuer sont libres. On peut passer ensuite à l'étape suivante qui consiste à purifier la décharge psychique qui se crée durant le processus de guérison et qui s'accumule dans la chambre du malade.

La Purification de l'Espace favorise la guérison au niveau physique, mais aussi émotionnel, en présence d'un état dépressif, d'une peine, etc. J'ai reçu beaucoup de lettres et d'appels téléphoniques de personnes qui m'ont confirmé que cela les avait aidées pour toutes sortes de problèmes de santé, des affections secondaires aux maladies chroniques.

Un couple m'a raconté ceci : « À 18 h, nous savions pertinemment que nous avions tous les symptômes d'une grosse grippe : éternuements, un peu de fièvre et mal de gorge. Nous avons alors purifié l'appartement, puis nous sommes allés directement nous coucher. Nous avons dormi comme des loirs et nous sommes réveillés le lendemain matin absolument frais et dispos ! »

Et voici l'histoire d'un autre homme : « J'étais déprimé depuis des années et aucun traitement ne m'avait guéri. Un ami vint me voir et m'aida à purifier ma maison. Le regain d'énergie que cela me procura fut incroyable. Maintenant, je travaille à nouveau et je profite de la vie. Je dois juste ne pas oublier de purifier mon environnement dès que les premiers signes de la dépression s'installent, avant de me retrouver sous son emprise. »

Prêtez une attention particulière au point 3 de la liste des préparatifs à la Purification de l'Espace du chapitre VI de ce livre, si vous-même ou une personne autour de vous êtes malades.

APRÈS UNE MALADIE

Il est, dans tous les cas, indispensable de laver la literie, de nettoyer la chambre du malade et de purifier entièrement votre maison, une fois la guérison accomplie, afin de vous débarrasser de l'énergie négative et de rafraîchir l'espace.

Mon plus grand espoir, c'est qu'un jour des équipes de Purification de l'Espace se rendent régulièrement dans les hôpitaux du monde entier. Pouvez-vous imaginer la quantité d'énergie qui se décharge et s'accumule dans une salle d'hôpital où se trouvent en permanence des malades ou des mourants ? Pouvez-vous vous rendre compte que les jeux sont faits d'avance contre nous et que nous ne pourrons jamais recouvrer la santé dans un tel lieu ? Déjà faibles et vulnérables à notre arrivée, nous avons de surcroît souvent peur de ce qui va se passer. Or, toutes les peurs que nous pouvons éprouver sont autant d'invitations à ce qu'une forme de pensée qui erre dans l'espace s'insinue en nous. Nous récupérons ainsi les résidus psychiques de tous les malades qui ont séjourné avant nous dans ce lieu, en plus des nôtres. En ce moment, je suis en train de développer des techniques permettant de pratiquer la Purification de l'Espace sans avoir à faire sortir les malades de leur chambre, ce qui présente un véritable défi. En effet, il est presque toujours nécessaire de purifier aussi les lits, obligation difficile à réaliser lorsque des malades y sont couchés ! De plus en plus de médecins et d'infirmières suivent mes cours toutefois. Après le départ d'un patient et afin de préparer la venue du suivant, quelques-uns commencent à purifier l'espace des chambres privées et même des salles d'hôpitaux pour lesquelles il est possible de faire sortir tous les patients pendant qu'ils effectuent cette tâche. Ils obtiennent apparemment d'excellents résultats.

APRÈS UN DÉCÈS

Dans l'État de Washington aux États-Unis, il doit être stipulé dans l'acte de vente d'une maison si un suicide y a eu lieu. Selon certaines traditions amérindiennes, on ne peut vivre dans une maison où quelqu'un est décédé. De nombreuses personnes de cultures très différentes se sentent extrêmement mal à l'aise à l'idée de vivre dans une maison où il y a eu un mort.

Le problème ne réside généralement pas dans la mort elle-même, à moins qu'il ne s'agisse d'une mort violente. Mourir est un processus tout à fait naturel. C'est la transition entre notre monde physique et le retour dans le monde énergétique qui est difficile à effectuer et relève du grand art. Ce qui pose problème, c'est souvent le chagrin et toutes les émotions qui subsistent dans un lieu après un décès. Dans ce cas, la Purification de l'Espace se montre très efficace pour tout nettoyer, pour que la vie puisse continuer.

RÉALISATIONS DE VOS DÉSIRS

La Purification de l'Espace laisse de la place à l'expansion. Vous pouvez l'utiliser pour développer votre créativité, augmenter votre prospérité, acquérir un nouveau savoir-faire ou toute autre chose. Elle vous permet de réaliser vos désirs avec plus de facilité, car, en purifiant le champ énergétique de votre maison votre champ énergétique personnel (votre aura) devient aussi plus pur et les messages que vous envoyez à l'univers le sont aussi, la réception n'en étant que meilleure. Vous créez un espace dans lequel quelque chose de nouveau peut arriver et l'univers (qui a horreur du vide) peut alors le remplir de ce que vous souhaitez.

Un homme, qui était auparavant totalement sceptique, m'a raconté qu'il avait entamé une nouvelle liaison et s'était vu offrir un contrat à Singapour, toutes dépenses payées, une semaine après avoir purifié sa maison. De nombreuses personnes me confirment que des choses miraculeuses se produisent dans leur vie après avoir commencé à pratiquer la Purification de l'Espace.

VOTRE DÉVELOPPEMENT SPIRITUEL

Nous vivons une période de grands bouleversements. Tandis que nous approchons de la fin du millénaire, tout évolue de plus en plus rapidement. Plus vous ferez preuve de clarté d'esprit et de souplesse, mieux vous serez capable de vous adapter et d'avancer avec le temps. La Purification de l'Espace permet, en nettoyant le passé, d'être entièrement présent *ici et maintenant*. En conservant le champ énergétique de votre maison totalement propre et purifié, vous obtiendrez le meilleur environnement possible pour votre croissance personnelle. En ce qui me concerne, je pratique maintenant la Purification de l'Espace dans ce but et pour apporter également des changements au cours de ma vie.

ACCROISSEMENT DE VOTRE VITALITÉ

La Purification de l'Espace est un grand remède au syndrome de la paresse, à la fatigue et à l'épuisement. Elle est aussi d'une grande utilité aux convalescents et aux personnes atteintes de la maladie de la fatigue chronique.

C'est une technique efficace, parce que le fait de revitaliser l'atmosphère de votre maison produit un effet correspondant dans votre propre champ énergétique. Prêtez tout particulièrement attention à la pièce dans laquelle vous vous sentez souvent plus fatigué que d'ordinaire et utilisez la Purification de l'Espace dans votre chambre pour améliorer la qualité de votre sommeil. Vérifiez également que vous n'épuisez pas votre énergie en vous exposant à des champs électromagnétiques pendant de longues périodes de temps (voir les chapitres 14 et 15). Enfin, débarrassez-vous de tout le bric-à-brac que vous avez pu accumuler avec les années.

AMÉLIORATION DE VOTRE VIE SEXUELLE

Le sexe, c'est un échange d'énergie entre deux personnes. Faire l'amour dans un espace qui est aussi purifié que possible au niveau énergétique ne peut de toute évidence qu'améliorer les relations. Cela est particulièrement important si vous commencez une nouvelle relation dans une maison où a séjourné auparavant un autre partenaire ! Vous pouvez utiliser la Purification de l'Espace pour nettoyer l'ancienne relation et conserver la passion dans la nouvelle !

CRÉATION D'UN SANCTUAIRE

Si vous voulez consacrer une pièce de votre maison à la méditation, à la prière, à la guérison ou à quelque chose de comparable, afin d'en faire un sanctuaire, commencez par la purifier, pour y établir ensuite l'atmosphère que vous souhaitez obtenir. La Purification de l'Espace rend un lieu plus lumineux et plus limpide, comme si l'énergie y pétillait !

MODIFICATION DE L'ATMOSPHÈRE

Vous souhaiterez peut-être parfois utiliser la Purification de l'Espace pour modifier l'atmosphère d'un lieu, après une dispute ou après le séjour d'un invité, afin de faire disparaître les fréquences des personnes en question et de réintroduire la vôtre. Par exemple, après une réception qui a laissé votre maison dans un état d'agitation, pour y rétablir la normalité ou, tout simplement, pour revigorer votre atmosphère et vous remonter le moral.

POUR VOUS DONNER UN SENS D'APPARTENANCE À UN LIEU

Les gens me disent souvent qu'ils se sentent davantage « chez eux » et en sécurité après avoir purifié leur maison. Dans certains cas, des personnes qui demeurent depuis dix ans ou plus dans un lieu ne sentent qu'elles s'enracinent vraiment qu'après y avoir pratiqué la Purification de l'Espace.

POUR LES VOYAGEURS

Vous pouvez utiliser la Purification de l'Espace pour transformer n'importe quelle chambre d'hôtel où vous devez rester. En sachant comment faire disparaître l'énergie défraîchie que les occupants précédents ont laissée, vous pourrez avoir la sensation d'être chez vous, quel que soit l'endroit où vous vous trouverez. Vous bénéficierez également d'une meilleure qualité de sommeil.

POUR LES THÉRAPEUTES

J'ai été thérapeute pendant de nombreuses années, mais j'en suis venue à me rendre compte qu'aucun thérapeute ne pouvait guérir quelqu'un d'autre. On ne peut que se guérir soi-même. Ce qu'un thérapeute peut faire cependant, c'est créer un espace sécurisant pour y faciliter l'autoguérison des patients, canaliser l'énergie universelle pour leur bénéfice et les aider à utiliser les talents qui leur sont propres, afin de les soutenir dans leur processus de guérison.

Lorsque j'étais thérapeute, j'ai remarqué que tous mes collègues passaient régulièrement par des périodes d'« épuisement » et que cela n'était jamais le cas pour moi. J'avais deviné (et avec raison) que la Purification de l'Espace était l'élément magique qui faisait la différence. Si vous êtes thérapeute et que vous purifiez régulièrement la pièce où vous donnez des consultations, vous créez un espace sacré où vos clients peuvent se sentir en sécurité et lâcher prise à un niveau très profond. Les résultats n'en sont que meilleurs pour eux, et cela vous permet également de ne pas vous « épuiser » du fait que vous n'intégrez pas ainsi leurs « bobos ».

Si vous pratiquez des guérisons et des thérapies chez vous, il est encore plus important d'utiliser la Purification de l'Espace régulièrement. Il est préférable de consacrer une pièce uniquement à votre travail de guérison et d'utiliser des serviettes, un matériel de couchage, etc., différents des vôtres. Ne dormez jamais, en aucun cas, dans le même espace que celui que vos clients occupent lorsque vous travaillez avec eux.

Les cliniques de santé et les centres de médecines parallèles ont également besoin d'être purifiés, afin d'éliminer les décharges d'énergie du processus de guérison. Les patients comme les praticiens n'en tirent que des avantages.

POUR LES PROFESSEURS

Le seul endroit où je n'ai jamais donné de cours sans avoir besoin d'utiliser au préalable la Purification de l'Espace, c'est à *Alternatives*, dans l'église Saint-James de Piccadilly à Londres. Le flux harmonieux et naturel de l'énergie du bâtiment, la qualité des enseignements qui y étaient donnés et des événements qui s'y déroulaient étaient si exceptionnels que je pouvais me dispenser de la Purification de l'Espace. Ailleurs, j'arrive toujours à peu près une heure à l'avance, afin de pouvoir purifier l'espace avant le commencement des cours.

Je connais d'autres enseignants qui ne jurent maintenant que par cette méthode. Une fois qu'ils ont essayé la Purification de l'Espace, ils ne peuvent plus s'en passer, car cela rend les choses tellement plus faciles pour eux et pour les participants. L'atmosphère est plus légère, l'énergie circule mieux, les participants restent concentrés et reçoivent mieux les informations, et tout le monde part en se sentant revigoré.

POUR AMÉLIORER L'HARMONIE ET LA PRODUCTIVITÉ AU BUREAU

La Purification de l'Espace permet de rendre plus harmonieuse l'ambiance de travail, améliorant ainsi la productivité. Après qu'un patron eut commencé à pratiquer régulièrement la Purification de l'Espace, il rapporta ce qui suit : « À leur arrivée, les employés disent qu'ils sentent que l'atmosphère est plus sereine et plus joyeuse. Je suis sûr que la Purification de l'Espace y est pour beaucoup. Nous sommes tous plus heureux d'aller travailler maintenant. »

Certains hommes d'affaires aiment utiliser la Purification de l'Espace avant une réunion importante, tel un conseil d'administration. Ils pensent que cela aide les membres du conseil à prendre la meilleure décision possible, avec un minimum d'altercations.

Purifier régulièrement l'espace permet également de réduire la pollution électromagnétique générée par les ordinateurs et autres appareils de bureau.

POUR ACCROÎTRE LES BÉNÉFICES

Utilisez la Purification de l'Espace si vos ventes commencent à baisser. Rafraîchir et revitaliser l'espace a un effet correspondant dans les affaires.

La première fois que j'ai enseigné cette technique à Sydney, en Australie, j'ai reçu deux jours plus tard un appel téléphonique de l'une des participantes qui possédait une boutique et qui était très enthousiaste. Elle m'a relaté ce qui suit : « J'ai essayé de purifier l'espace de ma boutique tout de suite après avoir suivi votre cours dimanche dernier. Je vends rarement quelque chose le lundi, mais, à 16 h, j'avais doublé ma recette habituelle et, à 17 h, elle avait triplé ! »

Bien entendu, tout le monde n'obtient pas un résultat aussi miraculeux, mais, la plupart du temps, la situation s'améliore substantiellement. Dans une société à Londres, on avait utilisé la Purification de l'Espace, car les affaires ne marchaient pas très bien. Un mois plus tard, on m'appela pour me demander comment mettre un frein aux appels téléphoniques incessants, les employés ne pouvant faire face à la demande. Des chefs d'entreprises me contactent maintenant régulièrement pour me demander de purifier leurs locaux plusieurs fois par an.

POUR « AVOIR DE LA CHANCE »

Lorsque tout va bien, on a l'impression de surfer sur la crête d'une vague et de nous laisser porter par elle. Je ne crois pas en la « chance » ni en la « malchance » en tant que telle. Je crois que nous créons notre propre réalité. Cependant, il nous arrive de dérailler ou de déraper. À ce moment-là, rien ne semble aller bien, mais la Purification de l'Espace permet un nouveau départ, nous aide à remonter la pente et à commencer à vivre de nouveau avec le flux universel de l'énergie. On peut trouver indéfiniment des applications à la Purification de l'Espace, aussi la liste que je viens de vous donner n'est en aucun cas exhaustive. Je découvre moi-même constamment de nouvelles applications.

Dans le chapitre suivant, j'explique les premières étapes à suivre pour purifier l'espace et traite de l'importance de l'élimination du désordre. Ce sujet est l'un des plus populaires de mon enseignement, et les informations que je donne sont absolument vitales pour la Purification de l'Espace, pour le Feng Shui traditionnel et toute technique permettant d'obtenir des changements positifs dans notre vie.

CHAPITRE V

ÉLIMINER LE BRIC-À-BRAC

Tout l'art de la Purification de l'Espace commence par l'élimination du bric-à-brac qui s'est accumulé, le rangement de vos affaires et un bon nettoyage de printemps. Plus vous effectuerez cette tâche consciencieusement, meilleurs seront les résultats que vous obtiendrez par la suite.

Le désordre bloque l'énergie

Ne sous-estimez jamais les effets du désordre dans votre vie. Toutes les fois que je rencontre quelqu'un qui me dit se sentir bloqué, je sais que je vais presque invariablement trouver beaucoup de fouillis à son domicile. En effet, quand le désordre s'accumule, l'énergie stagne.

Une énergie saine doit pouvoir circuler. Pensez à ce qui se passe quand l'eau d'un bassin devient stagnante. Très rapidement, elle se trouble et sent mauvais. Il se passe la même chose au niveau énergétique lorsque quelqu'un vit au milieu de la pagaïe. Pendant les premières années de mon apprentissage de la Purification de l'Espace, j'ai développé non seulement ma capacité à sentir les atmosphères, mais aussi mon odorat, mon ouïe, etc. Je suis capable de sentir littéralement le fouillis lorsque je parcours la maison de quelqu'un, même si ce fouillis est dissimulé dans les placards et sous les lits. Il s'en dégage une sorte d'odeur de moisi qui est pénétrante.

La plupart des gens qui ont beaucoup de bric-à-brac chez eux disent qu'ils n'ont pas assez d'énergie pour se mettre au travail et s'en débarrasser. Ils sont constamment fatigués. En effet, tout ce que nous possédons est relié à nous par des fils énergétiques. Vivre dans le désordre, c'est aussi traîner son passé comme un boulet partout où l'on va. Ce n'est pas étonnant dans ce cas que nous nous sentions fatigués.

Éliminer le bric-à-brac libère en fait une énorme quantité d'énergie dans le corps. Lorsque vous vous débarrassez de toutes les choses qui n'ont plus véritablement de signification dans votre vie, vous vous sentez alors littéralement plus léger de corps, d'esprit et d'âme. Quand tout ce qui vous entoure revêt un caractère sacré, votre vie même devient sacrée, et vous pouvez, en outre, vivre dans le temps présent et suivre le fil des événements. Cela explique pourquoi les cultures dans lesquelles il y a peu de possessions matérielles sont les plus intactes spirituellement, alors que les cultures qui en comportent davantage perdent souvent toute spiritualité.

Certaines personnes gardent tout un tas de choses et s'empêchent inconsciemment de vivre pleinement leur vie. Il est possible qu'elles veuillent changer et améliorer leurs conditions de vie mais, dans leur subconscient, elles ont peur d'aller vers l'inconnu. Si vous avez beaucoup de fouillis chez vous, il vous faut réaliser que vous en avez besoin à l'heure actuelle sur un certain plan. Comprendre votre besoin vous permettra de commencer à mettre fin au désordre et à cesser d'accumuler à l'avenir.

Deux fois dans ma vie déjà, je me suis débarrassée de tout ce que je possédais et ai recommencé à neuf. Chaque fois, ce fut une expérience effroyable et pourtant des plus rafraîchissantes et des plus régénératrices, un véritable tournant dans ma vie. Une femme qui avait assisté à l'un de mes cours fut tellement enthousiasmée qu'elle téléphona à Emmaüs de retour à la maison et leur dit : « Il va vous falloir envoyer un camion ! » Elle s'est débarrassée de tout ce qu'elle avait, de l'ancienne chaîne stéréo aux piles de vieilleries. Elle n'a gardé que cinq vêtements de sa garde-robe. Par cet acte, elle libéra une grande quantité d'énergie qui était restée bloquée, ce qui laissa de la place pour que la nouveauté arrive. Une semaine plus tard, elle recevait par la poste un chèque de 5 000 livres que sa mère lui envoyait. Elle alla s'acheter immédiatement une nouvelle garde-robe complète avec de beaux vêtements, une nouvelle chaîne et tout ce qu'elle désirait. Elle me dit que ce chèque était totalement inattendu et que la dernière fois que sa mère lui avait envoyé de l'argent remontait à dix ans ! Je ne recommande pas à tout le monde de suivre son exemple, mais pour elle cela a très bien fonctionné.

Une autre femme encore m'a écrit ceci : « Vous m'avez laissée à 14 h et je n'avais pas encore déjeuné, pourtant j'ai travaillé dans mon appartement, comme vous me l'aviez suggéré, jusqu'à minuit. J'ai mis alors en pratique tout votre enseignement sur le Feng Shui. J'étais pleine d'énergie et, d'une certaine façon, libérée d'avoir pu me débarrasser de tant de choses, ce que je n'avais pu faire auparavant même au prix de nombreux efforts. La Croix-Rouge et Emmaüs ont aussi bien travaillé ! »

Denise Linn a raconté une fois une histoire merveilleuse dans l'un de ses séminaires, du temps où elle
travaillait comme thérapeute pour des particuliers. Un
jour, un patient lui téléphona pour lui dire qu'il avait
l'intention de se suicider. Elle était, à ce moment précis, à un point crucial d'une séance avec un autre client,
aussi dit-elle au jeune homme gentiment mais
fermement : « Écoutez, je ne peux pas vous parler pour
le moment, mais allez faire le ménage dans deux de vos
tiroirs et rappelez-moi dans une heure. » Je peux très
bien imaginer la réaction de cet homme qui a dû penser
que Denise n'avait pas bien entendu ou encore n'avait
pas compris la gravité de la situation. En fait, il n'en était
rien. Lorsqu'il rappela une heure plus tard, après avoir
fait le vide dans ses tiroirs, la crise était passée et il était
sur une bonne voie pour trouver lui-même une solution
au problème qui l'avait accablé quelque temps plus tôt.
Il y a quelque chose de véritablement thérapeutique à se
libérer du désordre. La raison en est simple : tandis que
vous vous débarrassez de choses sur le plan concret, il se
produit, en même temps, un changement comparable à
l'intérieur de vous. Ce qui est externe est aussi interne,
et vice versa. Ne plus accumuler de désordre est l'un des
moyens les plus efficaces que je connaisse, si vous voulez
réaliser vos désirs et, absolument essentiel, si vous voulez
vraiment connaître joie et bonheur dans votre vie. Lorsque vous ressentez de la joie, un grand flux d'énergie
doit normalement parcourir tout votre corps, ce qui est
impossible si vos canaux énergétiques sont bouchés.
C'est souvent quand nous déménageons que nous
découvrons toute notre pagaïe. L'une des raisons pour
lesquelles cela nous paraît si pénible réside dans le fait
qu'il faut, pour faire des boîtes, passer en revue toutes
nos affaires et choisir celles que nous voulons garder ou

non. Pour chaque chose, s'établissent des connexions mentales et émotionnelles, ce qui peut être épuisant. En conséquence, je me suis donné comme règle de vie de trier régulièrement mes affaires, comme si je devais déménager demain et de peur de me retrouver avec des sacs pleins de vieilleries à jeter.

Lorsque j'effectue une consultation de Feng Shui à un domicile, les occupants me demandent habituellement quelles modifications pourraient y être apportées, afin d'améliorer le flux d'énergie positive dans leur vie. Il arrive souvent que le meilleur conseil que je puisse leur donner consiste à leur dire carrément : « débarrassez-vous de ceci » et « débarrassez-vous de cela », tandis que je fais le tour de la maison avec eux. Effectivement, tant qu'ils ne se seront pas débarrassés de leur bric-à-brac, les effets des mises en valeur selon le Feng Shui seront minimes et ma consultation ne leur apportera pas grand-chose. Pire encore, s'ils passent aux étapes suivantes et mettent en pratique les méthodes du Feng Shui, tel l'ajout de miroirs ou de cristaux, avant d'avoir fait disparaître le désordre, ils risquent en fait de multiplier leurs problèmes par deux.

Une femme, qui avait assisté à l'un de mes cours et m'avait demandé une séance de Purification de l'Espace à son domicile, avait délibérément pris un rendez-vous plusieurs semaines plus tard, afin d'avoir le temps de trier ses affaires avant ma venue. Elle avait effectué cette tâche avec tellement de minutie qu'il ne me restait plus beaucoup de travail à faire pour purifier son espace de vie. Éliminer la pagaïe revigore vraiment l'atmosphère d'un lieu. Cette maison, en particulier, était resplendissante !

Certaines personnes, par contre, sont si paralysées par le fouillis qu'elles devront attendre jusqu'à la fin de leurs jours, si elles veulent tout nettoyer avant de demander une consultation de Feng Shui. Dans ce cas, elles ont vraiment intérêt à demander à un professionnel de leur montrer ce que leur désordre peut avoir comme effet sur elles, afin d'être motivées pour agir.

GARDER DES CHOSES « AU CAS OÙ »

Quelquefois, les gens ne comprennent pas bien ce que j'entends par fouillis. Pour moi, ce sont des choses auxquelles nous nous accrochons et qui sont responsables de la stagnation de notre énergie, parce qu'elles ne nous sont utiles à rien dans notre vie. Nous gardons bien souvent des choses « au cas où », ce qui signifie « au cas où nous n'aurions plus les moyens de nous en procurer » ou quelque chose d'approchant.

Avec tous ces objets que vous gardez « au cas où », vous dites en fait à votre subconscient de se préparer à une situation de besoin pour l'avenir. C'est un message qui va vous devancer et créer cette situation dans la réalité, pour que vous puissiez dire : « *Je le savais* que cela me serait utile un jour ! » Si vous vous accrochez à beaucoup de choses, parce que vous pensez de cette façon, vous envoyez à l'univers le message que vous ne lui faites pas confiance pour vous apporter ce dont vous avez besoin. Vous vous sentirez en conséquence toujours vulnérable et incertain quant à votre avenir.

ÊTRE ORDONNÉ

Parce que je me fais l'apôtre de l'élimination de la pagaïe, certains pensent que je suis excessivement ordonnée et que je mène un genre de vie de type zen minimaliste. Toute personne qui a déjà vécu avec moi se roulerait par terre de rire si elle entendait cela ! Je suis du signe du Cancer et, par conséquent, quelqu'un qui amasse plus que tout autre. J'ai simplement découvert que de ne pas avoir de fouillis chez moi me rendait la vie plus facile. J'ai donc appris à m'en libérer.

Avoir du fouillis, ce n'est pas la même chose que d'être désordonné. Si je travaille sur un projet quelconque, la pièce où je travaille est remplie de papiers et autres objets qui traînent un peu partout, mais je vais par la suite tout ranger et commencer à neuf le lendemain. Il faut trouver ce qui fonctionne le mieux pour vous. En ce qui me concerne, je trouve que c'est complètement stérile d'être extrêmement ordonné à tout moment : cela ne stimule pas du tout ma créativité. Toutefois, si je suis désorganisée ou entourée de pagaïe, cela bloque complètement ma créativité. Dès que je n'utilise plus quelque chose, je le remets à sa place. Cela crée de l'espace pour qu'un autre événement survienne.

NETTOYAGE DE PRINTEMPS

Rappelez-vous le vieux dicton : « La propreté est proche de la sainteté. » Tout ce livre traite de la façon dont fonctionnent les choses au niveau énergétique. Le simple fait d'avoir une maison crasseuse va avoir les mêmes effets sur votre champ énergétique (votre aura). En outre, si vous nettoyez votre maison en négligeant les recoins — sous les lits, sur le dessus des placards, derrière les armoires, dans les armoires de toilettes, etc., alors il y aura toujours des zones ternes et stagnantes dans votre champ énergétique. Les aliments qui moisissent dans votre réfrigérateur et les plaques graisseuses « repoussantes » autour de votre cuisinière sont deux autres éléments qu'il est important de surveiller.

Comme exercice, décidez-vous une bonne journée à nettoyer vraiment à fond quelque chose sur quoi vous passez superficiellement en temps normal, par exemple un téléviseur, un ordinateur ou un lecteur de cassettes. Tous ces appareils présentent habituellement des interstices poisseux, dans lesquels s'accumulent des moutons de poussière et des substances visqueuses. Procurez-vous une vieille brosse à dents, un chiffon propre et un nettoyant liquide approprié (que vous pouvez acheter dans un magasin de fournitures d'ordinateur) et commencez à nettoyer. Effectuez cette tâche comme une sorte de méditation et mettez-y beaucoup d'amour. Ne considérez pas cela comme une corvée. Dites-vous que cet appareil fait partie de votre vie et que vous souhaitez vous faire honneur. Vous serez surpris de vous sentir aussi bien.

Avant d'accoucher, beaucoup de femmes sentent le besoin de nettoyer leur maison, afin de préparer et de purifier l'espace pour leur enfant à naître. C'est une réaction naturelle et instinctive. Traditionnellement, les Occidentaux se donnent un regain d'énergie une fois par an, lors du nettoyage de printemps de leur maison. Songez à la vitalité qui peut vous animer si vous maintenez en permanence votre maison dans cet état ! Si vous n'avez pas le temps ou le goût de vous y mettre, vous n'êtes pas obligé de le faire vous-même. Il y a des gens dans ce monde qui adorent nettoyer ! Faites un échange de bons services avec un ami si vous ne pouvez payer quelqu'un pour venir le faire.

Vous obtiendrez des résultats extraordinaires si vous effectuez un nettoyage complet de votre maison avant de pratiquer la Purification de l'Espace pour la première fois. Gardez ensuite ce niveau de propreté comme standard.

QUE FAIRE DES CADEAUX INDÉSIRABLES

Débarrassez-vous-en. Rien qu'à cette idée, certaines personnes sont horrifiées. « Mais que va dire tante Jeannine quand elle viendra me rendre visite et que le bibelot de grande valeur qu'elle m'a offert ne se trouvera plus sur le manteau de la cheminée ? » Mais à qui appartient la cheminée ? À qui appartient votre vie ? Si vous aimez le bibelot en question, c'est parfait, mais, si vous le conservez dans votre maison par peur ou par obligation, vous laissez partir votre pouvoir. Chaque fois que vous entrerez dans la pièce où se trouve cet objet, vous éprouverez une baisse d'énergie. Entourez-vous d'objets que vous aimez, qui vous inspirent et vous élèvent l'esprit. Ne pensez pas que cela va marcher, en vous disant : « loin des yeux, loin de mon esprit ». Vous ne pouvez pas garder ce bibelot dans un placard et ne le sortir que lorsque votre tante Jeannine vous rendra visite : votre subconscient sait que cet objet est dans les lieux. Si vous avez un certain nombre de ces cadeaux indésirables autour de vous, votre réseau énergétique ressemblera à une passoire laissant échapper votre vitalité.

Essayez d'adopter une philosophie complètement différente en matière de cadeaux. Lorsque vous offrez quelque chose à quelqu'un, faites-le avec amour et lâchez prise. Laissez toute liberté au destinataire d'en faire ce qu'il veut. S'il pense que la meilleure chose à faire est de le jeter directement à la poubelle, c'est parfait. S'il l'offre à quelqu'un d'autre, c'est parfait aussi. (Vous ne voudriez pas qu'il accumule chez lui un tas de cadeaux indésirables, n'est-ce pas ?) Donnez aux autres cette liberté et vous commencerez à expérimenter également plus de liberté dans votre vie.

Zones de fouillis dans votre maison

Où accumulez-vous du fouillis dans votre maison ? À un sous-sol en désordre, correspondent un subconscient encombré et des questions qui ne sont pas réglées. Du bric-à-brac dans votre grenier ou dans votre cave peut limiter vos aspirations profondes et vos chances. Il n'y a aucun endroit où vous puissiez accumuler du fouillis sans que cela vous affecte. Même si vous mettez en réserve vos vieilleries dans un abri de jardin ou dans un entrepôt quelconque, elles seront toujours présentes et affecteront encore votre vie. La seule et unique chose à faire en ce qui concerne le désordre, c'est de s'en montrer responsable et de l'éliminer.

PIÈCES PLEINES DE BRIC-À-BRAC

Plus loin dans ce livre, je consacre une section au Ba-ga selon les principes du Feng Shui (voir le chapitre XVIII). C'est une grille qui montre à quel aspect de votre vie correspondent les différentes zones de votre maison. Il y a ainsi une zone qui est dédiée aux relations avec les autres, une autre, à la carrière, une autre encore, à la prospérité, etc. Si vous avez dans votre maison une pièce pleine de bric-à-brac, ce qui lui correspond dans votre vie en sera affecté.

L'une de mes clientes avait une serre qui était remplie de vieilleries de toutes sortes, dans la zone de sa maison correspondant à la chance. C'était une excellente thérapeute, mais elle ne gagnait pas assez d'argent pour subvenir à ses besoins. Après avoir déblayé sa serre et l'avoir agrémentée de plantes en bonne santé, ses revenus ont augmenté substantiellement.

Une autre cliente, qui avait accumulé du fouillis dans la zone correspondant aux relations, n'attirait que des hommes accablés de problèmes. Elle déblaya cet endroit et trouva enfin un homme avec lequel elle put construire une relation à long terme.

S'il y a quelque chose qui ne va pas dans votre vie, vérifiez que la zone correspondante dans votre maison n'est pas pleine de bric-à-brac !

VOTRE ENTRÉE

Gardez cet endroit complètement dégagé. L'entrée de votre maison ou de votre appartement représente votre approche du monde lorsque vous regardez vers l'extérieur et votre approche de la vie lorsque vous regardez vers l'intérieur.

Si la première chose que vous apercevez lorsque vous entrez dans votre maison, c'est du désordre ou des vieilleries, votre niveau énergétique va baisser avant même d'avoir franchi le seuil. Certaines personnes aiment accrocher leurs manteaux et laisser leurs chaussures dans le petit espace qui se trouve juste derrière la porte. Ce n'est vraiment pas une bonne idée. D'autres aiment déposer des choses près de la porte, pour ne pas oublier de les emporter, et finissent, de la sorte, par avoir à les enjamber continuellement. En agissant ainsi, on ne se crée que des problèmes.

Un nombre étonnant de personnes qui ont le souci de l'environnement utilisent leur entrée pour y déposer les vieux journaux, les magazines, les boîtes de conserve et les bouteilles en plastique qu'elles veulent recycler. En plaçant ce fatras dans un endroit si crucial, c'est comme si elles déclaraient (même si c'est totalement inconscient de leur part) que leur approche de la vie est un recyclage constant du passé — avec ses idées, ses problèmes, ses maladies, ses relations, etc. Cela veut dire qu'elles n'en tireront jamais de leçon. Recycler, c'est bien, mais ce n'est pas la meilleure chose pour vous que d'avoir à contempler du fouillis dès votre arrivée à la maison.

DERRIÈRE LES PORTES

Les portes qui ne peuvent s'ouvrir complètement réduisent le flux d'énergie dans votre vie. J'ai déjà visité des maisons dans lesquelles il y a tellement de fouillis derrière les portes qu'il ne reste qu'un tout petit entrebâillement pour pouvoir passer. Enlevez tout ce qui empêche d'ouvrir les portes entièrement, y compris les vêtements qui sont accrochés derrière.

LES COULOIRS

Les couloirs constituent les artères de votre maison. Le fouillis qui se trouve dans le vestibule et les couloirs obstrue le flux de l'énergie qui vous apporte de la vie et met des obstacles sur votre passage. Il en résulte que vous avancez à pas lourds dans la vie, plutôt que de voir les choses avec légèreté. Dégagez les couloirs de toute pagaïe.

AU NIVEAU DU SOL

Si vous devez garder des choses, au moins ne les laissez pas traîner sur le sol. Beaucoup de personnes qui souffrent de dépression ont accumulé du désordre au niveau du sol, ce qui tire leur énergie en permanence vers le bas.

SOUS LES LITS

Si vous accumulez des tas de choses sous votre lit, cela aura une influence inévitable sur votre sommeil. Si vous possédez l'un de ces lits avec des tiroirs dans le bas, la meilleure chose que vous puissiez y entreposer, c'est du linge de maison propre. Pour un sommeil de très grande qualité, l'idéal serait de n'avoir rien d'autre qu'un lit dans sa chambre !

LE DESSUS DES PLACARDS

Les objets accumulés sur le dessus des placards sont comme des problèmes qui restent suspendus au-dessus de vous et qui attendent d'être résolus. Ils vous empêchent de réfléchir avec clarté et d'être ouvert aux nouveautés. Si vous empilez ainsi des choses au-dessus de vos armoires de chambre, cela affectera la qualité de votre sommeil et, si c'est ce que vous voyez en premier lorsque vous vous éveillez le matin, il y a des risques que cela vous rende apathique. Si, dans votre maison, votre bric-à-brac se trouve placé plus haut que votre regard, cela aura généralement un effet oppressant et vous souffrirez éventuellement de maux de tête.

DÉGAGEZ VOTRE PENDERIE

Avez-vous des vêtements que vous ne portez plus, mais que vous gardez « au cas où » ? Une femme qui a suivi mes cours a raconté que, lorsque son mari s'est retrouvé au chômage, ils sont allés ensemble acheter deux beaux ensembles pour elle, « au cas où » ils n'auraient plus jamais assez d'argent pour en acheter de semblables. Il y a deux ans de cela, mais elle ne les a jamais portés ni l'un ni l'autre. Elle comprit qu'ils avaient gaspillé de l'argent. Certaines personnes gardent des vêtements qu'elles n'ont pas portés depuis vingt ans. Elles prétendent qu'ils reviendront à la mode si elles les gardent suffisamment longtemps. Si vous avez un vêtement que vous n'avez pas porté l'année dernière et encore pire dans les deux ou trois dernières années, je vous conseille de le jeter, de le vendre, de l'échanger, ou de le donner. En une année, vous êtes passé par tous les cycles des saisons et, si vous n'avez pas senti le besoin de le porter durant toute cette période, c'est qu'il aura fait son temps. Enfin, si au bout de deux ou trois saisons vous ne l'avez toujours pas porté, c'est définitivement le moment de vous en débarrasser.

Il est peut-être nécessaire pour vous de comprendre pourquoi des vêtements que l'on ne porte plus ne conviendront jamais plus. De la même façon que nous décorons les murs de notre maison, nous choisissons pour notre habillement des couleurs, des textures et des motifs qui sont le reflet de nos propres vibrations énergétiques. Nous passons tous, par exemple, par différentes phases pour les couleurs. Il y a quelques années, toute ma garde-robe était violette, avec quelques touches de vert, de bleu et de turquoise, mais c'était vraiment le violet que je préférais. Quelqu'un qui était venu me rendre visite à Bali sut dans quelle maison j'habitais à la couleur dominante de mon linge qui séchait dehors : le violet ! À cette époque, je stockais beaucoup d'énergie de cette couleur dans mon aura, ce qui avait un rapport avec le fait de retrouver pouvoir et prospérité dans ma vie. Maintenant, j'ai intégré cette couleur et je ne la porte presque plus.

La plupart des gens ont dans leur garde-robe des vêtements qu'ils ont portés une fois pour ne plus jamais les remettre. Il se passe le phénomène suivant : vous allez un beau jour faire des courses et vos yeux sont attirés par un vêtement, disons qu'il est orange à pois violets. Vous l'essayez, vous trouvez qu'il vous va à merveille (selon vos propres critères) et vous l'achetez. Mais il se trouve que cette journée-là vous étiez un peu déséquilibré sur le plan émotionnel et que votre aura avait pris une teinte orange avec des taches violettes ou une teinte complémentaire à ces couleurs, si bien que ce nouveau vêtement vous a paru convenir parfaitement. Le jour suivant, néanmoins, votre aura a repris ses couleurs habituelles et le vêtement en question ne vous semble plus aussi fantastique (il ne l'a jamais été pour les autres de toute façon !). Vous attendez qu'un nouveau cycle vous ramène dans le même état psychique, mais généralement (et heureusement) il ne se répète que très peu ou jamais. Le truc est de ne jamais aller en course lorsque vous vous sentez affecté par vos émotions. Faire des achats pour vous réconforter est le plus sûr moyen de vous retrouver avec une penderie pleine de vêtements que vous ne porterez jamais.

Certaines personnes encore gardent des vêtements trop petits pour elles, car elles ont l'intention de perdre du poids et pensent pouvoir les porter par la suite. Les choses se passent rarement comme cela. Si vous êtes dans ce cas, faites-vous une faveur et utilisez la méthode de Denise Linn que j'ai communiquée à mon tour à beaucoup de gens et qui ont obtenu des résultats fantastiques : débarrassez-vous de tous ces vêtements et allez vous acheter quelque chose qui vous va bien et vous fait vous sentir de même, en accord avec ce que vous êtes maintenant. Devinez ce qui arrive généralement ? Vous perdez du poids. Appelez cela un fait exprès, si vous le voulez, mais cela marche. La raison, c'est que vous avez cessé de résister au fait d'être gros. Vous avez décidé de vous aimer tel que vous êtes, au lieu d'attendre de perdre du poids. Ce à quoi vous résistez persiste et, lorsque vous cessez de résister, la chose cesse de persister !

UN SURPLUS DE CHAUSSURES

Nous avons passé en revue les vêtements, mais les chaussures nécessitent toute notre attention. Elles constituent en effet la base même de notre tenue vestimentaire et peuvent la rendre parfaite ou la gâcher complètement. Les piles de vieilles chaussures qui encombrent votre maison ne constituent pas un régal pour les yeux et tirent manifestement l'énergie vers le bas plutôt que de la rehausser. Gardez les chaussures que vous portez encore bien cirées et en bon état, et jetez les autres à la poubelle.

SACS À MAIN ET POCHES

Comment votre vie peut-elle s'écouler librement si vous vous promenez tout le temps avec un sac à main plein de toutes sortes de reçus, de mouchoirs usagés, de papiers de bonbons, etc. ? Si vous pensez que vous seriez gêné en voyant quelqu'un vider le contenu de votre sac sur une table pour que tout le monde l'examine, faites-le vous-même et débarrassez-vous des choses inutiles.

Le même conseil s'applique aux poches de pantalon !

Autres zones de fouillis

DANS LA VOITURE

S'il n'y a plus de désordre dans votre maison, mais que vous conduisiez encore dans une voiture pleine à ras bord de détritus, vous avez encore du travail à faire ! Votre voiture constitue en elle-même un monde en miniature. Vous sentez-vous embarrassé et vous confondez-vous en excuses à cause de l'état dans lequel elle se trouve chaque fois que vous avez un passager avec vous ? Combien de fois par semaine vous dites-vous : « Vraiment cette voiture aurait besoin d'un bon nettoyage » ?

Chaque fois que vous y pensez, votre énergie baisse, jusqu'à ce que finalement cela vous coûte plus d'énergie de ne pas la nettoyer que de simplement vous relever les manches et de vous y mettre. Vous savez combien l'atmosphère est agréable lorsque tout a été rangé et nettoyé. Faites-vous plaisir !

AU BUREAU

Votre bureau est-il à peine visible, croulant sous une montagne de papiers ? S'il en est ainsi, c'est que vous vous sentez probablement battu d'avance avant d'avoir commencé. Certaines personnes se plaignent qu'elles ne peuvent rien retrouver ou encore qu'elles sont susceptibles d'oublier de faire quelque chose, si leurs affaires ne se trouvent pas sur leur bureau. Des études ont montré que l'employé de bureau moyen du Royaume-Uni accuse un retard de plus de quarante heures de paperasseries à n'importe quel moment donné et qu'il passe environ vingt-deux minutes par jour à chercher des documents égarés, parce que ses écritures ou son classement ne sont pas à jour. Si on additionne ces vingt-deux minutes par jour, on obtient un chiffre époustouflant de quatre cents jours de travail dans toute une vie ! Un vieux dicton populaire détient la solution : « Une place pour chaque chose et chaque chose à sa place ». Vous pourrez toujours trouver de cette façon ce dont vous avez besoin au moment où vous en avez besoin et travailler sur un bureau net, ce qui veut dire également que vous serez beaucoup plus productif.

Beaucoup de gens se retrouvent à travailler sur un minuscule espace, guère plus grand qu'une feuille de papier, parce que le reste du bureau est occupé par des piles de paperasses et des appareils divers. Ils se sentent alors tellement à l'étroit ! Travailler sur un bureau net augmente la productivité, la créativité et la satisfaction d'un travail bien fait. Laissez toujours votre bureau en ordre lorsque vous avez terminé votre travail. C'est une excellente habitude à acquérir et, sur le plan psychologique, beaucoup plus revigorant de commencer ainsi son travail chaque matin que de contempler des monceaux de papiers.

Chaque jour, dans le monde entier, les entreprises utilisent plus de 24 millions de kilomètres de papier. C'est énorme. Le défi est d'en contrôler l'usage, tout en jetant à la poubelle, et sans aucun remords, toute la paperasse autant et aussi souvent que possible. Lorsque Marks & Spencer ont épuré tous leurs dossiers durant ce qu'ils ont appelé « Opération simplification » dans les années 50, ils jetèrent 26 millions de papiers inutiles et vendirent mille classeurs dont ils n'avaient plus besoin ! Vous pouvez consacrer une journée entière à la remise en ordre de votre bureau. Si vous utilisez un ordinateur, procédez à l'épuration de votre disque. Allez dans tous vos fichiers et effacez ceux qui sont obsolètes et qui encombrent votre disque dur ou copiez-les sur un système de disquettes. Le fouillis électronique est autant un problème que son équivalent physique.

Beaucoup de personnes utilisent des feuilles de messages ou pire encore des papillons autocollants pour se rappeler qu'elles doivent faire certaines choses. Très rapidement, l'espace de travail devient alors encombré de dizaines de pense-bêtes et l'esprit se sent lui aussi encombré. Dégagez votre panneau d'affichage et ne l'utilisez que pour des affaires en cours. Si vous voulez vous souvenir de faire quelque chose, inscrivez-le dans votre agenda ou sur un calendrier. Les papillons obstruent votre esprit et risquent de vous faire oublier ! Un excès de pense-bêtes disperse votre énergie.

Centralisez vos informations. J'emporte toujours avec moi partout dans le monde mon ordinateur portable et un calepin, que j'utilise année après année pour mon travail quotidien. J'en ai toute une série. Je prends note des messages laissés sur mon répondeur téléphonique, des détails de conversations au téléphone ou lors de réunions, des idées pour les cours que je donne, des informations diverses sur toutes sortes de sujets, des listes de « choses à faire », etc. J'utilise des stylos de différentes couleurs et je parcours à intervalles réguliers les pages avec un surligneur, pour mettre en évidence les mots clés et pour pouvoir retrouver facilement l'information que je cherche. Je transfère sur mon ordinateur portable les numéros de téléphone et les renseignements importants.

Richard Branson, le célèbre P.-D.G. de Virgin, possède également un carnet qu'il emporte partout avec lui et qu'il utilise aux mêmes fins, quoique le sien soit relié et d'un format A4 apparemment plus macho. Sa collection de calepins occupe d'ailleurs toute une étagère ! On dit qu'il est en mesure de pouvoir parler toutes les semaines à tous ses cadres supérieurs qui sont répartis dans le monde entier (et ils sont plus de 80), ce qui lui permet de prendre directement le pouls des événements et d'éviter d'avoir à parcourir des tas de rapports ennuyeux. Anita Roddick est une autre adepte du bureau sans paperasse comme beaucoup d'autres entrepreneurs qui réussissent.

Laisser son bureau libre de tout désordre a un rapport direct avec la façon dont on envisage de faire son travail. Voici une recette qui vous mènera sûrement au succès. Charles Schwab, président de Bethlehem Steel Company aux États-Unis dans les années 30, employa un consultant en gestion du temps, Ivy Lee, qui avait pour mission d'examiner sa façon de travailler pendant deux semaines et d'y apporter des améliorations. Le rapport qui en résulta ne consistait qu'en trois recommandations :

1 Dressez chaque jour une liste des « choses à faire ».

2 Classez-les par priorité.

3 Effectuez les tâches par ordre décroissant d'importance.

« Ne me payez pas maintenant », dit Ivy Lee, tout en sachant très bien que ces conseils très succincts ne pouvaient se comparer aux rapports de 100 pages que Schwab recevait habituellement. « Mettez mes conseils en pratique pendant un mois et vous me paierez ensuite si vous en tirez satisfaction. » On raconte qu'un mois plus tard, Schwab envoya à Ivy Lee un chèque de 25 000 $ — somme considérable pour l'époque. Schwab devint le plus grand producteur d'acier de par le monde et il déclara à la fin de sa vie que ce furent les meilleurs conseils qu'on n'ait jamais pu lui donner dans le domaine des affaires.

Que vous soyez un cadre supérieur de haut niveau ou une modeste maîtresse de maison, ces conseils sont tout aussi valables. Mettez-les en pratique pendant un mois et vous verrez !

Les gens me disent souvent que leurs affaires n'ont véritablement décollé qu'une fois qu'ils eurent déblayé leur bureau. Il est possible que l'on perde quelques jours de travail pour cela, mais on est très vite récompensé et au centuple ! Récemment, un consultant en recrutement de personnel mit son bureau parfaitement en ordre après avoir suivi l'un de mes cours. Quelques jours plus tard, il décrochait un gros contrat pour lequel il avait travaillé pendant des lustres sans aucun résultat jusqu'alors. Un autre homme encore m'a rapporté avoir obtenu une augmentation de chiffres d'affaires telle, après avoir fait la même chose, qu'il atteignit son objectif de réduire sa semaine de travail de cinq à trois jours, tout en restant en mesure de générer le revenu qui lui était nécessaire pour vivre.

Différents types de désordre

LES LIVRES

Pour beaucoup, il est très dur de se séparer de ses livres. Pourtant, en vous accrochant à vos vieux livres, vous ne créez pas d'espace dans votre vie pour y laisser entrer des idées et des manières de penser nouvelles. Vous pouvez devenir figé dans vos façons de faire et développer une énergie vieillotte à l'image de vos livres à l'odeur de moisi dont vous vous entourez. Apprenez à vous en débarrasser. Si cela vous semble trop radical, donnez vos vieux livres à la bibliothèque de votre municipalité et, si jamais un jour vous éprouvez le besoin de vous y référer, vous n'avez qu'à simplement les emprunter pour une semaine !

LES PHOTOS

Avez-vous des tiroirs ou des albums remplis de photos ? Profitez de vos photos tandis qu'elles sont d'actualité. Effectuez des montages originaux, mettez-les au mur, insérez-les dans votre portefeuille, collez-les dans vos carnets, faites-en des cartes postales et envoyez-les à vos amis, enfin tirez-en parti au maximum tandis que leur énergie est fraîche et neuve. Certaines personnes conservent des photos de leur ancien partenaire et s'étonnent ensuite d'avoir tant de difficultés à se trouver un nouveau compagnon ou une nouvelle compagne. Certains gardent également des photos qui leur rappellent des moments difficiles de leur passé. Gardez les photos qui vous font vous sentir bien et débarrassez-vous des autres. Déblayez l'espace pour laisser entrer quelque chose de nouveau et de meilleur dans votre vie.

LES COLLECTIONS

On me demande parfois si les collections d'objets comptent comme du bric-à-brac. Cela dépend. Collectionner signifie accumuler l'essence particulière de certaines choses dont vous pensez avoir besoin. Je connais une femme qui collectionne tout ce qui se rapporte aux chiens. Lorsque vous entrez chez elle, deux gigantesques statues de chiens vous saluent, vous pouvez voir ensuite des miniatures de chiens sur les tables et sur les commodes, des photos et des peintures représentant des chiens dans toutes les pièces de sa maison, y compris celle où elle travaille. La seule chose qui manque, c'est un chien en chair et en os. Elle en possédait un lorsqu'elle était petite fille, mais il mourut dans des circonstances tragiques qu'elle n'a jamais pu oublier. Sa collection de chiens est véritablement un message venant de son subconscient et qui lui dit : « Examine bien cette question. Elle a besoin de toute ton attention. C'est vraiment un grand problème dans ta vie. » En fait, lorsqu'elle pourra guérir de son chagrin, elle effectuera un fantastique bond en avant.

La plupart d'entre nous collectionnons quelque chose, nous le faisons naturellement. Si vous faites une collection quelconque, je pense qu'il est important de continuer et d'en découvrir le motif, pour mieux évoluer par la suite. Si vous faites une collection de grenouilles, par exemple, prenez conscience de ce qui se cache derrière. Ne vous limitez pas. Il viendra un temps où vous saurez au plus profond de vous-même que les grenouilles ne vous sont plus indispensables. Si vous ne pouvez vraiment pas vous priver de toutes, gardez celle que vous préférez et jetez prestement toutes les autres ! Faites de la place pour que quelque chose de nouveau se manifeste dans votre vie.

CE QUI A BESOIN
D'ÊTRE RÉPARÉ

Il suffit que quelque chose ait besoin d'être réparé dans votre maison pour que cela draine toute votre énergie. Cela fait longtemps que vous ne remarquez plus, d'une manière consciente, cette chaise dans le coin avec son pied branlant ou cet appareil électrique qui surchauffe toutes les fois que vous vous en servez. Votre subconscient, lui, s'en souvient parfaitement et, toutes les fois que vous entrez dans la pièce en question ou que vous apercevez un objet quelconque qui vous rappelle votre chaise ou votre appareil électrique, votre énergie baisse. Je connais une femme qui demeure dans une grande maison où presque tout a besoin d'être réparé d'une façon ou d'une autre. Même si elle n'a qu'un petit revenu avec un enfant à sa charge, elle est néanmoins pleine de ressources et serait capable de réparer certaines choses si elle le voulait. Son manque de soin et de respect pour sa maison est le reflet exact de son attitude envers elle-même. Quand votre maison est quelque chose d'important pour vous et que vous en prenez soin, cela veut dire que vous vous aimez et que vous vous respectez.

Prenez conscience que le fait de réparer et d'arranger tout ce qui doit l'être dans votre maison est un investissement pour votre Moi profond. De plus, s'il y a un objet que vous ne voulez pas vous embêter à réparer, jetez-le ou donnez-le à quelqu'un qui souhaiterait l'avoir et qui se fera un plaisir de l'arranger.

En Allemagne, il y a des jours particuliers où l'on peut mettre les objets dont on ne veut plus sur le trottoir, permettant ainsi à d'autres personnes de venir les ramasser si elles en ont besoin. Je trouve que c'est une idée fantastique.

LE FOUILLIS DES AUTRES

Il arrive que des personnes soient bien ordonnées, mais qu'elles aient à garder les affaires des autres : « Est-ce que tu veux bien me garder mon vieux canapé pendant mon séjour en Nouvelle-Zélande ? » Deux années plus tard, vous attendez toujours que votre ami revienne et son canapé a commencé à prendre racine !

Réfléchissez avant d'accepter d'encombrer votre espace et, si vous acceptez, mettez-y au moins une limite dans le temps : « D'accord, je vais prendre ton vieux canapé, mais si tu n'es pas revenu dans tant de mois, je le jette. » Soyez clair et mettez-vous d'accord sur ce que vous allez faire. De cette façon, votre amitié n'en souffrira pas si les choses ne se passent pas comme prévu.

LE DÉSORDRE ACCUMULÉ PAR UN PARTENAIRE

Une question comme celle-là fait parfois ressortir des différences profondes (enfouies sous le désordre accumulé depuis des années). Il est nécessaire de s'en occuper. Beaucoup de gens qui ont suivi mes cours reviennent un ou deux mois plus tard, accompagnés d'un partenaire qu'ils ont entraîné jusque-là, afin qu'il puisse m'écouter parler du désordre !

Traquer le fouillis dans tous les domaines

CLARIFIER LES RELATIONS AVEC LES AUTRES

Si, sur le plan concret, il y a du désordre dans votre maison, il en sera de même dans votre esprit. Avec quelles personnes existe-t-il des questions non résolues ?

Pensez-y un instant. Imaginez-vous dans un salon. Y a-t-il quelqu'un faisant partie de vos intimes qui, s'il devait entrer dans une pièce, changerait instantanément votre état d'esprit et vous ferait sentir que la pièce n'est pas assez grande pour vous deux, à cause des tensions existant entre vous ? Il est possible que vous ne voyiez personne au niveau conscient qui puisse correspondre à ce scénario et que vous essayiez de garder ce genre de personnes hors de vos pensées. Pourtant, votre bon vieux subconscient les garde en mémoire, et les situations non résolues font baisser considérablement le niveau de votre énergie. Si vous dormez à deux dans un lit, assurez-vous que vos relations soient claires, sinon vous passerez la nuit à vous livrer bataille sur le plan psychique et vous vous réveillerez avec le sentiment d'avoir besoin d'une bonne nuit de sommeil.

LES RELATIONS
QUI S'EFFRITENT

Pendant que vous y êtes, éliminez les relations improductives. Avez-vous des amis avec lesquels il vous semble toujours devoir faire un effort pour communiquer ou qui vous vident de votre énergie lorsque vous vous trouvez en leur compagnie ? Ronchonnez-vous lorsque vous savez que c'est telle ou telle personne qui vous appelle au téléphone ? Je ne parle pas ici de vos bons amis qui passent temporairement par des moments difficiles ou qui ont eu une mauvaise semaine, mais de personnes qui sont négatives, qui ont depuis longtemps dépassé leur date de péremption et dont vous voudriez vous débarrasser, sans avoir eu le courage de le faire ou sans avoir trouvé une stratégie qui convienne.

Il y a des milliards de gens de par le monde et vous êtes libre de choisir qui vous voulez fréquenter. Choisissez des âmes sœurs qui vous stimulent et vous inspirent.

Ce qui est merveilleux lorsque vous avez le courage de vous débarrasser de vieux amis ennuyeux (ou même du partenaire qui a fait son temps), c'est que cela crée de l'espace pour que vous puissiez attirer de nouvelles relations agréables et fortes, à condition évidemment que vous ayez fait le point sur ce que vous désirez et ne désirez pas dans votre vie. Vous vous rendrez compte en définitive que vous n'attirerez plus de personnes avec lesquelles les relations s'effriteront, ni qui vampiriseront votre énergie, ni qui se montreront particulièrement négatives, parce que votre champ énergétique sera trop incompatible avec le leur. Elles sauront que leurs chances d'obtenir un plein d'énergie gratuit à vos dépens seront nulles, aussi ne se donneront-elles même pas la peine d'essayer de lier amitié avec vous.

METTRE À JOUR SON COURRIER

Y a-t-il des lettres que vous avez l'intention d'envoyer depuis longtemps, mais que vous n'arrivez jamais à écrire ? Toutes les fois que vous y pensez et que vous ne le faites pas, votre niveau de vitalité diminue. Plus vous reportez le moment d'écrire une lettre, plus cela devient difficile. Il suffit simplement de vous asseoir à votre table et de prendre le temps de rattraper votre correspondance en retard. Vous libérerez alors une quantité énorme d'énergie qui vous servira à réaliser d'autres choses.

LES CHOSES QUI TRAÎNENT

Prenez l'habitude de ne pas laisser traîner les choses. Par exemple, supposons que vous bavardiez avec des amis qui veulent vous donner un numéro de téléphone qui vous serait utile. Ils l'ont sur eux, mais ils vous offrent de vous le communiquer le lendemain par téléphone. C'est stupéfiant de voir le nombre de fois où les gens remettent au lendemain ce qu'ils pourraient faire facilement le jour même et combien cela pompe de l'énergie que d'avoir à se souvenir de faire des choses. Notez le numéro de téléphone tout de suite et cela sera une chose à faire en moins.

ÊTRE À JOUR

Lorsque tout est à jour dans tous les domaines, cela vous permet de vivre dans le temps présent et d'avoir le sentiment de surfer véritablement sur votre énergie vitale. Soyez à jour avec vos impôts et avec tout ce qui vous tracasse l'esprit et qui doit être fait.

NETTOYAGE DU CÔLON

La suite naturelle de la disparition du fouillis dans votre maison est le nettoyage du temple de votre corps physique et la recherche d'un programme de purge par les plantes du gros côlon. Même si vous êtes végétarien depuis des années, vous en tirerez un grand bénéfice. Si vous voulez savoir si vous en avez vraiment besoin, faites le test de la graine de tournesol. Pour cela, mettez une poignée de graines de tournesol dans votre bouche, mâchez-les le moins possible et avalez-les. Ensuite, attendez qu'elles apparaissent de l'autre côté ! Si votre transit intestinal est de dix à douze heures, c'est parfait.

Si le délai est plus long, vous pouvez effectuer un nettoyage de côlon, afin de dégager les adhérences. Certaines personnes doivent attendre plusieurs jours avant que les graines n'apparaissent !

Le nettoyage du gros côlon par les plantes dure généralement de six à neuf mois et doit s'effectuer en combinaison avec un programme nutritionnel régénérateur. Il est toujours préférable de s'adresser à un herboriste qualifié, car le fait de nettoyer le côlon fait surgir invariablement des émotions qui nécessitent l'apport d'une aide extérieure. N'utilisez jamais de laxatifs : ils irritent et affaiblissent les intestins. L'irrigation du côlon est utile pour vous aider à nettoyer votre corps lorsque vous faites un jeûne, mais ce n'est pas un substitut à un nettoyage en profondeur par les plantes qui permet à votre côlon de retrouver ses propriétés.

Étapes pratiques pour éliminer le désordre

Si, après avoir lu tout ce qui précède, vous vous sentez invincible comme Obélix et prêt à affronter n'importe quelle tâche, c'est parfait ! Par contre, s'il y a chez vous tellement de fouillis que vous ne savez même pas par quoi commencer, voici quelques conseils pour vous mettre en train.

● Si vous vous trouvez chez vous, finissez de lire le présent chapitre et prenez ensuite quelques minutes pour parcourir toutes les pièces de votre maison et pour noter mentalement tout désordre qui a besoin d'être éliminé et ce que vous avez l'intention d'en faire. Si vous n'êtes pas à votre domicile (ou si vous êtes paresseux !), fermez simplement les yeux et visualisez-vous en train d'accomplir cet exercice. Vous vous rendrez compte que vous savez exactement où il y a du fouillis. Rappelez-vous que si vous ne vous êtes pas servi de quelque chose depuis une ou deux années et que, de plus, vous ne l'aimez pas trop, alors c'est le moment de vous en débarrasser. Vendez-le, échangez-le, jetez-le, brûlez-le, donnez-le ou faites-en ce qui paraît approprié.

● Décidez de commencer votre ménage par un tiroir seulement. Ne vous submergez pas en essayant de ranger en une seule fois toute votre maison ou même une pièce complète. Déblayez un tiroir et, si vous vous en sentez capable, attaquez-vous à un autre. La plupart des gens qui commencent par un tiroir se sentent généralement assez bien pour en faire un autre et puis peut-être un autre encore. Vous pouvez mettre toute votre maison en ordre segment par segment. Dites-vous que vous allez vous faire plaisir en déblayant un tiroir ! Plus tard, lorsque vous aurez fait l'expérience des bienfaits que cela peut vous procurer, vous voudrez vous faire plaisir plus souvent ! Comme une femme m'a dit : « Je n'avais jamais imaginé que l'on pouvait éprouver autant de joie à se débarrasser de ses possessions matérielles qu'à en acquérir ! »

● Tandis que vous faites le tri de ce que vous voulez garder ou non, ne vous demandez pas : « Est-ce que cela va m'être utile un jour ? » La réponse à cette question sera toujours « peut-être », ce qui signifie que vous ne jetterez jamais rien. Pour être plus efficace, vous devez vous poser plutôt la question suivante : « Quel effet me fait cet objet ? Est-ce qu'il accroît ou diminue mon énergie lorsque je pense à lui ou le regarde ? » Utilisez cela comme une ligne de conduite pour savoir si vous le gardez ou non. Lorsque vous aimez les objets qui emplissent votre maison, cela devient pour vous une source incroyable d'enrichissement. Les choses que vous aimez vraiment ont autour d'elles un champ énergétique fort et vibrant, tandis que des objets indésirables, tels les cadeaux que vous n'aimez pas possèdent une énergie incertaine et conflictuelle qui leur est attachée, ce qui vous vide plutôt que de vous donner de l'énergie.

● Si vous savez que vous avez tendance à accumuler des choses, établissez pour vous-même une nouvelle règle : « Quand quelque chose de nouveau entre, quelque chose d'ancien doit sortir ». Ainsi, il y aura un renouvellement dans votre fouillis, même si cela ne le réduit pas !

● Si vous avez beaucoup de bric-à-brac, vous devrez peut-être examiner vos affaires plusieurs fois avant de vous sentir prêt à vous séparer de certaines d'entre elles. Dans certains cas, cela peut prendre toute une année avant que vous vous rendiez compte que décidément elles n'ont été utiles à rien !

● Videz les poubelles de votre maison tous les jours, soit le soir avant de vous coucher, soit le matin en tout premier lieu, selon ce qui vous convient le mieux. Assurez-vous d'avoir suffisamment de poubelles ou de sacs à votre disposition, ainsi rien ne vous empêchera de jeter au moment où vous en sentirez le besoin.

● Répétez en vous-même : « Il n'y a aucun risque, je me sens en sécurité quand je jette quelque chose. » Éliminer le désordre a un rapport avec le processus de lâcher prise et avec la croyance selon laquelle la vie peut vous apporter ce dont vous avez besoin, plutôt qu'avec le fait de garder des choses « au cas où ».

● Prenez conscience du fait que tout ce que vous possédez accapare votre attention. Plus vous avez de biens, plus votre énergie est accaparée par des pensées matérielles. Éliminez le désordre pour vous sentir vraiment libre.

LE MOT DE LA FIN

En route pour donner mes cours, il y a quelque temps, je bavardais avec le chauffeur de taxi quand il me demanda ce que j'enseignais. Plutôt que de l'aveugler avec l'intitulé « Harmonie de la maison par le Feng Shui », je lui ai simplement répondu que j'enseignais aux gens à éliminer leur bric-à-brac.

« C'est formidable ! s'exclama-t-il avec enthousiasme. J'ai toujours été un spécialiste du fouillis, mais, l'année dernière, j'ai fait un inventaire complet de tout ce que je possédais et me suis débarrassé de la moitié. L'apparence de ma maison s'est tellement améliorée et mon esprit est tellement plus clair depuis que je peux penser plus librement. Ma santé va également beaucoup mieux et je n'attrape plus autant de rhumes qu'auparavant. Tous les hivers, je me retrouvais avec d'horribles rhumes de cerveau, mais depuis que j'ai déblayé ma maison, je me sens bien ! »

Je restai ébahie d'entendre des paroles aussi empreintes de sagesse.

« C'est comme une maladie, hein ? continua-t-il, sans attendre que je lui réponde. Vous devez être strict envers vous-même dans vos achats et mettre de l'ordre dans vos affaires régulièrement, car, si vous ne le faites pas, le fouillis restera pour toujours dans vos placards. Si vous ne prenez pas en charge cette tâche, personne ne le fera à votre place. Vous êtes bien d'accord ? »

Il devrait donner des cours à ma place, pensai-je alors !
Il avait une façon incroyable de rentrer dans le cœur
même du problème.

« Oui, dit-il en concluant son monologue, je pense que
je vais finir de me débarrasser de l'autre partie de mon
bric-à-brac durant ce week-end. Cela fait longtemps
que je dois le faire ! »

CHAPITRE VI

PRÉPARATION À LA PURIFICATION DE L'ESPACE

Notes

◆ Lisez tous les chapitres contenus dans la première partie de cet ouvrage avant de commencer à purifier l'espace pour la première fois.

◆ Les techniques que je donne ne s'appliquent qu'à un usage personnel, dans les habitations ou sur les lieux de travail. Reportez-vous à la section « Cours, stages, consultations et voyages » à la fin de ce livre, si vous désirez apprendre les techniques à titre de praticien.

Les préparatifs sont importants

Mieux vous serez préparé, meilleurs seront les résultats. J'estime en général qu'au moins 50 % du travail de purification réside dans la préparation. Si vous vous y appliquez, en y mettant tout votre cœur et beaucoup de bonne volonté, alors les effets seront profonds, puissants et de longue durée.

La première fois que vous pratiquerez la Purification de l'Espace, il serait préférable d'effectuer bien avant les préparatifs, de façon que votre énergie soit fraîche et pleine de vitalité au moment de vous y mettre.

Dans ce chapitre, vous trouverez une liste des points les plus importants à suivre pour vous assurer d'obtenir les meilleurs résultats et, dans les chapitres de la deuxième partie de ce livre, plus de détails sur les différentes méthodes de purification que vous pourrez utiliser.

1. N'essayez pas la purification de l'espace si vous avez peur ou éprouvez une appréhension quelconque

Les techniques ne présentent aucun danger, mais elles sont destinées à une utilisation personnelle et courante, pas à des fins d'exorcisme — réservé à des professionnels.

SE PROTÉGER

Une des premières questions qui viennent à l'esprit des gens lorsqu'ils souhaitent faire l'apprentissage de la Purification de l'Espace, c'est celle de leur propre protection. Quand j'ai commencé, il y a vingt ans, c'était également ma plus grande préoccupation. À cette époque, je me protégeais toujours à l'aide de boucliers énergétiques. Vous trouverez, à l'étape 6 du chapitre suivant, des informations sur l'emploi de protections, si vous croyez en avoir besoin lors de votre apprentissage. Quant à moi, je ne les utilise plus maintenant et je vous encourage vivement à faire de même, car elles ne sont pas vraiment nécessaires. J'ai en effet réalisé, il y a bien longtemps, que rien ne peut vous atteindre, à moins de posséder quelque chose en vous qui ait une affinité quelconque avec ce que vous êtes à même de rencontrer et qui agisse comme un aimant, consciemment ou inconsciemment.

Pour établir une analogie, prenons l'exemple de quelqu'un qui vous traiterait de stupide. Si effectivement vous vous croyez stupide, vous accepterez ce commentaire sans aucun problème. Si vous le croyez, mais ne voulez pas l'admettre, vous allez en être offusqué et réagir. Mais si vous savez que vous *n'êtes pas* stupide, ce commentaire glissera sur vous comme de l'eau sur le dos d'un canard. Cela n'aura aucun effet sur vous, car il n'y a rien en vous qui puisse faire que ce mot vous atteigne.

Vous ne pouvez être touché que si vous avez peur ou sollicitez certaines choses. Ce dont vous avez peur est ce que vous attirez inconsciemment dans votre espace. Cela explique pourquoi les chiens s'attaquent souvent aux gens qui ont peur d'eux et pourquoi les gens attrapent les maladies qui les effraient le plus.

Laissez-vous guider par vos émotions. Si vous avez peur ou ressentez une appréhension quelconque, considérez cela comme un avertissement pour vous faire comprendre que la tâche est trop ardue pour vous. Si vous avez décidé de purifier l'espace de votre maison, celle d'une connaissance ou d'un ami et que vous ne vous sentez pas très à l'aise, *soyez à l'écoute de ce malaise*. Cela signifie que ce n'est pas un espace que vous pouvez purifier seul — vous avez besoin d'assistance — ou que vous pouvez purifier vous-même. Il est rare toutefois que les choses se passent ainsi. La plupart des lieux ne présentent aucun problème.

« BONNE » OU « MAUVAISE » ÉNERGIE

Certaines personnes craignent que la Purification de l'Espace de leur maison ne libère de « mauvaises vibrations » dans le voisinage et n'affecte d'autres personnes. Or, la Purification de l'Espace consiste à libérer l'énergie qui se trouve bloquée et à accroître le niveau de vibration d'un lieu. Il ne s'agit pas de « bonnes » ni de « mauvaises » énergies, tout comme la poussière et les toiles d'araignée ne sont ni bonnes ni mauvaises — elles sont indésirables, si vous voulez que votre maison reste fraîche et propre. La Purification de l'Espace s'attaque au problème de cette « substance visqueuse » psychique et invisible qui n'est que de l'énergie statique qui a besoin d'être dispersée et remise en mouvement. Une énergie qui bouge est saine, aussi, dès que vous dispersez l'énergie qui était stagnante, elle se met à circuler à nouveau et n'est donc pas dommageable aux autres.

D'autres personnes encore craignent que la Purification de l'Espace ne fasse disparaître les souvenirs heureux en même temps que ceux qui sont malheureux. Les choses ne se passent pas ainsi : la Purification de l'Espace nettoie les niveaux de vibrations les plus pesants, auxquels sont attachés des souvenirs malheureux, et laisse intacts les niveaux plus élevés. En fait, elle rehausse ces derniers d'autant plus qu'ils ne sont plus attirés vers ceux du bas.

2. Demandez au préalable à l'occupant la permission d'effectuer la purification de son espace personnel

BÂTIMENTS PUBLICS

Je ne demande pas de permission pour purifier l'espace d'une salle municipale ou d'autres bâtiments de ce type, parce que j'estime que je rends un service public ! C'est tout différent quand il s'agit de nettoyer l'énergie au domicile de quelqu'un.

MAISONS OU APPARTEMENTS PRIVÉS

Faire purifier votre maison ou votre appartement peut se révéler une expérience très intime. Certaines personnes réagissent avec beaucoup d'émotion, car cela entraîne réellement des bouleversements incroyables.

Supposons que vous ayez décidé de faire une faveur à votre grand-mère et d'aller purifier l'espace de sa maison. Il vous faut prendre conscience qu'elle ne vous remerciera peut-être pas, car, une fois votre travail terminé, elle ne se sentira plus chez elle. Elle aura l'impression qu'on lui offre un *nouveau départ* et il est possible qu'elle ne le souhaite pas le moins du monde ! Les personnes âgées sont souvent un peu figées dans leur façon de faire et l'énergie qui les entoure se fige à son tour. Si vous leur demandez leur avis, elles vous diront souvent : « Voyez-vous, j'aime ma vie telle qu'elle est, non merci. » C'est la raison pour laquelle elles se battent âprement, si, par exemple, les autorités locales veulent les reloger en vue d'améliorer leur vie. C'est pour elles un bouleversement considérable dont elles ne veulent pas.

Je ne fais jamais de Purification de l'Espace à moins d'y être invitée et d'être sûre que les personnes veulent apporter des modifications à leur vie. J'insiste toujours pour avoir affaire à la personne qui est responsable pour la maisonnée de l'énergie dans son ensemble. Si cette responsabilité est partagée par deux personnes (mari et femme, par exemple), je peux effectuer la consultation en présence de l'une d'elles ou des deux à la fois, mais je n'accepte jamais de purifier une maison lorsque le fils ou la fille me le demandent sans que leurs parents le sachent. Cela me semblerait une erreur. La consultation ne marche jamais non plus si elle est arrangée par quelqu'un qui veut l'offrir à une autre personne, à moins que cette dernière ne téléphone elle-même pour fixer un rendez-vous et ne soit présente ce jour-là.

Si vous partagez votre maison ou appartement avec d'autres, il vous faudra en tenir compte.

PURIFICATION DE CERTAINES PIÈCES

On me demande parfois s'il est possible d'effectuer la Purification de l'Espace pour certaines pièces seulement. La réponse est oui. Si, par exemple, vous avez une pièce qui vous est réservée dans votre maison et que vous ne vouliez ne purifier qu'elle, c'est tout à fait possible. Si, au contraire, vous louez une pièce de votre maison et que vous sentez que ce serait violer l'intimité de votre locataire que de purifier sa chambre, vous pouvez exclure cette dernière. Si quelqu'un est très malade et ne peut sortir, vous pouvez (et même devriez) exclure temporairement la pièce où il séjourne. Reportez-vous au point 3 ci-dessous pour de plus amples informations à ce sujet.

À moins de circonstances particulières toutefois, il est généralement préférable de purifier l'espace de toute une maison en une seule fois, car cela favorise une circulation uniforme de l'énergie.

AU BUREAU

En ce qui concerne les bureaux, c'est très bien de purifier le vôtre, mais je ne trouverais pas correct de purifier celui de votre patron ni tout autre endroit fermé, sans en demander la permission, car cela serait interférer dans l'espace privé de chacun. Quant aux bureaux ouverts, vous devez juger par vous-même et vous assurer de ne jamais pratiquer la Purification de l'Espace dans l'intention de manipuler l'énergie à votre profit. Vous devez avoir comme objectif de créer un environnement qui donne les meilleures possibilités à chacune des personnes qui y travaillent.

3. Effectuez la purification de l'espace lorsque vous vous sentez en forme, en bonne santé et stable sur le plan émotionnel

Vous devez vous sentir raisonnablement en bonne forme physique, en bonne santé et stable sur le plan émotionnel pour entreprendre la Purification de l'Espace, mais il n'est pas indispensable d'attendre le moment où vous serez au « summum » de vos possibilités ! Il est cependant souhaitable que votre énergie se situe « à un niveau élevé ». En d'autres termes, si vous avez eu une journée « effroyable entre toutes » et que votre énergie soit bonne à jeter au panier ou si vous venez de vous disputer avec votre partenaire et que votre énergie soit dispersée un peu partout, il est préférable d'attendre que vous ayez récupéré vos esprits.

EN CAS DE MALADIE

Lorsque vous êtes malade, c'est la question de l'œuf ou de la poule qui vient automatiquement à l'esprit. Purifier votre maison peut en effet vous aider dans le processus de guérison de votre maladie, mais paradoxalement vous devez vous sentir en forme et en bonne santé pour effectuer ce travail. Par conséquent, la meilleure chose à faire est de demander à un ami de vous aider, si vous ne vous sentez pas assez bien.

Cela étant dit, j'ai reçu des témoignages de malades chroniques qui, ayant participé à mes cours, ont décidé d'effectuer eux-mêmes la Purification de l'Espace et qui étaient satisfaits du résultat, car cela les avait aidés à guérir. Leur méthode consistait à ne pas se précipiter, d'en faire un peu à la fois et d'attendre que leur énergie soit « en hausse ». La fois suivante, ils se rendaient compte qu'ils pouvaient en faire un peu plus, et ainsi de suite. Grâce à la Purification de l'Espace, ils se sont débarrassés de l'ancienne énergie, ce qui a contribué à leur guérison.

SI DES PERSONNES AUTRES QUE VOUS SONT MALADES

Le champ énergétique des gens malades, sur le plan physique ou mental, est faible ou perturbé. Vous devez donc toujours faire sortir le malade de la pièce où vous voulez pratiquer la Purification de l'Espace. S'ils sont trop souffrants pour pouvoir quitter le bâtiment où ils se trouvent, vous pouvez temporairement protéger et exclure leur chambre (reportez-vous à la section qui traite de la protection au chapitre suivant) et les changer de chambre par la suite, tandis que vous purifiez la leur. N'oubliez pas d'enlever les protections quand vous aurez terminé, autrement ils se mettront à se sentir très isolés des autres personnes de la maison !

Quant aux personnes qui ne sont que légèrement souffrantes, je recommande par contre qu'elles quittent la pièce pour quelques minutes, tandis que vous frapperez dans vos mains. Il est souvent bénéfique pour leur guérison, toutefois, qu'elles reviennent dans la pièce en question quand vous en serez à l'étape des clochettes et qu'elles assistent à la suite de la cérémonie, à condition que vous leur expliquiez ce que vous êtes en train de faire.

4. Les femmes enceintes ou qui ont leurs menstruations, les personnes qui présentent une plaie ouverte ne devraient pas pratiquer la purification de l'espace

MENSTRUATION ET SAIGNEMENTS

Il doit être clair que cela n'a aucun rapport avec la croyance selon laquelle les femmes seraient frappées de « malédiction » ni avec toute autre croyance de ce genre. La raison de cette contre-indication, c'est le sang, ce qui peut s'appliquer autant aux femmes qu'aux hommes.

Dans de nombreuses religions, il est interdit aux femmes d'entrer dans un lieu de culte lorsqu'elles ont leurs menstruations. Les féministes s'en indignent, mais elles ne le feraient peut-être pas si elles en comprenaient vraiment les raisons sous-jacentes. À Bali, ce ne sont pas uniquement les femmes qui ont leurs menstruations qui n'ont pas le droit d'entrer dans les temples, ce sont aussi les personnes qui perdent du sang, sous une forme ou sous une autre.

L'une des explications réside dans le fait que le sang attire des entités de bas niveau et que l'on ne veut pas que ces dernières entrent dans les temples que l'on veut garder aussi propres et purs que possible. Des études réalisées par des Occidentaux sur les groupes qui partent dans la jungle ou dans des lieux éloignés de toute civilisation ont montré, dans les cas où ce genre d'incidents se produit, que les animaux sauvages s'attaquent d'abord aux femmes qui ont leurs menstruations, et en second aux personnes qui présentent une plaie ouverte ! Il se passe exactement la même chose dans le domaine énergétique quant aux entités de bas niveau.

Autre raison de l'interdiction faite aux femmes qui ont leurs menstruations d'entrer dans les temples : leur incapacité à supporter les niveaux élevés d'énergie qui y sont présents, alors que leur corps est engagé dans le processus mensuel d'épuration interne. Toute leur énergie se trouve tournée vers l'intérieur. C'est aussi une période pendant laquelle leur force vitale est à son plus bas. En effet, les femmes perdent de l'énergie vitale lors des menstruations, de la même façon que les hommes en perdent lorsqu'ils éjaculent.

Purifier l'espace, c'est effectuer un nettoyage externe, les femmes ne sont donc pas aussi aptes à le faire durant leurs menstruations, périodes pendant lesquelles elles effectuent leur propre nettoyage interne sur le plan électromagnétique. J'ai quelquefois pratiqué la Purification de l'Espace dans le passé pendant mes menstruations, mais j'ai pu constater que les résultats étaient moindres et que j'étais plus fatiguée par la suite. Maintenant, je ne le fais plus et je n'effectuerais certainement jamais une cérémonie complète de consécration (décrite au chapitre XII) pendant cette période.

GROSSESSE

Il en est de même pour les femmes enceintes dont l'énergie est dirigée vers l'intérieur d'elles-mêmes, tandis qu'elles fabriquent et nourrissent une nouvelle vie. De plus, tout ce qui arrive à la mère est transmis directement au fœtus qui est très sensible. Afin de protéger l'enfant et de nourrir la mère, la grossesse est l'occasion pour le compagnon de la femme d'effectuer la Purification de l'Espace à sa place. Dans des cultures anciennes, les femmes vivaient « recluses » durant tout le temps de leur grossesse. La réclusion ne se limitait pas aux quelques heures pendant lesquelles elles se préparaient à accoucher. Depuis le moment de la conception, elles se trouvaient dans la haute atmosphère d'un espace spécialement créé pour elles, en dehors des autres membres de la tribu, dans le but de donner les meilleures chances possible au nouvel être à venir. On savait que la période la plus formatrice dans la vie d'une personne était celle qui se déroulait dans l'utérus.

Si vous êtes une femme enceinte, vous pouvez utiliser un bon nombre des conseils que je donne dans la deuxième partie de ce livre, afin d'améliorer votre propre atmosphère et de vous purifier, mais il est préférable de laisser les procédures de base de la Purification de l'Espace à quelqu'un d'autre, en particulier les tâches les plus ardues, comme les techniques de frappe des mains qui sont décrites plus loin.

5. Prenez le temps de réfléchir à ce que vous voulez voir réalisé dans l'avenir. Si vous partagez le même espace que d'autres personnes, il est également préférable de les consulter

CLARTÉ DES INTENTIONS

Si vous pratiquez la Purification de l'Espace sans avoir pensé au préalable à ce que vous voulez mettre dans cet espace, cela aura quelques effets, mais l'espace en question commencera très rapidement à s'emplir de nouveau de la même substance, dans les jours et les mois qui suivront.

Il est donc préférable de réfléchir à la question avant de commencer. Mieux encore, vous pouvez vous asseoir avec un papier et un crayon et rédiger une description de vos souhaits pour une vie idéale dans l'avenir, que ce soit sous la forme d'une liste avec différentes rubriques ou sous la forme d'une narration. Soyez aussi précis que possible et, à la toute-fin, écrivez ceci : « Que cela ou quelque chose de mieux se manifeste maintenant pour le plus grand bien des personnes concernées », puis datez et signez. Cette dernière phrase permet de créer une ouverture pour qu'éventuellement l'univers fasse se manifester quelque chose de mieux que ce que vous avez pu imaginer et pour garantir que le processus soit bénéfique à tout le monde, pas seulement à vous.

6. Pour obtenir de meilleurs résultats, nettoyez et rangez votre espace de vie, balayez, passez la serpillière ou l'aspirateur et, avant toute chose, débarrassez-vous de votre bric-à-brac

L'élimination du désordre est d'une telle importance que le chapitre précédent lui a été entièrement consacré.

Le meilleur moment pour purifier l'espace, c'est après un bon nettoyage de printemps. Si votre domicile se trouve dans un état tel (reflétant, par là même, l'état de votre vie) que vous ne pouvez entreprendre cette première tâche, prenez au moins le temps de balayer, de passer la serpillière ou l'aspirateur avant de commencer la Purification de l'Espace.

LE BALAYAGE

Peu après le lever du soleil, on peut entendre à Bali le bruissement des coups de balai donnés en rythme et avec méthode qui emplit l'atmosphère. D'une certaine façon, c'est reposant et réconfortant. Cela ne perturbe pas votre sommeil, mais lui ajoute plutôt une nouvelle dimension. On utilise des balayettes rigides faites à partir de tiges de feuilles de cocotiers.

C'est un rituel qui se pratique dans toute l'île. Tous les terrains près des habitations, toutes les maisons, tous les édifices et tous les temples sont balayés quotidiennement, de bonne heure le matin et à certains intervalles tout au long de la journée, selon les besoins. La purification constitue tellement une partie intrinsèque de cette remarquable culture qu'il n'est pas surprenant que cette pratique fondamentale soit profondément ancrée dans les mœurs. Dans les temples, on utilise des balais qui sont réservés aux espaces sacrés et, dans chaque temple, il y a un serviteur qui veille à ce genre de choses.

ÉNERGIES DE HAUT ET DE BAS NIVEAUX

En réalisant combien le balayage peut purifier un lieu en épurant les degrés les plus bas de l'énergie, il est aussi nécessaire de comprendre que l'énergie de haut niveau s'accumule dans des lieux élevés, et l'énergie de bas niveau dans des lieux de basse altitude. C'est pourquoi on retrouve dans de nombreuses cultures des lieux spirituels au sommet de certaines montagnes. C'est aussi la raison pour laquelle les appartements de grand standing construits sur le toit des immeubles sont très recherchés, leurs occupants ayant un avantage énergétique sur ceux qui vivent à des niveaux moins élevés. Les personnes qui vivent dans les montagnes sont généralement plus heureuses et plus optimistes que celles qui résident dans les vallées où l'énergie a tendance à s'amasser et à se coaguler et où les habitants sont plus susceptibles de devoir lutter dans leur vie et d'être sujets à la dépression. On peut en conclure qu'il est beaucoup plus facile de se sentir rempli d'allégresse sur le sommet d'une montagne.

Dans les immeubles, l'énergie de bas niveau s'amasse au niveau du sol et l'énergie de haut niveau aux étages supérieurs. C'est un fait qui est connu à Bali et dont on peut trouver la manifestation dans l'importance que l'on donne à la position assise des personnes les unes par rapport aux autres. Les prêtres sont toujours assis au-dessus du peuple et, si quelqu'un de statut inférieur veut parler à un prêtre, il doit s'asseoir si le prêtre est assis, afin de ne pas se placer lui-même dans une position plus élevée que lui. Les touristes vont se percher parfois sur les murs des temples dans le but d'obtenir la photo parfaite, ne se rendant pas compte qu'ils commettent là un péché capital en se plaçant plus haut que le prêtre qui officie. Les Balinais voient d'un très mauvais œil que l'on puisse ignorer une chose aussi évidente.

En ce qui concerne le corps humain, l'énergie de bas niveau émane des pieds et celle de haut niveau, de la tête. Cela est facile à comprendre si l'on pense aux chakras du corps humain qui sont situés le long du méridien central du corps et qui constituent les sept vortex de l'énergie, du chakra de base (au bas de la colonne vertébrale) au chakra de la couronne (au-dessus de la tête). De nombreux processus traditionnels de guérison et de nombreuses techniques de méditation employés par les yogis se fondent sur le fait qu'il existe une progression définie de raffinement de l'énergie partant du chakra de base à celui de la couronne. Les personnes dont l'âme est hautement développée présentent un rayonnement autour de leur tête appelée auréole et que l'on peut voir dans les peintures à caractère sacré de toutes les religions et cultures du monde. À Bali, les constructions ne possèdent traditionnellement qu'un étage, simplement parce que personne ne veut se retrouver dans une situation où il aurait à subir les pieds de quelqu'un d'autre au-dessus de sa tête !

Dans beaucoup de cultures d'Asie du Sud-Est, les chaussures sont laissées à l'entrée des maisons et, dans certains temples, il est strictement interdit d'en porter. Les chaussures sont en effet toujours en contact avec le sol et par conséquent imprégnées des émanations de bas niveau venant des pieds. Le fait d'enlever ses chaussures permet également à l'énergie sacrée d'un temple de passer directement à travers la plante des pieds.

Dans la plupart des religions orientales, il existe également des tabous quant à la direction vers laquelle les pieds peuvent être dirigés, en particulier dans les temples. On ne doit jamais pointer les pieds vers des objets sacrés, des autels, etc. Les Balinais sont très sensibles aux émanations de bas niveau se dégageant des pieds. Dans la vie de tous les jours, on considère que c'est très insultant de s'asseoir les pieds pointés directement vers une autre personne.

Je recommande aux réflexologues de suivre les conseils qui suivent. Les praticiens occidentaux travaillent souvent avec les pieds de leurs patients reposant sur leurs genoux et pointant dans leur direction. Beaucoup tombent malades et sont tout particulièrement sujets à des maux de ventre. À Bali, j'ai pu observer que les praticiens habiles font toujours allonger le patient et s'assoient à côté de lui en faisant face à ses pieds, afin que les énergies de bas niveau qui sont libérées pendant une séance de guérison se dispersent librement et ne soient pas absorbées dans le ventre de la personne qui donne le traitement.

PASSEZ L'ASPIRATEUR

L'aspirateur est l'équivalent moderne du balai et peut être utilisé avec autant d'efficacité. En fait, si l'une de vos pièces a besoin d'une bonne remise à neuf et si vous n'avez pas le temps de passer par toutes les étapes de la Purification de l'Espace, un balayage rapide fait des merveilles ! Que cela ne devienne pas une obsession toutefois. J'ai connu une femme qui avait l'habitude de passer l'aspirateur si souvent que l'atmosphère de sa maison était devenue crue et sensible. Elle-même devint si émotive qu'elle vous aurait étripé si vous aviez eu un mot déplacé (ou si vous aviez posé un pied où il ne fallait pas) !

Les thérapeutes trouvent que de passer l'aspirateur avant de donner leurs consultations les aide à rehausser leur énergie. Il peut même être nécessaire de passer l'aspirateur entre deux patients, en particulier après une séance difficile ou intense.

7. Prenez un bain ou une douche ou, tout au moins, lavez-vous le visage et les mains

L'eau est un élément majeur pour nettoyer et purifier, tant sur le plan physique qu'énergique. Il est très important de vous sentir propre et frais avant de commencer la Purification de l'Espace. Vous serez ainsi en mesure de mieux sentir l'énergie. Si vous avez nettoyé et rangé votre maison de fond en comble, vous vous sentez sans doute très sale. Il est donc préférable de prendre un bain ou une douche, de vous laver les cheveux, de vous brosser les dents et de mettre des vêtements propres en vue d'obtenir de meilleurs résultats.

8. Rangez les aliments et les boissons dans des placards ou dans des contenants hermétiques

Il est bon de boire beaucoup d'eau tandis que vous pratiquez la Purification de l'Espace, afin de permettre à votre énergie de circuler plus facilement, mais ne vous versez pas un verre d'eau avant d'effectuer la Purification de l'Espace pour le boire par la suite ! Je l'ai fait une ou deux fois sans réfléchir et l'eau avait un goût saumâtre. L'eau est un merveilleux purificateur et absorbera naturellement un peu de l'énergie qui était stagnante et qui se trouve dispersée pendant la Purification de l'Espace. Il en sera de même avec les autres aliments et boissons (tout ce qui contient de l'eau, à l'exception des fruits qui se trouvent protégés par leur peau), si vous les laissez à l'air libre. Rangez-les dans vos placards, dans le réfrigérateur ou dans des contenants hermétiques.

9. Retirez les bijoux et les objets métalliques que vous portez sur vous, marchez pieds nus si possible

LES BIJOUX

À l'origine, dans les cultures anciennes, les bijoux n'étaient pas portés comme décoration, mais dans le but de rehausser le champ énergétique des êtres humains, au fur et à mesure qu'ils progressaient dans les différents niveaux de développement personnel. Aussi, s'ils étaient en train de maintenir leur corps énergétique à la fréquence de l'argent, par exemple, ils portaient des bijoux en argent pour les aider dans leur démarche. S'ils effectuaient une danse sacrée au niveau de l'or, ils portaient des bijoux en or, afin d'accentuer l'énergie émanant de leur corps, en particulier de leurs mains et de leurs pieds. Les points d'acupression les plus sensibles se situent autour des doigts, des poignets, des bras, des chevilles, des orteils, du cou, sur le lobe des oreilles, etc. Les costumes des danseurs balinais montrent encore d'une façon précise la présence d'ailes dans l'aura des personnes hautement développées. On peut voir des illustrations similaires dans l'art égyptien, indien et d'autres grandes cultures.

La Purification de l'Espace sert tout d'abord à libérer l'énergie plutôt qu'à la rehausser d'une façon quelconque, il est donc préférable de la pratiquer sans porter aucun bijou. De plus, les bijoux métalliques agissent comme un conducteur électrique qui peut ramasser l'énergie statique pendant que vous travaillez. Après avoir purifié votre maison, il sera peut-être nécessaire de purifier votre corps et vos bijoux, si vous n'avez pas enlevé ces derniers avant de commencer. Une alliance que l'on ne peut retirer peut se révéler un inconvénient pour effectuer ce travail. Si tel est votre cas, reportez-vous à la section « Purification par l'eau », au chapitre IX, dans laquelle vous trouverez des indications pour purifier votre alliance. Prenez un bain à l'eau salée après avoir effectué la Purification de l'Espace, afin de vous purifier.

LES MONTRES

Il est toujours préférable d'enlever votre montre lorsque vous effectuez la Purification de l'Espace. Outre le fait que les montres possèdent des composants en métal qui peuvent engendrer les mêmes problèmes que les bijoux, la Purification de l'Espace peut parfois les dérégler ou les arrêter. J'ai eu différentes sortes de montres dans ma vie, mais je n'en porte plus maintenant, car elles se dérèglent très rapidement. Les microphones de radio et autres gadgets électroniques que l'on porte sur soi me font le même effet. Je ne sais pas exactement pourquoi, mais cela a quelque chose à voir avec la grande quantité d'énergie que je traite dans mon travail. Vous ne serez peut-être pas sujet à ce phénomène, mais vous ne pouvez en être sûr. Une autre raison pour laquelle il est préférable d'enlever sa montre réside dans le fait que l'on peut mieux sentir l'énergie quand l'on ne porte rien autour de ses poignets.

Les lunettes en métal

Si vous pouvez vous en passer, il est préférable de les enlever quand vous pratiquez la Purification de l'Espace, spécialement si les montures possèdent une pièce de métal qui passe au-dessus du nez (l'étude de l'acupuncture montre que cela peut court-circuiter les méridiens de l'énergie de la tête, ce qui peut entraîner de la fatigue, de la confusion et des maux de tête, même dans les circonstances de la vie courante).

Les pièces de monnaie

Enlevez les pièces de monnaie de vos poches avant de commencer la Purification de l'Espace.

Les autres objets métalliques

Enlevez tout autre objet contenant du métal, comme une ceinture avec une boucle en métal, par exemple.

Être pieds nus

Il est préférable de pratiquer la Purification de l'Espace pieds nus, car cela vous permettra, de cette manière, de mieux sentir l'énergie. De nombreuses informations passent par la plante des pieds, émanant à la fois du terrain sur lequel est bâtie la maison et de son sol. Les chaussures empêchent de ressentir ces vibrations, particulièrement celles dont la semelle est faite de matériaux artificiels. Si cela est nécessaire, mettez des chaussures pour vous rendre dans certains endroits, comme les sous-sols malpropres, et enlevez-les de nouveau en sortant. Si vous effectuez la Purification de l'Espace en hiver, mettez des chaussettes en coton ou des chaussons en semelles de cuir, si cela vous est indispensable pour garder vos pieds au chaud. Il est totalement inutile d'être pieds nus, si vos pieds sont comme des blocs de glace et que vous ne les sentez plus !

10. Travaillez seul à moins que les personnes présentes ne comprennent parfaitement ce que vous êtes en train de faire

Lorsque j'ai commencé à pratiquer la Purification de l'Espace, j'étais toujours seule. Je demandais à tous les occupants de sortir de la maison et de rester à l'extérieur pendant tout le temps où j'effectuais mon travail. Je ne les invitais à rentrer qu'une fois la tâche terminée. Je vous suggère d'agir de la même manière.

La Purification de l'Espace déplace de l'énergie, y compris celle des personnes se trouvant présentes. Si elles ne comprennent pas ce que vous êtes en train de faire et qu'elles sentent des bouleversements énergétiques qui ne leur sont pas familiers à l'intérieur d'elles-mêmes, elles peuvent éprouver toute une gamme d'émotions allant de la peur à la détresse, en passant par la mauvaise humeur. Quelques-unes des procédures peuvent paraître un peu bizarres. Ce ne sont en fait que des actions normales de la vie courante, mais qui sont simplement utilisées dans un contexte inhabituel. Vous pouvez expliquer ce que vous êtes en train de faire au fur et à mesure, mais malheureusement votre attention ne sera pas entièrement dirigée vers la Purification de l'Espace. Jusqu'à ce que vous soyez très expérimenté, il est préférable que vous travailliez seul ou en présence de quelqu'un qui sait ce que vous faites.

Sur des lieux de travail, j'essaie de m'assurer que toute personne présente comprenne et se sente à l'aise avec ce que je suis en train de faire. Il y a eu quelques cas où une femme de ménage a fait son apparition en plein milieu de la cérémonie. Je me souviens de l'une en particulier, une pauvre Polynésienne qui parlait à peine un mot d'anglais et dont c'était la première journée de travail dans l'entreprise où je me trouvais. Elle parut terrifiée lorsque j'ai commencé à frapper dans mes mains et j'ai pensé alors qu'elle allait s'enfuir à toutes jambes. Je lui ai souri pour la rassurer et ai mis un bouclier énergétique temporaire autour d'elle. Elle devint un peu plus décontractée lorsqu'elle entendit le son agréable des clochettes que j'emploie pour équilibrer les énergies et était absolument rayonnante quand mon travail fut terminé. Il aurait été plus facile de remettre la Purification de l'Espace à un autre moment, mais je savais que je pouvais la rendre sans danger pour elle.

Je me suis habituée petit à petit à travailler avec tous les membres d'une famille à ma suite et, maintenant que je suis expérimentée, j'accepte rarement d'effectuer la Purification de l'Espace si le chef de famille *n'est pas* présent !

Je trouve toujours préférable cependant de purifier les bureaux lorsqu'ils sont vides. En effet, il est difficile de travailler avec l'énergie d'un lieu quand celui-ci est une vraie ruche et cela prendrait aussi trop de temps d'expliquer à tout le monde ce que je suis en train de faire. Seuls le propriétaire ou une personne responsable peuvent être présents.

PRATIQUE DE LA PURIFICATION DE L'ESPACE
AVEC UN PARTENAIRE

Si vous vivez dans la même maison que votre partenaire et que vous vouliez partager la responsabilité de la Purification de l'Espace, vous pouvez choisir d'effectuer ensemble la cérémonie dans son entier. Si vous voulez vous diviser les tâches, effectuez ensemble la préparation. Ensuite, cela marche généralement bien quand l'homme (ou le partenaire plus actif — *yang*) s'occupe de la procédure consistant à frapper dans ses mains et de celle de la protection et quand la femme (ou le partenaire plus passif — *yin*) s'occupe des autres tâches. Il ne s'agit en aucun cas d'une règle stricte toutefois. Attendez que votre partenaire ait terminé son travail avant de passer à votre tour à l'étape suivante.

11. Travaillez dans le silence, sans musique de fond, éteignez tous les ventilateurs et tous les autres appareils bruyants ou ronronnants qui ne sont pas essentiels

LA MUSIQUE

La Purification de l'Espace consiste en grande partie à écouter la façon dont les énergies se répercutent et résonnent tandis que vous parcourez une pièce ou un bâtiment, ce que vous ne pouvez absolument pas entendre quand il y a des chœurs angéliques (ou du hard rock) en fond sonore. Grâce à la musique, vous pouvez créer des atmosphères différentes et superbes dans votre maison, mais il est souhaitable de ne l'utiliser qu'*après* avoir purifié l'espace.

LES VENTILATEURS ET LA CLIMATISATION

Je ressens des étourdissements, de la nausée et une certaine confusion mentale si je me tiens près d'un ventilateur ou d'un appareil de climatisation. Cela me donne aussi instantanément mal à la tête. Ces appareils fouettent l'air ainsi que l'énergie d'une pièce et l'aura de toute personne qui s'en approche. Ils produisent également de vastes champs électromagnétiques, ce qui peut se révéler très épuisant, et des ronronnements, cause de stress nerveux.

Les ventilateurs en particulier créent de grands mouvements d'air. Il devient alors extrêmement difficile de sentir l'énergie et virtuellement impossible de rester concentré tandis que vous effectuez la Purification de l'Espace, car votre propre champ énergétique (votre aura) sera entraîné dans tout l'espace. L'effet de la climatisation est généralement plus ténu, mais peut se révéler plus insidieux. J'éteins toujours la climatisation dans toutes les salles où j'enseigne, car elle bouleverse tellement l'énergie que je finis invariablement par avoir la grippe le lendemain.

12. *Ouvrez une porte ou une fenêtre*

En réalité, l'énergie peut passer à travers des objets solides, mais quand vous débutez dans ce genre de travail, il est rassurant d'ouvrir une porte ou une fenêtre et d'inviter l'énergie qui est stagnante à se disperser et à partir par cette brèche. Nous vivons dans un corps physique et nous nous sentons plus à l'aise psychologiquement si nous laissons une porte ou une fenêtre entrouverte. Il ne faut pas néanmoins qu'il y ait trop d'air qui s'engouffre, car il serait impossible alors de pouvoir sentir l'énergie.

13. Localisez un lieu de pouvoir approprié et installez-y votre équipement pour purifier l'espace

LIEUX DE POUVOIR

Il existe différents lieux de pouvoir dans un bâtiment. Un lieu de pouvoir est un endroit à partir duquel vous sentez que vous pouvez vous connecter avec tout l'espace de la pièce ou de la maison. Dans une pièce, cet endroit est habituellement situé à l'opposé de la porte et en diagonale, de façon que, de là, vous puissiez bien voir la porte et les fenêtres de la pièce. Ce lieu est évidemment différent d'une pièce à l'autre. Votre meilleur guide, c'est votre intuition.

Quant à l'installation de votre équipement pour purifier l'espace, il est généralement préférable de trouver un lieu de pouvoir dans l'entrée principale d'où vous pourrez dire : « D'ici, je peux dialoguer avec toute la maison ! » L'énergie et les personnes pénètrent par l'entrée principale de votre maison, aussi est-il mieux de vous placer sur leur passage. Si l'entrée est très étroite, il est généralement mieux d'installer votre « camp de base » dans la salle de séjour, si cette pièce se trouve proche de la porte d'entrée ou dans toute autre pièce qui convient (à l'exception d'une salle de bains, des toilettes ou d'un débarras).

Installez une petite table avec assez d'espace autour afin que cela ne vous empêche pas d'en faire le tour (il y a pas mal de pas à faire lorsque l'on effectue la Purification de l'Espace à fond).

ÉQUIPEMENT DE BASE POUR LA PURIFICATION DE L'ESPACE

Vous aurez besoin des choses suivantes :

◆ *Une nappe (réservée de préférence aux cérémonies spéciales ou une nappe qui n'a jamais servi).*

◆ *Du sel de mer ou gemme dans un contenant hermétique.*

◆ *Une quantité généreuse de têtes de fleurs et de pétales (choisissez des couleurs que vous aimez et qui vont bien ensemble).*

◆ *Des bougies dans des supports en métal.*

◆ *Quelques petites soucoupes pour y mettre les bougies et les fleurs.*

◆ *Quelques feuilles fraîches.*

◆ *De l'encens et des supports à encens.*

◆ *Des allumettes.*

◆ *De l'eau bénite ou de l'eau consacrée dans un contenant hermétique (voir le chapitre IX).*

◆ *Une clochette ou une série de clochettes avec une bonne tonalité (reportez-vous au chapitre VIII et à la section Ressources à la fin de ce livre).*

◆ *Une ou plusieurs balles d'harmonie (vous trouverez des explications à l'étape VII du chapitre suivant).*

Prenez le temps de disposer votre équipement de façon que cela vous plaise. Pour ma part, toutes les fois que je pratique la Purification de l'Espace, j'utilise une belle nappe qui transforme la plus simple des tables en espace sacré. S'il vous manque un des articles dans la liste que je viens de vous donner, vous pouvez procéder néanmoins à la Purification de l'Espace, mais cela ne sera pas aussi efficace. Cela vaut peut-être la peine d'attendre que vous achetiez, empruntiez ou receviez en cadeau ce qui vous est nécessaire. Continuez la lecture de ce livre pour y découvrir les différentes méthodes de purification avant de vous décider à acquérir ce dont vous avez besoin.

14. Relevez vos manches et donnez à vos mains le pouvoir de sentir

Il semble que je vis en permanence avec mes manches retroussées, ce que vous imiterez probablement une fois que vous aurez découvert combien vous pouvez mieux sentir les choses de cette façon. Les mains et les avant-bras sont très sensibles aux énergies.

EXERCICE POUR DONNER À VOS MAINS LE POUVOIR DE SENTIR

C'est un des exercices pratiques que j'ai utilisés pendant des années dans mes cours et grâce auquel beaucoup de mes étudiants ont obtenu de bons résultats.

Vous pouvez le faire en gardant les yeux ouverts tandis que vous lisez ce passage, mais cela marche mieux si vous lisez les instructions d'abord et fermez les yeux ensuite avant de vous y mettre.

Lavez-vous les mains et enlevez vos bagues, vos bracelets, votre montre, etc. Relevez vos manches et asseyez-vous dans un fauteuil confortable, vos mains reposant sur vos genoux, légèrement écartées l'une de l'autre, les paumes dirigées vers le haut. Détendez complètement vos mains et commencez à centrer votre attention sur vos paumes et sur le bout de vos doigts. Il est possible que vous sentiez de légers picotements électriques sur votre peau : il s'agit de votre propre énergie électromagnétique. Vous aurez probablement des sensations plus intenses au bout des doigts qui irradient en permanence de l'énergie.

Restez quelques minutes avec ces sensations, puis levez vos mains au niveau de votre taille, les paumes se faisant face. Courbez vos paumes, en imaginant que vous tenez une balle très molle, de la taille d'un ballon de football environ. Faites rebondir cette balle d'une paume à l'autre, comme si vous la serriez légèrement et la relâchiez tour à tour. Sentez l'énergie circulant entre vos deux paumes.

Après vous être exercé pendant quelques minutes, augmentez la taille de la balle pour obtenir le volume d'un ballon de plage. Il pourra vous sembler que l'énergie devient plus faible, mais les connexions seront toujours là.

Ensuite, rapprochez vos paumes jusqu'à y laisser l'espace d'une balle de tennis. Continuez de la faire rebondir entre vos deux paumes. Vous sentirez alors que l'énergie deviendra plus dense, comme si l'objet était réel. Exercez-vous pendant quelques minutes, puis de la même manière que vous pouvez « photographier » et vous rappeler une image à l'aide de vos yeux, prenez une photographie corporelle, de façon que vous puissiez ultérieurement vous souvenir des sensations obtenues entre vos mains dans cet état de sensibilité. Cela vous aidera, tandis que vous prenez une photographie corporelle, à établir un « signal de connexion » qui pourra consister à serrer et desserrer une main, mettre une main sur le dessus de votre tête ou toute autre action rapide et simple que vous ne feriez pas normalement dans la vie courante. Vous pourrez ainsi répéter ce signal de connexion toutes les fois que vous voudrez redonner à vos mains le pouvoir de sentir, sans avoir à repasser par toutes les étapes du présent exercice.

Lorsque vous vous êtes assuré d'avoir enregistré les sensations pour une utilisation ultérieure, désengagez vos mains en tournant vos paumes vers le haut, posez-les ensuite sur vos genoux et détendez-les.

APPRENEZ À SENTIR LES ÉNERGIES ÉLECTROMAGNÉTIQUES

Effectuez cet exercice pratique directement après le précédent pour obtenir de meilleurs résultats. Vous devez vous exercer sur un autre être humain, sur un animal ou sur une plante. Il est en effet plus facile de sentir le champ énergétique des êtres animés, tout particulièrement des êtres humains et des chats, plutôt que de commencer tout de suite par des bâtiments.

Si vous pouvez travailler avec une personne, demandez-lui de tendre ses bras devant elle, ses paumes dirigées vers vous. Établissez votre signal de connexion, afin de réactiver votre sensibilité, puis à l'aide d'une main ou des deux commencez à sentir l'énergie qui émane de ses mains. Enregistrez à quelle distance vous pouvez commencer à sentir cette énergie.

Si vous avez un chat ou si quelqu'un peut vous confier le sien, essayez de le caresser de la tête à la queue, à une distance d'environ 15 cm de sa fourrure, en suivant les contours de son corps. Les chats sont des animaux très électriques et, après quelques caresses de ce type, la plupart vont réagir en arquant leur dos, comme ils le feraient s'ils étaient caressés normalement.

Vous pouvez essayer également de sentir le champ énergétique des plantes. Ne le faites pas à l'extérieur pour le moment, à moins qu'il n'y ait pas du tout de vent, car la moindre brise vous empêcherait de distinguer les champs énergétiques.

Après avoir effectué tous ces préparatifs, vous êtes maintenant prêt à commencer la Purification de l'Espace proprement dite.

CHAPITRE VII

PROCÉDURES DE BASE DE LA PURIFICATION DE L'ESPACE

Chaque espace est unique et requiert un traitement spécifique. Cependant, il y a des procédures de base de Purification de l'Espace communes à tous les espaces. Au fil des ans, j'ai développé une technique que j'appelle l'essentiel de la Purification de l'Espace, une formule instantanée que vous pouvez utiliser immédiatement dans votre maison. Tous les échos que je reçois de la part des étudiants qui ont suivi mes cours me disent que les résultats sont excellents. C'est donc l'approche que je vais suivre pour présenter les informations à venir.

Les techniques que je vais décrire vous assureront le succès si vous suivez les étapes dans leur ordre de présentation. Je vous le recommande vivement. Lorsque vous aurez pratiqué la Purification de l'Espace à plusieurs reprises et lorsque vous aurez acquis de la confiance en vous, grâce à l'expérience, vous pourrez améliorer certaines techniques ou les remplacer par d'autres dont vous trouverez une description dans les chapitres suivants.

Le moment idéal pour pratiquer la Purification de l'Espace

Le meilleur moment pour pratiquer la Purification de l'Espace se situe immédiatement après avoir terminé les travaux ménagers et pendant les heures où il fait jour, si possible. Je me suis aussi rendu compte qu'il est plus facile d'effectuer tout travail de purification entre la pleine lune et la nouvelle lune, les résultats n'en sont que meilleurs. Ce n'est pas tellement une bonne idée d'effectuer la cérémonie juste avant de partir en vacances ou avant de s'absenter pour une période brève, car vous ne serez pas là pour profiter de tous les bienfaits du processus.

Choisissez un moment pendant lequel vous ne risquez pas d'être dérangé par des voisins vous rendant visite. Déconnectez votre téléphone ou branchez votre répondeur téléphonique, si vous en possédez un. Si vous avez de jeunes enfants, trouvez quelqu'un pour les garder pendant quelques heures, pour vous permettre de vous laisser libre de vous concentrer sur ce que vous êtes en train de faire. Les enfants et les bébés sont très sensibles aux changements d'énergie et peuvent faire des caprices pendant que vous êtes en train de purifier l'espace, ce qui veut dire que vous devrez arrêter votre travail pour vous occuper d'eux.

La plupart des animaux aiment être présents pendant que se déroule la Purification de l'Espace. Ils ont la faculté de voir l'énergie et se montrent très intéressés à l'observer bouger. Les animaux domestiques qui ont un tempérament nerveux s'enfuient parfois à l'étape où l'on frappe dans les mains, mais ils reviennent généralement à l'étape où l'on fait tinter les clochettes, si leur timbre est agréable.

Le temps que peut prendre la Purification de l'Espace de votre domicile dépend beaucoup de son volume, du désordre qui s'y trouve, des événements qui y ont eu lieu et de la vitesse à laquelle vous travaillez normalement — rythme rapide ou lent. Lorsque je travaille à titre professionnel, je consacre une heure à une maison comprenant une ou deux chambres et relativement plus de temps aux bâtiments plus importants. Je préfère travailler à un rythme soutenu, afin de ne pas courir le risque que l'énergie se fige à nouveau avant que le processus ne soit entièrement terminé !

1. Prenez le temps de vous mettre au diapason de l'espace, annoncez-vous en pensée et faites en sorte que vos intentions rayonnent dans toutes les directions

LA RESPIRATION

Le travail de Purification de l'Espace consiste essentiellement à revitaliser l'énergie d'une construction, il est donc important que vous vous souveniez de bien respirer durant tout le processus, afin de garder en mouvement votre propre énergie. Si d'autres personnes sont présentes, assurez-vous qu'elles respirent aussi correctement. Tandis que l'atmosphère se clarifie et s'épure, les spectateurs ont tendance à être tellement pris dans l'action que leur respiration devient de moins en moins profonde, ce qui peut rendre plus difficile votre travail. Dites-leur simplement d'inspirer profondément, si vous êtes à même de remarquer ce phénomène.

CONNECTEZ-VOUS AVEC VOTRE MAISON

Il faut vous rendre compte qu'à sa façon votre maison a des sentiments, tout comme vous et qu'elle réagit selon la manière dont vous la traitez. Si vous honorez et respectez votre espace, il vous nourrira et vous soutiendra en retour.

Prenez également conscience de la personnalité propre à chaque bâtiment. La plupart d'entre nous avons fait l'expérience d'entrer dans une maison et de nous dire : « Je me sens vraiment bien ici », ou au contraire : « Je n'aimerais pas du tout vivre ici ». C'est l'illustration de la connexion que nous sommes en mesure d'établir avec le caractère et l'énergie de base d'un lieu.

Pour pouvoir établir une connexion avec votre maison, tenez-vous dans votre entrée, ce qui peut vouloir dire derrière la porte d'entrée de votre maison, de votre appartement ou de votre chambre, si vous n'occupez qu'une partie d'une maison. Prenez le temps de vous concentrer sur vous-même, en dessinant mentalement votre énergie et en visualisant que tous vos chakras sont parfaitement équilibrés. Dirigez ensuite votre attention sur le contour de votre aura. Ce champ énergétique en forme d'œuf vous entoure complètement et peut se dilater ou se contracter à volonté. (Nous tirons d'ailleurs naturellement notre aura plus près de notre corps pour dormir.)

Visualisez que votre aura se dilate et emplit entièrement l'espace de votre maison. Ouvrez votre chakra du cœur (vous pouvez l'imaginer comme une belle fleur qui s'ouvre, pourquoi pas de couleur rose) et laissez circuler l'amour que vous portez dans votre cœur dans tout l'espace. Annoncez mentalement qui vous êtes et ce que vous voulez faire et faites en sorte que vos intentions rayonnent dans toutes les directions.

La première fois que vous ferez cela, vous aurez peut-être l'impression que votre maison ne reçoit pas vraiment le message, mais après un certain temps vous serez en mesure d'établir une relation avec elle et vous deviendrez sans doute l'une de ces personnes qui caressent les murs et disent « Salut ! » à leur maison en rentrant chez elle. Il est possible d'établir une relation très personnelle avec votre maison ou votre appartement. Vous aimerez peut-être lui donner un nom afin de cimenter encore plus profondément cette relation.

2. Commencez par l'entrée principale, parcourez le périmètre intérieur de l'espace en sentant l'énergie. Utilisez votre sens du toucher et tous vos autres sens

METTEZ-VOUS EN CONTACT AVEC L'ÉNERGIE

Le moment est venu maintenant d'entrer physiquement en contact avec l'énergie de votre maison. Tenez-vous de côté derrière votre porte d'entrée, tournez-vous dans le sens où vous vous sentez le plus à l'aise, levez la main qui se trouve le plus près de la porte, à une distance de quelques centimètres de cette dernière, votre bras à hauteur des épaules et légèrement plié au niveau du coude, pliez enfin votre main à environ 90 degrés de votre poignet, vos doigts dirigés vers le haut et votre paume faisant face à la porte. Gardez votre main et votre bras souples et relâchés.

Entrer en contact avec l'énergie

Commencez ensuite à caresser lentement le champ énergétique de la porte d'entrée. Ce mouvement ressemble à celui que l'on fait pour caresser un chat et s'effectue horizontalement au niveau des épaules, dans le sens de la direction que vous allez prendre. Répétez ce geste plusieurs fois d'une façon caressante, en faisant en sorte que l'intention que vous avez de vous connecter avec votre maison, dans le but de purifier votre espace de vie, rayonne dans tout l'espace. Il arrive un moment où vous sentez soudainement que l'énergie s'ouvre à vous, puis le bâtiment lui-même. Si vous avez déjà l'habitude de caresser ou de tapoter les murs ou les meubles de votre maison de temps en temps, votre maison est déjà familière avec ce genre de caresse et s'ouvrira donc immédiatement. Les personnes qui ont des affinités avec les êtres humains, les animaux ou les plantes trouvent très facile d'en avoir également avec les constructions.

Tandis que vous effectuez ce travail, maintenez-vous dans un état de réceptivité totale, à l'écoute de votre maison à tous les niveaux. Lorsque je donne des consultations privées, je recueille plus d'informations dans les toutes premières secondes que tout au long du processus mais, pour ce faire, il faut être rapide. Il arrive souvent que le propriétaire soit inquiet des renseignements qui peuvent être mis au jour sur sa personne lorsque j'effectue une lecture de sa maison. Cela se reflète alors dans la réticence de l'énergie de la maison à s'ouvrir à moi. Quelques mots pour rassurer le propriétaire et c'est comme si les portes s'ouvraient toutes grandes !

Tandis que vous purifiez l'espace, soyez attentifs aux messages que votre maison veut vous envoyer. Il est possible qu'elle veuille communiquer avec vous depuis des années, pour vous laisser savoir quels sont ses besoins. Si vous êtes le genre de personnes à l'imagination débordante, il se peut qu'il n'en sorte néanmoins que du charabia. La ligne est très ténue entre entendre réellement ce que votre maison veut vous dire et ce que vous souhaitez entendre. La solution réside dans une approche à la fois neutre et ouverte.

Après avoir répété le mouvement de caresses plusieurs fois et assimilé toutes les informations que vous avez pu recueillir, commencez à suivre lentement le périmètre intérieur de l'espace, en utilisant votre sens du toucher et tous vos autres sens.

SENTEZ L'ÉNERGIE

Vous ne sentirez peut-être pas grand-chose au premier abord. Ne vous en inquiétez pas, j'ai conçu ces procédures de base de la Purification de l'Espace de façon qu'elles soient efficaces, même si vous ne sentez rien ! Il est en effet plus facile de sentir les pulsations électromagnétiques qui émanent des êtres vivants que celles qui se dégagent des constructions, car ces dernières sont plus faibles. Continuez donc à vous exercer sur vos amis, sur vos animaux familiers et sur vos plantes pour accroître votre sensibilité.

Lorsque vous lisez l'énergie des bâtiments, vous pouvez avoir la sensation de passer vos mains à travers toutes sortes de choses, qui vont des toiles d'araignée fines comme de la gaze à de la mélasse épaisse et gluante. Certains endroits donnent l'impression d'être chauds, d'autres froids. Certaines sensations sont agréables, et d'autres, beaucoup moins. Vous pouvez éprouver de faibles douleurs dans vos os ou sentir que vos paumes produisent des étincelles. Vous pouvez sentir une texture aussi douce que le miel ou aussi accidentée que du gravier. Ayez toujours à l'esprit que vous n'absorbez aucunement « ces choses ». Si vous croyez avoir ramassé de l'énergie figée (qui peut être très collante !), elle ne se trouvera que sur vos mains et éventuellement vos avant-bras. En vous lavant les mains et les bras par la suite, vous pourrez la faire disparaître immédiatement. Si vous éprouvez des sensations très fortes, il sera peut-être nécessaire de secouer vos mains de temps en temps, afin d'en ranimer la sensibilité.

DANS LE SENS DES AIGUILLES D'UNE MONTRE
OU DANS LE SENS CONTRAIRE

On me pose souvent cette question : « Est-ce que le sens dans lequel on parcourt le périmètre de l'espace a de l'importance ? » À mes débuts, j'avais l'habitude d'avancer dans le sens contraire des aiguilles d'une montre pour faire évacuer de l'énergie et dans le sens inverse pour faire entrer de l'énergie. Je sais maintenant que cela n'a en fait pas d'importance, ce qui compte, c'est l'intention. Je suis plus à l'aise quand j'avance dans le sens contraire et c'est ce que je fais à présent presque tout le temps, que ce soit pour purifier l'espace ou introduire une nouvelle énergie. Déplacez-vous dans le sens dans lequel vous vous sentez le plus à l'aise.

Travaillez à partir du bas
pour aller vers le haut

Si votre maison n'est pas de plain-pied, commencez en partant du bas, puis continuez votre travail un étage après l'autre (l'énergie s'accumule à partir du bas vers le haut).

Ce n'est pas compliqué si votre entrée se situe au rez-de-chaussée et si votre maison ne comporte pas de sous-sol : vous commencez simplement à partir de votre porte d'entrée et vous vous déplacez à l'intérieur du périmètre de la maison jusqu'à ce que vous soyez revenu à votre point de départ.

Si votre entrée est située au rez-de-chaussée, mais que votre maison comporte un sous-sol : suivez le périmètre intérieur du rez-de-chaussée jusqu'à ce que vous arriviez à l'entrée de votre sous-sol, descendez-y, parcourez son périmètre intérieur (si cela est possible, certains sous-sols sont trop pleins de bric-à-brac ou dans un état trop épouvantable pour que l'on puisse y entrer), ensuite remontez au rez-de-chaussée, continuez de parcourir le périmètre, puis montez à l'étage suivant pour y effectuer le même travail et ainsi de suite.

Incluez le grenier à votre parcours, s'il y en a un et s'il est facile d'accès. Sinon, ne vous inquiétez pas. Il est plus important d'aller au sous-sol, étant donné qu'une grande quantité d'énergie de bas niveau s'y accumule ; il n'est pas aussi indispensable d'aller au grenier. Si vous ne vous y rendez pas, visualisez simplement que les effets de la Purification de l'Espace s'élèvent pour emplir l'espace du toit.

Suivez tout le périmètre intérieur de l'espace jusqu'à ce que vous soyez revenu à la porte d'entrée.

Si votre maison est très grande, vous pouvez choisir de ne purifier qu'un étage à la fois. Dans ce cas, commencez chaque fois par sentir l'énergie à partir de la porte d'entrée et par faire le tour de toute la maison, puis procédez à la Purification de l'Espace un étage après l'autre, en partant du bas pour aller vers le haut. Commencez par le sous-sol, puis quand tout est terminé faites tout le rez-de-chaussée, et ainsi de suite. Considérez les escaliers comme faisant partie de l'étage supérieur suivant.

Pour les maisons plus petites, dans lesquelles on utilise chaque étage à des fins différentes (par exemple, un étage est à usage résidentiel et un autre à usage commercial), il peut s'avérer plus efficace d'effectuer la Purification de l'Espace un étage après l'autre, afin de maintenir une séparation entre les énergies.

Parcourir le périmètre intérieur de votre domicile est une merveilleuse façon d'apprendre comment l'énergie circule, ce qui peut s'avérer une révélation totale pour vous. Tout l'art du Feng Shui se fonde sur l'harmonisation du flux de l'énergie, aussi si vous devez enjamber des obstacles ou vous frayer un chemin à travers un tas de bric-à-brac pour faire le tour de votre maison, vous

vous rendrez compte que l'énergie éprouve les mêmes difficultés que vous !

3. Allumez des bougies, faites brûler de l'encens, aspergez de l'eau bénite, offrez des fleurs et des prières à l'esprit qui garde la maison et aux esprits de la terre, de l'air, du feu et de l'eau. Invoquez les anges et vos propres guides (tout ce qui vous semble approprié)

On peut procéder de différentes façons. Il est important que vous trouviez celle qui vous convient le mieux. J'aime commencer par allumer une bougie, faire brûler un peu d'encens et déposer une offrande composée de fleurs aspergées d'eau bénite (reportez-vous au chapitre IX pour apprendre à confectionner vous-même ces choses ou pour savoir comment vous les procurer) sur la table où se trouve mon matériel pour la Purification de l'Espace. Je répands ensuite du sel en formant une ligne continue devant chaque pas de porte et ajoute aux endroits clés du bâtiment d'autres bougies, plus d'encens et d'autres offrandes de fleurs que j'asperge d'eau bénite.

OFFRANDES

Pour réaliser une offrande de fleurs, placez une bougie au centre d'une soucoupe et disposez autour les têtes de fleurs irradiant vers l'extérieur. Faites en sorte que le contraste des couleurs et la disposition des fleurs soient agréables à regarder.

Si votre maison comporte plusieurs étages, déposez au moins une offrande de fleurs par étage. Placez de préférence ces offrandes dans la salle de séjour et dans la chambre principale ainsi que sur la cuisinière, qui est le lieu où l'on cuit la nourriture pour tous les occupants de la maison. Dans l'art du Feng Shui, on considère la cuisinière comme un bien vital permettant d'améliorer la vie et représentant symboliquement la prospérité financière. Après un repas, les Balinais déposent toujours une petite offrande sur la cuisinière et dans divers lieux sacrés de la maison. Pour réaliser les offrandes, on prend un petit bout de feuille de bananier dans lequel on dépose quelques grains de riz cuit et de minuscules portions d'autres éléments d'un repas. Ces offrandes sont en fait des repas en miniature pour les dieux et sont destinées à exprimer de la gratitude.

Il serait idéal de pouvoir déposer une offrande dans chaque pièce principale de la maison. Tout d'abord, mettez en place une petite feuille, puis posez dessus l'offrande de fleurs. Ajoutez tout à côté, dans son support, un bâtonnet d'encens que vous ferez brûler, puis allumez la bougie et utilisez une tête de fleur pour asperger d'un mouvement rapide votre offrande.

Les offrandes sont destinées à l'esprit qui garde la maison et aux esprits élémentaires. Les fleurs représentent la terre, l'encens est dédié aux esprits de l'air, la bougie allumée représente le feu et l'eau bénite représente l'eau. Les bougies rendent la cérémonie active, elles sont des flambeaux qui enregistrent les actions dans le monde de l'invisible, conduisent le flux de l'énergie et contribuent à purifier l'espace pendant que vous travaillez.

Tandis que vous faites des offrandes, allumez des bougies et faites brûler de l'encens, gardez résolument à l'esprit l'objectif pour lequel vous accomplissez cette cérémonie, tel que la création d'un espace purifié, pour que la prochaine étape de votre vie se manifeste, ou la création d'un espace sécurisant et aimant pour vous et votre famille. Si vous désirez offrir des prières et demander des bénédictions, c'est le moment idéal. Vous pouvez également invoquer des anges, vos propres guides et autres assistants invisibles pour qu'ils soient présents et vous apportent leur concours, si vous avez l'habitude de travailler de cette façon.

Assurez-vous que l'encens et les bougies peuvent brûler en toute sécurité. Éloignez-les des rideaux et d'autres matériaux inflammables. Assurez-vous également qu'ils sont hors d'atteinte des enfants et des animaux. Je fais toujours brûler de l'encens dans un support. Les bougies les plus sûres sont celles qui, présentées dans un contenant en métal, sont utilisées comme veilleuses. Placez-les sur des soucoupes résistant à la chaleur. Après la cérémonie, laissez l'encens et les bougies se consumer. Si vous devez sortir, éteignez-les, puis rallumez-les à votre retour à la maison.

4. Frappez dans vos mains dans les encoignures pour disperser l'énergie statique. Lavez-vous ensuite les mains à l'eau courante (il est très important de ne pas oublier ce dernier geste)

PRINCIPES DE BASE DE LA FRAPPE DES MAINS

Commencez par l'entrée principale de la maison et parcourez le périmètre intérieur de l'espace en sentant de nouveau l'énergie à l'aide de votre main ouverte. Chaque fois que vous arrivez à une encoignure, arrêtez-vous et frappez dans vos mains plusieurs fois en donnant de petits coups secs, afin de disperser l'énergie.

Il n'est pas nécessaire de commencer à partir du sol pour vous rendre jusqu'au plafond, mais cela marche réellement mieux si vous le faites de bas en haut ou de haut en bas. Je préfère commencer à un niveau légèrement au-dessus de ma tête et descendre jusqu'à hauteur de mes hanches, en augmentant l'intensité de ma frappe au fur et à mesure. D'autres personnes obtiennent de bons résultats en commençant par le bas pour se rendre jusqu'au-dessus de leur tête. Quelle que soit la méthode que vous employez, ayez comme objectif que l'effet de vos frappes s'étende jusqu'en haut et jusqu'en bas de l'encoignure où vous travaillez et visualisez cet endroit en passe d'être totalement purifié.

Polissez vos mains dans l'espace où vous venez de frapper dans vos mains, afin de lisser l'énergie, et continuez votre parcours, en sentant l'énergie.

Travaillez d'une façon systématique et frappez dans vos mains dans tous les coins et recoins du bâtiment. Si vous sentez, entre deux encoignures, un « point chaud » où l'énergie est littéralement plus élevée que la normale, vous devrez frapper également dans vos mains à cet endroit. Tandis que vous avancez, ayez soin de laisser une énergie claire dans votre sillage.

Si vous voulez effectuer un travail vraiment complet, ouvrez les armoires et les placards et frappez également dans vos mains dans ces endroits. Faites de même autour des équipements électriques, en particulier les écrans d'ordinateur, les télévisions et les autres endroits où il y a une accumulation d'électricité statique. Les lits peuvent aussi être inclus dans cette tâche. Le mieux est de l'effectuer « dans le sens de la veine », en d'autres mots à partir de la tête du lit pour aller jusqu'au pied. Quand les lits sont larges, il est nécessaire de passer plusieurs fois tout en continuant de frapper. Continuez votre parcours pour vous retrouver finalement à votre point de départ.

Votre frappe vous paraîtra sans doute étouffée et mate au premier abord, mais elle deviendra graduellement de plus en plus vibrante et claire. Lorsque vous en serez environ aux trois quarts de votre parcours, il est possible que vous commenciez à entendre ce que j'appelle « le son de la corde pincée », qui se produit lorsque la frappe commence à se répercuter. Quand vous l'entendrez, vous saurez que cette partie du processus de la Purification de l'Espace sera presque terminée.

Il est en général suffisant de ne faire le tour de la maison qu'une seule fois, mais si, lorsque vous revenez à votre point de départ, vous n'avez pas entendu cette résonance particulière, il sera nécessaire de tout recommencer. Peut-être ne vous êtes-vous pas assez engagé dans votre travail ou bien y avait-il trop de choses à purifier. Il est possible aussi que vous ne soyez pas en mesure de différencier les sortes de son. Dans ce cas, ne vous en inquiétez pas trop. Le fait d'avoir effectué cette procédure est déjà un atout, et de plus un tour est probablement suffisant !

RÉACTIONS ÉMOTIONNELLES

Dans mon travail professionnel, il arrive quelquefois que les gens aient une réaction émotionnelle durant le processus de frappe des mains dans leur maison. Ils peuvent même éclater en sanglots. Ce n'est pas qu'ils se sentent tristes, cela fait simplement partie du processus de « lâcher prise ». Cela ne se produit pas fréquemment, mais je préfère vous en informer, afin que vous compreniez mieux la situation si vous commencez à avoir des sensations semblables, tandis que vous êtes en train de purifier votre maison. Si les larmes vous viennent aux yeux, ne les retenez pas et permettez à l'énergie de circuler en prenant de grandes inspirations. Cela passera rapidement.

DIFFÉRENTES FAÇONS DE FRAPPER DANS VOS MAINS

J'ai effectué ce travail des milliers de fois et je m'étonne encore du nombre de frappes différentes qui peuvent exister. Je peux, par exemple, parcourir les pièces d'une maison en frappant lentement et posément, puis arriver dans une chambre et me sentir contrainte de frapper deux fois plus vite. C'est l'indice que la personne qui dort dans cette chambre possède un caractère et un rythme personnels différents des autres membres de la maison et que ces derniers la trouvent probablement difficile à comprendre.

Vous pouvez frapper dans vos mains avec des rythmes, des intensités et des volumes différents. Dans les grandes pièces, il sera sans doute nécessaire de frapper plus fort que dans les plus petites. Vous trouverez aussi peut-être qu'une frappe plus douce conviendra mieux aux chambres des enfants et des bébés, et que vous serez plus enclin à frapper fermement dans certains endroits et avec beaucoup de compassion dans d'autres. Cela pourrait faire l'objet d'une étude complète, mais pour les procédures de base de la Purification de l'Espace, agissez selon ce qui vous semble le mieux.

LA FRAPPE DU CROCODILE

Il s'agit d'une technique spéciale que j'ai mise au point spécifiquement pour les espaces entre les armoires et les murs où il n'y a pas assez de place pour effectuer une frappe classique. Pour ce faire, mettez vos paumes à plat l'une au-dessus de l'autre et tendez vos bras dans l'espace restreint. Ensuite, éloignez vos bras l'un de l'autre, à la manière d'un crocodile qui ouvrirait ses mâchoires, puis ramenez-les dans la position initiale à une certaine vitesse pour que vos mains émettent un claquement !

FRAPPE À DISTANCE

Il s'agit d'une technique que j'ai développée pour les sous-sols sordides ou encombrés. Cela n'est jamais aussi efficace que d'aller effectivement au sous-sol et de frapper dans chaque coin individuellement, mais c'est relativement acceptable.

Pour ce faire, vous devez vous tenir à l'entrée du sous-sol et concentrer votre attention sur le premier coin où vous voulez commencer. Tandis que vous frappez dans vos mains, suivez des yeux votre geste pour qu'il attei-

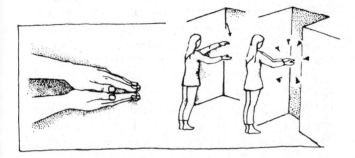

La frappe du crocodile — pour les espaces étroits

gne le coin en question en pensée, puis balayez votre regard de haut en bas pour en propager l'effet. Continuez de travailler dans le sous-sol de la même façon pour tous les coins et recoins.

LAVEZ-VOUS LES MAINS
Il est extrêmement important que vous n'oubliiez pas de vous laver les mains à l'eau courante lorsque vous aurez terminé de frapper dans vos mains. Cela élimine tout débris psychique qui aurait pu s'accrocher à vous. Vous vous sentirez ensuite régénéré et prêt à passer directement à l'étape suivante.

5. Purification de l'espace à l'aide de clochettes

CRÉATION D'UN CERCLE SONORE SACRÉ
Cela fera la troisième fois que vous parcourrez le périmètre intérieur de l'espace de la maison. Commencez par utiliser la clochette dont le timbre est

le plus profond parmi celles que vous possédez et qui convient bien à l'espace (plus les pièces sont grandes, plus le timbre devrait être profond). Commencez par l'entrée principale, faites tinter la clochette une fois et écoutez. Lorsque vous vous serez exercé à effectuer ce travail plusieurs fois dans des bâtiments différents, vous saurez si vous êtes entré en communication avec l'énergie de l'endroit dès le premier tintement de votre clochette ou si vous devez recommencer une deuxième fois. Dans le doute, faites-la tinter deux ou trois fois.

Commencez ensuite à parcourir le périmètre intérieur de la maison, en tenant la clochette proche des murs, mais à une distance raisonnable, pour ne pas la cogner contre eux. Tenez-la au-dessus du niveau de votre taille — le niveau du cœur est préférable. Avancez tout en la faisant tinter, de manière que la résonance ne diminue jamais. Tandis que vous marchez, vous créez en même temps un cercle sonore sacré dans votre sillage. Pour en intensifier l'effet, visualisez-le comme un cercle lumineux d'où se dégage un son pur. Avancez en emportant avec vous cette énergie pure, et si, dans un endroit, la résonance n'est pas aussi bonne, faites une pause et faites tinter la clochette de nouveau jusqu'à ce que vous obteniez le son parfait. Si vous êtes attentif, vous pourrez entendre où l'énergie s'amasse et stagne, pour connaître ainsi les points où vous devrez particulièrement faire attention à l'avenir.

Lorsque vous reviendrez à votre point de départ, dessinez dans l'air un huit horizontal à l'aide de la clochette. C'est le symbole de l'éternité qui demande à l'énergie et à « toutes les choses invisibles » de continuer de tourner autour du cercle que vous avez créé. L'effet est plus durable de cette façon.

Si vous êtes distrait par quelque chose tandis que vous faites le tour des pièces, l'énergie va sensiblement retomber et il vous sera peut-être nécessaire de recomposer le cercle. Avec de la pratique, vous saurez si vous devez vous connecter de nouveau à l'énergie ou non, mais, dans le doute, recommencez.

Munissez-vous ensuite d'une clochette plus petite et recommencez exactement le même processus. Cela fera maintenant la quatrième fois que vous parcourez le périmètre intérieur de votre maison dans sa totalité. Lorsque je donne une consultation dans une grande demeure ancestrale, c'est à ce moment-là que je commence généralement à souhaiter que l'on m'alloue une prime pour la distance parcourue !

J'utilisais par le passé quatre ou cinq clochettes différentes quel que soit l'espace, pour obtenir l'effet désiré. Je me servais de clochettes de plus en plus petites chaque fois et épurais l'énergie par étapes. Puis, j'ai découvert Bali et les clochettes balinaises. Je raconte au chapitre 8 comment je me suis procuré pour la première fois une clochette balinaise et ce que cet événement avait de spécial.

COMMENT FAIRE TINTER LES CLOCHETTES

La plupart des prêtres que j'ai rencontrés à Bali m'ont dit que cela leur avait pris au moins une année pour apprendre à faire tinter une clochette correctement. À un certain type de bâtiments correspond un type de tintement qui peut varier énormément. D'une pièce à une autre dans un même bâtiment, il peut y avoir également de grandes différences. Dans une pièce, il peut vous sembler nécessaire de faire tinter votre clochette vigoureusement et, dans la pièce suivante, beaucoup plus lentement et doucement. Suivez votre intuition. Avec le temps, si vous travaillez suffisamment avec les clochettes, vous apprendrez à lire le comportement de l'énergie dans un lieu donné, grâce à la résonance d'une clochette.

6. Protégez l'espace

VÉRIFIEZ SI L'ESPACE EST BIEN NETTOYÉ

Après avoir purifié l'espace, vous pouvez de nouveau faire le tour de la maison pour vérifier si l'énergie a été bien nettoyée. Si vous trouvez qu'il reste encore des points où l'énergie semble collante ou tiède, il vous faudra frapper de nouveau dans vos mains et rééquilibrer ces endroits à l'aide de clochettes. Certaines personnes éprouvent des difficultés à sentir l'énergie, mais elles peuvent par contre constater qu'il y a eu des transformations du fait que les pièces semblent plus brillantes et plus claires. D'autres sont à même de remarquer qu'elles respirent avec plus d'aisance et de facilité.

Si vous ne pouvez sentir ni voir de différences notables, prenez pour acquis que la Purification de l'Espace a été efficace et ne vous en préoccupez pas. Les bienfaits que vous en tirerez dans les jours et les semaines à venir vous permettront de juger de l'efficacité du processus.

PROTECTION DE BASE

Quand vous êtes sûr de ne pouvoir atteindre un degré de pureté supérieur, c'est le moment de protéger les lieux, afin que ce que vous allez ajouter à l'espace au cours de l'étape suivante ne s'échappe pas. Cette protection s'effectue essentiellement dans le but de maintenir l'énergie, mais vous pouvez également l'utiliser pour vous protéger. J'ai déjà expliqué dans le chapitre précédent et dans un contexte différent pourquoi je ne crois pas nécessaire de se protéger soi-même.

Avant d'apprendre à protéger une construction dans son entier, il est plus facile de commencer par apprendre à protéger une seule pièce. Choisissez-en une de forme carrée ou rectangulaire et tenez-vous dans un coin de la pièce, dos au mur. Vous pouvez utiliser votre bras droit ou votre bras gauche pour effectuer le geste de protection. À des fins explicatives, je vais supposer que vous utilisez votre bras droit. Cela veut dire que vous travaillerez dans la pièce en question dans le sens contraire des aiguilles d'une montre.

Avec votre dos parallèle au mur que vous allez protéger, prenez une bonne inspiration et levez votre bras au-dessus de votre tête, votre main tendue et parallèle au mur. Expirez ensuite et abaissez assez rapidement votre bras le long de votre corps, en décrivant un grand arc de cercle, votre main toujours parallèle au mur. Tandis que vous effectuez cet exercice, visualisez un bouclier rayonnant de lumière sortant de l'extrémité de vos doigts et se prolongeant tout le long du mur, en couvrant la totalité de l'espace. C'est encore mieux si vous émettez un sifflement entre vos dents tandis que vous soufflez. La meilleure façon de décrire cette technique est de la comparer à celle que l'on peut voir dans le film *Star Trek* !

Rendez-vous ensuite dans le coin vers lequel vous venez de diriger votre protection, tournez-vous à 90 degrés et abaissez un bouclier de protection le long du mur vers le coin suivant. Répétez le même geste aux deux autres coins de la pièce, jusqu'à ce que vous soyez revenu à votre point de départ. Les quatre murs de la pièce sont maintenant protégés.

Pour protéger le sol, tenez-vous à un bout de la pièce, approximativement au centre de l'espace, et visualisez un tapis étincelant qui se déroule à vos pieds et s'étend

- Technique de protection
- Position de départ
- Abaissez votre bras tandis que vous visualisez une protection

jusqu'à l'autre extrémité de la pièce. Déployez ensuite une protection similaire sur toute la largeur et sur toute la longueur du plafond, complétant ainsi la protection de la pièce.

Tenez-vous au centre de la pièce et gravez profondément dans votre esprit l'image de ces protections, en spécifiant la durée pendant laquelle vous voulez qu'elles restent en place. Si vous souhaitez qu'elles soient plus ou moins permanentes, demandez à votre cerveau d'en renforcer automatiquement les propriétés toutes les nuits avant que vous n'alliez vous coucher, sans que vous ayez à y penser. Quand nous donnons une instruction à notre cerveau, il continue d'effectuer la tâche que nous lui avons demandée jusqu'à ce que nous lui donnions une instruction contraire. Si vous désirez que les protections soient temporaires, demandez à votre cerveau de les détruire à un moment prédéterminé, par exemple à 18 h le jour suivant ou

« après le retour à la maison de tante Isabelle, quelle que soit l'heure ».

Protégez des espaces de formes irrégulières

Il existe deux façons de protéger les pièces qui ne sont pas tout à fait carrées ni rectangulaires. La première consiste à ignorer le fait qu'il y ait des parties manquantes et d'étendre votre geste de protection au-delà de l'espace physique de la pièce, pour la rendre symboliquement carrée. Cela peut être très utile pour inclure les endroits manquants selon le Ba-ga du Feng Shui, ce qui est expliqué plus loin dans ce livre.

Parfois, cela n'est pas approprié d'agir de cette manière. Par exemple, lorsqu'un coin manquant se trouve dans l'appartement voisin, il est évident que vous ne voudriez pas inclure cette partie manquante à votre travail de protection. Dans cette circonstance, la meilleure chose à faire est de suivre les contours exacts de la pièce, ce qui peut vouloir dire que la pièce aura six coins plutôt que quatre.

Protection d'une maison dans son entier

Après vous être exercé à protéger des pièces et vous être assuré que cela fonctionne bien, vous serez prêt à passer à des lieux plus volumineux. Une façon de protéger une maison dans son entier consiste à vous rendre à l'extérieur pour effectuer le geste de protection d'un coin de la maison à l'autre, tandis que vous parcourez le périmètre extérieur de l'espace. Je ne pratique que rarement cette méthode, toutefois, car je trouve que j'obtiens de meilleurs résultats en utilisant la technique de protection à l'intérieur. J'ai protégé tellement d'espaces, par ailleurs, qu'il ne m'est plus nécessaire de marcher d'un coin à un autre. Je me tiens simplement près de la porte d'entrée et, en quelques secondes, je visualise des protections qui se mettent en place sur les quatre murs du bâtiment, le sol et le toit. On peut comparer cela à l'apprentissage de la conduite automobile : on apprend d'abord tout l'a b c jusqu'à ce que cela devienne automatique et que l'on n'ait plus besoin de penser à chaque manœuvre.

POUR ENLEVER LES BOUCLIERS DE PROTECTION

Si à un certain moment vous souhaitez enlever les protections que vous avez posées, visualisez-les simplement en train de se dissoudre. Toutes les fois que je pose des boucliers de protection au cours d'une séance de Purification de l'Espace dans la maison d'un client, j'y inclus toujours l'ordre selon lequel les protections doivent se dissoudre par la suite, à la demande du propriétaire. Ce dernier peut ainsi changer l'énergie lui-même s'il le désire.

DIFFÉRENTS TYPES DE PROTECTION

La meilleure sorte de protection à usage général est faite de lumière pure et vibrante. Lorsque j'ai commencé à poser des protections, j'expérimentais avec un groupe d'amis les effets que peuvent avoir différentes couleurs. Nous nous exercions tout en nous amusant. Par exemple, nous sortions tous de la pièce, à l'exception de l'un d'entre nous qui y posait une protection, puis à notre retour nous devions essayer de sentir de quelle couleur était la protection. Après quelque temps, nous étions tellement doués que nous essayions de nous jouer des tours, en mêlant des combinaisons de couleurs, telles que du bleu sur du jaune ou du blanc avec des pois roses ! C'était très amusant, mais surtout cela m'a prouvé que la pose de ces protections n'était pas l'œuvre de mon imagination. Lorsque vous effectuez votre travail correctement, les protections sont vraiment réelles et les personnes qui sont sensibles à ce genre de choses peuvent les sentir, et même les voir.

Pour obtenir paix et relaxation, c'est une protection de couleur bleue qu'il vous faut, pour davantage d'amour, du vieux rose, pour accentuer la pureté, du blanc, pour obtenir plus d'éclat, du vert, et, pour une guérison en profondeur, des couches de vert et de jaune successivement. N'employez pas de rouge, car cette couleur est trop stimulante et il pourrait en résulter des frictions et des disputes.

PROTECTION PERSONNELLE

Bien qu'il ne soit pas nécessaire de vous protéger pour effectuer la Purification de l'Espace (si vous êtes craintif, vous ne devriez pas le faire de toute façon), il est possible que vous vous trouviez au cours de votre vie dans certaines situations où vous éprouviez de la peur et que vous vouliez utiliser une protection personnelle pour créer votre propre espace sacré à l'intérieur de votre aura. Pour ce faire, vous pouvez utiliser une technique semblable à celle que je viens de décrire pour les constructions. Il est préférable de vous exercer un peu au préalable, afin d'être sûr de vous au moment où vous sentirez que vous en avez vraiment besoin.

Cette technique consiste simplement à visualiser les bords de votre aura se trouvant enfermés dans une bulle. Cela suffit ! Vous êtes protégé à présent. Selon vos besoins, vous pouvez visualiser une bulle de lumière pure et vive ou de différentes couleurs telles qu'elles sont décrites ci-dessus. Si vous êtes craintif, choisissez une protection de couleur noire, afin d'obtenir une protection maximale, mais n'oubliez pas de l'enlever une fois que le danger sera passé. Sinon vos proches vont commencer à vous dire : « J'ai le sentiment que je ne peux pas communiquer avec toi » ou bien : « J'ai l'impression que tu n'es pas vraiment là ». Vous pouvez préciser également, pour cette technique, le moment où la protection devrait disparaître ou la situation correspondant à ce moment (par exemple, lorsque vous serez sain et sauf de retour chez vous).

Si vous faites usage de protections, réduisez-en le nombre avec le temps et au fur et à mesure que votre confiance en vous augmente. La meilleure protection entre toutes consiste à s'entourer des radiations de l'amour.

7. Emplissez l'espace de vos intentions, de lumière et d'amour

Une fois que vous aurez débarrassé votre maison de toutes les choses dont vous ne voulez plus et que vous l'aurez protégée afin de conserver la nouvelle pureté de l'espace, il vous restera tout naturellement à emplir cet espace de quelque chose de mieux. Vous vous trouvez à ce stade comme devant une feuille blanche, vous recommencez de zéro, aussi ce que vous allez faire ensuite est très important. Si vous ne décidez pas en toute conscience de ce que vous voulez mettre dans l'espace, vous allez simplement recommencer à accumuler les mêmes choses que vous venez de disperser.

Vous pouvez adresser vos demandes de diverses manières et à des niveaux différents, selon le temps et l'énergie que vous voulez y mettre. Tout d'abord, tandis que vous êtes tranquillement assis, lisez toute la description d'une vie idéale que vous avez écrite à l'étape des préparatifs (reportez-vous au chapitre VI qui traite de la préparation). Concentrez votre attention sur cette description le plus possible.

UTILISATION DE BOULES HARMONIQUES

La meilleure façon que j'aie pu trouver pour effectuer la procédure suivante consiste à utiliser des boules harmoniques. Ce sont des boules en métal qui produisent des sons doux de carillon, très agréables à entendre lorsque vous les entrechoquez. Les Chinois utilisent une paire de boules similaires recouvertes de chrome, à des fins de guérison. Conçues pour tenir dans une main, les Chinois les font rouler l'une sur l'autre. Les boules harmoniques des Mayas d'Amérique centrale sont plus légères et conviennent mieux aux besoins de la Purification de l'Espace. Celles que j'emploie viennent de Bali. Elles sont faites en cuivre et ont environ 40 mm de diamètre.

Assis tranquillement, fermez les yeux et mettez vos mains autour d'une boule harmonique. Respirez profondément, avec régularité, et concentrez votre attention sur votre cœur. Laissez l'amour qui émane de votre cœur se dilater pour emplir votre corps, descendre le long de vos bras, passer à travers vos mains et entrer dans la boule. Emplissez votre boule d'amour.

Concentrez-vous ensuite sur le centre de votre boule. Faites-y entrer en imagination tout ce que vous souhaiteriez voir se réaliser à partir de maintenant. Si vous êtes le chef de famille et si vous agissez pour le compte des autres membres de votre famille, incluez le souhait que leurs désirs les plus profonds et les plus sincères se concrétisent. Concentrez-vous avec intensité. Créez des images aussi réelles et colorées que possible. Donnez-leur de la vie avec des sons, des odeurs, des goûts et des textures. Assurez-vous d'y inclure des images où vous et ceux que vous aimez paraissez rayonnants de bonheur, en bonne santé et prospères. Ayez conscience que vos désirs les plus sincères sont les phares de votre moi supérieur et qu'ils vous conduisent à réaliser ce que vous êtes venu faire sur terre. Si vous ne savez pas exactement ce que vous voulez, visualisez que vous obtenez plus de clarté dans votre vie. Concluez en répétant mentalement : « Que cela ou quelque chose de mieux se manifeste maintenant pour le plus grand bien de tous ceux qui sont concernés. »

Ensuite, tout en tenant la boule harmonique, parcourez le périmètre intérieur de l'espace pour la dernière fois, en commençant par l'entrée. Répandez dans l'atmosphère de votre maison les images que vous avez fait entrer dans la boule. Il est important que vous avanciez à un bon rythme tandis que vous effectuez cela, afin que l'énergie soit aussi pleine et vibrante que possible. Vous pouvez ajouter d'autres boules harmoniques, pour obtenir un son plus plein (j'utilise trois boules habituellement). Celles de Bali émettent un cliquetis discordant magique et superbe, qui donne l'impression qu'un millier de fées sont en train de travailler !

Tandis que vous faites le tour de toutes les pièces, visualisez-les en train de s'emplir d'une belle lumière en cascade, qui sort elle-même des boules harmoniques, et respirez profondément en emplissant vos poumons de votre nouvelle vie. Quand vous serez revenu à votre point de départ, votre maison sera pleine de votre splendide avenir.

J'ai trouvé qu'il est beaucoup plus efficace d'employer des boules harmoniques conjointement avec la procédure de visualisation, car on a ainsi l'expérience concrète d'aller réellement d'une pièce à l'autre et d'installer une nouvelle énergie dans l'atmosphère. Si vous avez des enfants, donnez-leur une boule à chacun et demandez-leur de vous suivre et de vous aider. Ils adorent ça !

Si vous ne disposez pas de boule harmonique, une petite clochette que vous ferez tinter est une bonne alternative. Vous pouvez aussi créer en imagination une balle d'énergie autour de laquelle vous mettrez vos mains durant le processus de visualisation et que vous ferez tourbillonner dans l'espace en y répandant ce qu'elle contient.

On m'a demandé plusieurs fois s'il était possible d'effectuer entièrement la Purification de l'Espace par la technique de visualisation. Vous pouvez assurément visualiser que vous êtes en train de purifier l'espace et que vous envoyez l'énergie devant vous dans le futur, afin d'accroître l'efficacité de votre travail, mais cela ne remplace pas le fait de se retrousser vraiment les manches et de s'y mettre concrètement.

Quelques trucs

UNE NUIT À CALCUTTA

L'une de mes expériences de Purification de l'Espace les plus remarquables a eu lieu pendant la période où je voyageais sac au dos et où je me suis retrouvée dans une chambre d'hôtel de Calcutta jonchée de cadavres de cafards d'une taille gigantesque. Je me reverrai toujours assise précautionneusement sur le bord de mon lit, malade de dégoût à la pensée d'avoir des cafards se précipitant sur moi pendant mon sommeil. Soudain, j'ai eu une idée ! Les cafards vivent au niveau le plus bas de la lumière astrale, c'est pourquoi ils sont si repoussants. Je réalisai que je pouvais purifier la pièce et rehausser le niveau de la lumière astrale, afin que les cafards ne puissent être attirés dans mon espace. Je me suis levée de mon lit, ai allumé beaucoup de bâtonnets d'encens, ai purifié toute la pièce, relevé l'énergie de quelques niveaux, ai protégé l'espace et suis retournée me coucher. J'ai tout de même dormi d'un œil, mais ce fut une nuit sans histoire et sans cafard en vue.

« Peut-être n'y avait-il aucun cafard vivant dans la pièce de toutes les manières », me dis-je au matin tandis que j'ouvrais la porte pour partir en surveillant le couloir qui était vide. Comme je suis quelqu'un de très ordonné, j'enlevai la protection que j'avais installée quand soudain, arrivant de nulle part, une masse de cafards apparut et se précipita dans ma chambre, passant entre mes jambes, tandis que je ramassais mes sacs et me précipitais dehors !

J'ai utilisé cette technique depuis dans de nombreux pays tropicaux connus pour avoir des cafards et n'ai jamais été inquiétée. J'ai séjourné récemment en Australie chez des amis qui furent très étonnés de voir que les cafards avaient disparu pendant les deux semaines où j'étais là et avaient réapparu de nouveau après mon départ. L'astuce, c'était la Purification de l'Espace !

PURIFICATION DE L'ESPACE POUR LES VOYAGEURS

J'avais de l'encens avec moi lors de cette nuit mémorable à Calcutta, mais je n'avais de toute évidence ni clochette ni rien de l'équipement que j'utilise normalement pour la Purification de l'Espace. Ce que j'avais cependant, c'était une motivation très forte et la capacité d'improviser. Si vous voyagez beaucoup, vous pouvez peut-être vous confectionner une petite trousse de Purification de l'Espace pour le voyage comprenant un peu d'encens, une bougie, des allumettes, une petite bouteille d'eau bénite, une petite quantité de sel dans un contenant fermé hermétiquement et une petite clochette. Vous pouvez utiliser des fleurs, des fruits et autres aliments frais ou quelques pièces de monnaie en devises locales en guise d'offrandes.

CONTRÔLEZ RÉGULIÈREMENT L'ÉNERGIE DE VOTRE MAISON

La première fois que vous purifiez l'espace de votre maison, cela ressemble à un nettoyage de printemps complet. Il vous faut effectuer votre tâche avec minutie et concentration pour rendre votre maison claire, vibrante et revigorée. Cet effet diminuera avec le temps, au fur et à mesure que l'énergie recommencera à s'accumuler et à stagner. Vous devez en conséquence effectuer des contrôles à intervalles réguliers pour voir la quantité d'énergie qui a pu s'accumuler.

Cela varie selon la maison et ses occupants et dépend du Feng Shui de votre domicile (la façon dont l'énergie y circule), des événements de votre vie, de votre personnalité et de bien d'autres choses. Je suggère en général à la plupart de mes élèves de répéter les exercices destinés à rendre les mains sensibles et de parcourir de nouveau le périmètre intérieur des murs, tout en sentant l'énergie, une ou deux fois par mois, après avoir effectué la première cérémonie de Purification de l'Espace, qui est d'une importance majeure.

Vous pouvez répéter la cérémonie de base de la Purification de l'Espace dans son entier toutes les semaines si vous le souhaitez, mais cela n'est pas vraiment nécessaire. Pour la plupart des gens, une à deux fois par an est suffisant, à moins que vous n'ayez besoin de nettoyer une énergie spécifique ou que des changements importants ne soient intervenus dans votre vie. Afin de conserver une atmosphère de grande qualité dans votre maison, vous pouvez effectuer un travail d'entretien de la Purification de l'Espace une fois par mois entre les purifications importantes et rehausser votre atmosphère une fois par semaine après vous être lavé.

ENTRETIEN DE LA PURIFICATION DE L'ESPACE

Pour cela, vous avez besoin d'une offrande de fleurs avec une bougie allumée, d'une feuille, d'un peu d'encens et d'un support, de quelques allumettes, d'une clochette et d'un peu d'eau bénite. Déposez l'offrande avec la bougie allumée et l'encens sur le lieu de pouvoir de votre maison (cela ne sera peut-être pas précisément le centre, mais un endroit à partir duquel vous sentirez que vous pouvez avoir accès à l'énergie de votre espace dans son entier), en n'oubliant pas de placer une feuille sous la soucoupe. Placez le bâtonnet d'encens dans son support tout à côté, allumez l'encens et la bougie, enfin aspergez l'offrande d'eau bénite. Tandis que vous œuvrez, concentrez-vous sur la cérémonie et connectez-vous avec l'énergie de votre maison. Offrez des prières et invoquez des assistants du monde invisible, si vous le souhaitez.

Commencez à la porte d'entrée, parcourez le périmètre intérieur de l'espace dans sa totalité, frappez dans vos mains dans tous les coins, puis faites le tour une seconde fois, en faisant tinter la clochette pour créer un cercle sonore sacré. Renouvelez ensuite vos protections et visualisez que tout l'espace est rempli d'une énergie vibrante.

REVITALISATION DE VOTRE ATMOSPHÈRE

Vous pouvez revitaliser votre atmosphère selon vos besoins, grâce à des techniques rapides et efficaces, par exemple en pulvérisant dans l'air un mélange d'eau et d'huile de lavande ou en faisant jouer de la belle musique. Faites un choix parmi les techniques qui sont décrites dans la deuxième partie de ce livre.

Liste de contrôle pour la purification de base

PRÉPARATIFS

◆ *N'essayez pas d'effectuer la Purification de l'Espace si vous avez peur ou éprouvez une appréhension quelconque. Les techniques ne présentent aucun danger, mais elles sont destinées à une utilisation personnelle et courante, pas à des fins d'exorcisme — réservé à des professionnels.*

◆ *Demandez au préalable à l'occupant la permission d'effectuer la purification de son espace personnel.*

◆ *Effectuez la Purification de l'Espace lorsque vous vous sentez en forme, en bonne santé et stable sur le plan émotionnel et mental.*

◆ *Les femmes qui sont enceintes ou qui ont leurs menstruations ou encore les personnes qui présentent une plaie ouverte ne devraient pas pratiquer la Purification de l'Espace.*

◆ *Prenez le temps de réfléchir à ce que vous voulez voir réalisé dans l'avenir. Si vous partagez le même espace que d'autres personnes, il est préférable de les consulter à ce sujet.*

◆ *Pour obtenir de meilleurs résultats, nettoyez et rangez votre espace de vie, balayez, passez la serpillière ou l'aspirateur et, avant toute chose, débarrassez-vous de votre bric-à-brac.*

◆ *Prenez un bain ou une douche ou, tout au moins, lavez-vous le visage et les mains.*

◆ *Rangez les aliments et les boissons dans des placards ou dans des contenants hermétiques.*

◆ *Enlevez vos bijoux et tout objet métallique que vous avez sur vous. Marchez pieds nus si possible.*

◆ *Travaillez seul, à moins que les personnes présentes ne comprennent parfaitement ce que vous êtes en train de faire.*

◆ *Travaillez dans le silence, sans musique de fond. Éteignez tous les ventilateurs et tous les autres appareils bruyants ou ronronnants qui ne sont pas essentiels.*

◆ *Ouvrez une porte ou une fenêtre.*

◆ *Localisez un lieu de pouvoir approprié et installez-y votre équipement pour purifier l'espace.*

◆ *Relevez vos manches et donnez à vos mains le pouvoir de sentir.*

PROCÉDURES DE BASE DE LA PURIFICATION DE L'ESPACE

◆ *Prenez le temps de vous mettre au diapason de l'espace, annoncez-vous en pensée et faites en sorte que vos intentions rayonnent dans toutes les directions.*

◆ *Commencez par l'entrée principale, parcourez le périmètre intérieur de l'espace, en sentant l'énergie. Utilisez votre sens du toucher et tous vos autres sens.*

◆ *Allumez des bougies, faites brûler de l'encens, aspergez de l'eau bénite, offrez des fleurs et des prières à l'esprit qui garde la maison et aux esprits de la terre, de l'air, du feu et de l'eau. Invoquez les anges, vos propres guides et vos assistants (tout ce qui vous semble approprié).*

◆ *Frappez dans vos mains dans les encoignures pour disperser l'énergie statique. Lavez-vous les mains ensuite à l'eau courante (il est très important de ne pas l'oublier).*

◆ *Purifiez l'espace à l'aide de clochettes.*

◆ *Protégez l'espace.*

◆ *Emplissez l'espace de vos désirs, de lumière et d'amour.*

REMARQUES IMPORTANTES

Les techniques de Purification de l'Espace décrites dans ce livre ne sont destinées qu'à un usage personnel. Toute personne souhaitant pratiquer la Purification de l'Espace sur le plan professionnel a besoin de beaucoup plus d'informations et de pratique, afin d'apprendre à maîtriser la grande quantité d'énergie en action. Les êtres humains sont extrêmement reliés à leur maison, aussi, lorsque vous y effectuez une Purification de l'Espace, vous travaillez avec l'énergie vitale des personnes, à un niveau extrêmement intime et personnel. Sans entraînement particulier, vous risquez de commettre des impairs fâcheux. Non seulement vous pourriez perturber la vie d'autres personnes d'un point de vue karmique, mais vous courez aussi le risque de mettre en danger votre propre santé et votre propre bien-être. Je vous demande donc, vous, mes lecteurs, de vous montrer responsables.

DEUXIÈME PARTIE

Méthodes de purification

CHAPITRE VIII

PURIFICATION PAR LES SONS

Cette section du livre traite des différentes méthodes de purification par les sons et les quatre éléments — terre, air, feu et eau. Vous y trouverez davantage d'informations sur les procédures de base et sur les autres techniques de la Purification de l'Espace que vous aimerez peut-être ajouter ou substituer aux procédures de base décrites dans la première partie de cet ouvrage, au fur et à mesure que vous deviendrez plus expérimenté. Vous apprendrez également à adapter les techniques de Purification de l'Espace à usage personnel pour purifier votre propre champ énergétique.

Frappe des mains

Les techniques de Purification de l'Espace les plus efficaces que je connaisse sont celles qui consistent à utiliser les vibrations des sons, qui peuvent pénétrer à l'intérieur de n'importe quelle substance et entraîner très rapidement des transformations profondes dans l'énergie. Au sujet de l'anecdote que Denise Linn raconte dans l'avant-propos de ce livre, tout ce que j'avais fait en réalité au moment où elle est entrée dans la pièce en question, c'est que j'avais employé une technique particulière de frappe des mains. Cette technique, quoique simple, est très efficace, pour la bonne raison que les vibrations obtenues disloquent les masses d'énergie qui étaient figées.

Les anciens Chinois s'y connaissaient en matière de frappe des mains. Leur théâtre et leur danse n'étaient pas conçus pour divertir les masses comme peut l'être le théâtre occidental d'aujourd'hui, mais pour invoquer la présence des dieux. Les spectateurs n'auraient jamais applaudi à la fin d'une représentation ; ils partaient silencieusement, au contraire, pour pouvoir emporter avec eux l'essence même de ce dont ils avaient été les témoins. Ils frappaient dans leurs mains toutefois au début de la représentation pour clarifier l'espace.

Au Japon, on effectue une cérémonie de Purification de l'Espace à l'aide de la pointe d'une épée, afin de disperser l'énergie statique qui s'accumule dans les encoignures des pièces. J'ai personnellement essayé d'utiliser une épée ainsi qu'un bâton pointu en bois. Les deux marchent relativement bien et, si vous envoyez de l'énergie à partir de votre main jusque dans l'épée ou le bâton, avec l'intention de disperser l'énergie statique, c'est encore plus efficace. Pour les personnes âgées ou les handicapés physiques éprouvant des difficultés à frapper dans leurs mains, une épée ou un bâton pointu sont des solutions de rechange qui ont des chances de réussir. Je trouve cependant que la frappe des mains est une technique qui permet d'aller plus en profondeur et qui a en plus l'avantage de ne pas nécessiter d'équipement. J'imagine que l'on n'hésiterait pas à m'arrêter dans certains pays si l'on me prenait à circuler, pour me rendre d'une consultation à une autre, avec une épée japonaise suspendue dans mon dos !

Certains de mes élèves qui ont assisté à mes cours ont trouvé des applications ingénieuses à la frappe des mains. Un homme dont la voiture tombait toujours en panne décida un jour, de sa propre initiative, de frapper dans ses mains à l'intérieur de sa voiture. Plusieurs mois plus tard, il me rapportait qu'il n'avait plus aucun ennui depuis. « Vous m'avez fait économiser une fortune en factures de réparations ! » me dit-il.

Pour revigorer votre propre énergie, frappez dans vos mains dans votre propre aura pendant environ trente secondes, en particulier autour de vos pieds et autour de votre tête. Vous pouvez aussi demander à un ami de le faire pour vous. Si vous vous sentez « dans un état vaporeux » à un certain moment, l'une des façons les plus rapides, sûres et efficaces que je connaisse pour vous faire revenir les pieds sur terre consiste à faire retentir quelques claquements secs et puissants dans chacune de vos oreilles.

Tambour

Tout le travail des chamans est basé sur le rythme de leur tambour. Bali est réputée pour ses gamelans (orchestres traditionnels indonésiens), qui sont composés de joueurs de xylophone et de deux joueurs de tambour conduisant entre vingt-cinq et cinquante musiciens. Le joueur de tambour en chef est le musicien le plus respecté d'un gamelan, étant donné qu'il doit aussi maîtriser tous les autres instruments de l'orchestre.

En ce qui concerne le travail de Purification de l'Espace, les tambours peuvent être utilisés avec autant d'efficacité que la frappe des mains. Denise Linn a développé cet art à un haut niveau. Dans son livre *Sacred Space*, elle donne en détail des informations sur la manière d'utiliser les tambours aux fins de Purification de l'Espace.

Objets servant d'instruments à percussion

Au fil des ans, j'ai pu réunir une collection considérable d'objets servant d'instruments à percussion, qui peuvent être utilisés de différentes façons pour la Purification de l'Espace : bâtons (deux bâtons que vous frappez l'un contre l'autre), crécelles, shakers et objets qui émettent des couinements. Le plus amusant d'entre eux — et qui fait toujours rire quand je l'utilise dans mes cours — est un jouet en plastique que j'ai trouvé dans une boîte de céréales il y a plusieurs années et qui émet un son ressemblant à l'aboiement d'un petit chien qui proteste. C'est le meilleur antidote que j'aie pu trouver pour disperser les effets néfastes d'une dispute. Vous pouvez en trouver parfois dans les boutiques où l'on vend toutes sortes de babioles.

Clochettes

Les vibrations d'une clochette de bonne qualité disperseront les niveaux d'énergie figée que la frappe des mains ne peut déloger et créeront un cercle sonore sacré qui résonnera dans votre atmosphère pendant long-temps. Les gens me disent souvent qu'ils entendent encore les vibrations des clochettes des mois après que j'ai purifié l'espace de leur maison ! La coutume consistant à faire sonner les cloches de l'église de la paroisse le dimanche matin dans la tradition chrétienne est un exemple de Purification de l'Espace à grande échelle ! Je crois que ceux qui en ont instauré l'usage savaient exactement ce qu'ils faisaient.

J'aime beaucoup les clochettes et en fais la collection depuis plus de vingt ans. J'en ai de tous les pays. Lors-que j'ai commencé à apprendre à purifier l'espace, j'utilisais n'importe laquelle des clochettes qui me tombaient sous la main, mais maintenant je suis devenue ce que l'on appelle un connaisseur en matière de clochettes.

MA CLOCHETTE DE PRÊTRE BALINAIS

C'est une histoire si merveilleuse et si marquante dans mon travail de Purification de l'Espace que cela vaut la peine que je vous la raconte en entier. Je séjournais à Bali depuis exactement trois semaines quand je fus invitée à une cérémonie de crémation, qui m'a tota-lement fascinée, dans un village éloigné et très pauvre. C'était un événement joyeux, coloré et théâtral, suivi par des centaines de gens vêtus de leur plus beau sarong, qui culminait lorsque l'on mettait le feu à la tour funéraire toute décorée qui se trouvait dans une petite clairière près du temple.

De loin, je pouvais entendre que l'on agitait de temps en temps une clochette au son le plus pur que j'aie jamais entendu. Je devais absolument savoir ce que

Clochette de prêtre balinais

c'était. Je me frayai un passage à travers la foule et découvris une prêtresse assise sur une petite table et vêtue entièrement de blanc. Sur la table autour d'elle, il y avait des tas d'offrandes, composées de pétales de fleurs fraîchement cueillies et de fruits dans des paniers décoratifs faits de feuilles de bananier, avec des bâtonnets d'encens se consumant piqués dedans. Devant elle, il y avait un récipient en argent contenant de l'eau bénite avec laquelle elle aspergeait les offrandes placées devant elle, à l'aide d'un bouquet d'herbes sacrées, tout en chantant divers mantras.

Tandis que je m'approchais, elle déposa l'herbe par terre et ramassa une jolie clochette de sa main gauche et se mit à la faire tinter d'un *ding-ding* continu tandis qu'elle chantait d'autres mantras et effectuait une série de gestes des plus gracieux de sa main droite, en utilisant des pétales de fleurs ou de l'eau bénite. Je me tournai vers mon ami balinais qui m'avait amenée à cette cérémonie et lui demandai : « Je voudrais vraiment posséder une clochette comme celle-ci. Où est-ce que je peux m'en procurer une ? » Il me sourit avec fierté, flatté que je sois si impressionnée par cette clochette, mais il me répondit, avec beaucoup de gentillesse, que je devais oublier complètement mon désir de posséder une de ces clochettes, étant donné qu'elles ne sont fabriquées qu'expressément pour les prêtresses et les prêtres balinais.

Dans les jours qui suivirent, je vérifiai ce qu'il m'avait dit auprès d'autres amis balinais, mais ils m'assurèrent tous qu'il était impossible pour un Occidental de posséder une telle clochette. Personne n'était même en mesure de me dire où elles étaient fabriquées. Ils parlèrent avec vénération des pouvoirs magiques des clochettes, ce qui ne faisait que renforcer mon désir d'en posséder une !

J'ai commencé alors à faire des prières et des affirmations, tout en continuant de demander à tous ceux que je rencontrais s'ils connaissaient quelqu'un qui pourrait m'aider. Cela dura une bonne année. Enfin, miraculeusement, je rencontrai un prêtre qui comprit exactement pourquoi je voulais une clochette et qui voulut bien m'aider. Il m'indiqua un lieu qui se trouvait à une journée d'où je demeurais, avec huit changements d'autobus, sans compter le retour, mais cela m'était égal. J'étais prête à faire le voyage autant de fois qu'il serait nécessaire, mais, probablement à cause de mon empressement, je n'ai pas eu à le faire, car je rencontrai quelqu'un qui m'emmena directement dans la famille des fabricants de clochettes.

Après cela, commença une série de visites à cette famille, durant une période s'étendant sur une autre année. Nous commencions à bien nous connaître. Nous parlions des clochettes et de mon travail de Purification de l'Espace en Occident. J'appris que les meilleurs ferronniers de Bali appartiennent à une caste spéciale très respectée et appelée *Pandé*, que les clochettes de prêtre possèdent des anses en cuivre et que leur dôme est fait en bronze mélangé à de l'or 22 carats, ce qui leur donne en partie cette tonalité extrêmement pure. Le reste dépend de l'habileté de l'artisan dans le processus de fabrication, habileté qui se transmet de génération en génération.

Ce processus débute toujours à la pleine lune, qui est la période la plus influente du cycle de la lune. Il faut deux mois pour réaliser une clochette et des offrandes sont faites aux dieux balinais à chaque étape de la fabrication pour s'assurer de sa pureté. On prend toujours un très grand soin pour s'assurer que chaque clochette soit de la plus haute qualité. Quand le prêtre ou la prêtresse reçoivent la clochette qui leur est destinée, ils ne l'utiliseront pas dans leurs pratiques avant d'avoir exécuté une cérémonie complexe de consécration qui a pour but de donner vie à leur clochette. Cette cérémonie se tient dans leur temple, un jour propice déterminé selon le système du calendrier balinais.

La qualité du travail consacré à réaliser une clochette balinaise est telle qu'un prêtre ou une prêtresse peuvent l'utiliser tous les jours de même que leurs descendants pendant peut-être encore cent ans ou davantage. Le coût du matériau de fabrication, le travail habile de l'artisan et les offrandes offertes lors de la cérémonie de sanctification d'une telle clochette expliquent pourquoi les ressources de tout un village sont nécessaires pour la remplacer.

Lorsque j'ai senti que c'était le bon moment, j'ai demandé à mes amis s'ils seraient disposés à me fabriquer une de ces clochettes pour que je puisse l'utiliser dans mon travail. Pour ma plus grande joie, ils acquiescèrent à ma demande. Le prêtre qui m'avait mise sur la bonne piste pour trouver cette famille de fabricants célébra pour moi la cérémonie de consécration de ma clochette. Depuis, je l'utilise presque tous les jours. Elle accomplit le même travail que les clochettes que j'utilisais auparavant, et d'autres choses aussi. Je l'appelle affectueusement : « Mère de toutes les clochettes ! »

Je l'ai acquise en 1992 et l'ai emportée avec moi en Angleterre pour l'utiliser dans mon travail de Purification de l'Espace et dans mes cours. En 1993, il y a eu un soudain intérêt du public pour le Feng Shui et la Purification de l'Espace. Après avoir participé à mes cours, de plus en plus d'étudiants commencèrent à me demander où ils pourraient acheter une clochette de bonne qualité, afin de pouvoir mettre en pratique ce qu'ils avaient appris. J'ai cherché dans tout le Royaume-Uni, mais n'ai trouvé aucun fabricant de clochettes qui puisse convenir. À cette époque, tout ce que je pouvais leur suggérer, c'était de regarder chez les brocanteurs et dans les boutiques d'instruments de musique orientale.

Cette même année, je suis retournée à Bali pour y passer l'hiver comme à mon habitude et, après une série de tentatives délicates étalées sur plusieurs mois, j'ai soumis le problème au fabricant de clochettes et à sa famille. Ils y réfléchirent longuement et se mirent d'accord pour produire davantage de clochettes de prêtre, à la condition absolue de ne les rendre disponibles qu'aux personnes qui savent comment en prendre soin et qui ne les utilisent qu'à des fins sacrées, telles que la Purification de l'Espace, l'équilibrage des chakras (reportez-vous au point traitant de ce sujet plus avant dans ce chapitre) et la méditation. Ils m'ont fait confiance pour que je m'assure que ces conditions soient respectées et j'ai toujours honoré ma promesse. Ils m'ont aussi demandé tout spécialement de faire savoir qu'ils ne souhaitaient pas être interrompus constamment dans leur travail par d'autres Occidentaux leur rendant visite pour essayer de leur acheter des clochettes directement et m'ont fait remarquer qu'il leur était absolument impossible de vendre de tels objets sacrés « sans un intermédiaire».

Au moment où j'écris ces lignes, il y a cinquante de ces clochettes de prêtre en Occident, huit en Australie, une en Amérique, et le reste au Royaume-Uni. Cela a été une des choses les plus gratifiantes que j'aie pu faire que de rapporter ces clochettes à des personnes qui les apprécient énormément et qui en prennent grand soin. Vous qui lisez ce livre, vous aurez peut-être envie d'en posséder également une, mais si vous vous rendez à Bali, je vous demanderai instamment de respecter le souhait de ces fabricants et de les laisser travailler en paix. Vous trouverez à la section Ressources, à la fin de ce livre, des indications pour vous procurer une clochette.

CLOCHETTES BALINAISES POUR LA PURIFICATION DE L'ESPACE

C'était pour moi encore tout récemment un dilemme de devoir recommander tel ou tel type de clochette pour une pratique ordinaire de la Purification de l'Espace. Je trouvais gênant de donner des cours de Purification de l'Espace et de ne pas être capable d'offrir à mes élèves les outils pour qu'ils puissent mettre en pratique mon enseignement. Je répugnais également à recommander quelque chose que je n'utiliserais pas moi-même.

L'année dernière, j'ai discuté de ce nouveau problème avec les fabricants de clochettes. Je leur ai demandé s'ils ne seraient pas disposés à fabriquer une version plus simple de la clochette de prêtre, toujours faite à la main, avec une pureté de son excellente, mais avec un plus petit dôme et une poignée en bois au lieu qu'elle soit en cuivre. Nous avons donc travaillé ensemble à la conception d'une clochette correspondant à ces critères qui soit particulièrement bien adaptée à toutes les procédures de Purification de l'Espace en Occident que je décris dans ce livre. Je suis heureuse de pouvoir annoncer maintenant qu'ils produisent des clochettes de très grande qualité en quantité et que tout le monde peut s'en procurer une par correspondance ou chez divers dépositaires.

PRENEZ SOIN DE VOTRE CLOCHETTE

Si vous possédez une clochette à laquelle vous tenez tout particulièrement, réservez un endroit spécial pour l'entreposer quand vous ne l'utilisez pas. Pour ma part, je suis les traditions balinaises et veille à ce que ma clochette se trouve dans une position élevée, hors de portée des pieds de toute personne allongée sur un lit ou sur un canapé qui pourraient pointer dans sa direction. C'est une question de choix personnel de laisser ou non une autre personne manipuler votre clochette. Comme il est toutefois important de maintenir sa pureté vibratoire, je vous recommande d'être sélectif avant de la confier à quelqu'un d'autre et de voir aussi dans quel but on veut vous l'emprunter. Je possède maintenant deux clochettes de prêtre balinais : une que j'utilise dans mon travail et que d'autres personnes peuvent manipuler si je les y convie, et une autre qui lui est identique, mais que seuls mon partenaire et moi-même pouvons toucher. J'ai pu remarquer d'ailleurs qu'il existe une nette différence d'énergie entre les deux clochettes.

Si vous vous mettez à l'écoute de votre clochette, elle vous laissera savoir ce dont elle a besoin et comment l'utiliser au mieux. Je me souviens de la fois où, ayant rapporté ma première clochette de Bali, j'ai rencontré Sean Milligan, percussionniste sensible et extrêmement talentueux. Il n'était jamais allé à Bali mais, à mon grand étonnement, il prit ma clochette et commença à la faire tinter *exactement* de la même façon que l'aurait fait un prêtre balinais expérimenté. Quand je lui ai demandé comment il savait ce qu'il fallait faire, il m'a simplement répondu en haussant les épaules : « C'est la clochette qui me l'a dit ! »

ÉQUILIBRAGE DES CHAKRAS À L'AIDE DE CLOCHETTES

Dans mes cours, pour montrer comment les clochettes fonctionnent, je fais souvent une démonstration d'équilibrage des chakras. Je demande à quelqu'un de s'asseoir sur une chaise à dossier droit, jambes et bras non croisés et mains reposant mollement sur ses genoux sans se toucher. Quand il se sent à l'aise, j'explique ce que je vais faire et lui laisse le choix de garder les yeux ouverts ou de les fermer, selon ce qu'il préfère. Je me tiens près de lui, mon corps penché à 45 degrés par rapport au sien, comme pour frôler son aura et non m'y précipiter tête la première.

Je positionne la clochette à environ 15 cm de son corps au niveau du chakra de base, puis je lui dis d'inspirer profondément comme si l'air faisait un aller et retour jusqu'à ses pieds. En même temps, je synchronise ma respiration avec la sienne et lui demande de respirer ensuite normalement. À la fin de chaque expiration, je fais tinter la clochette et la déplace lentement vers le haut, le long du méridien central de son corps, gardant toujours une distance d'environ 15 cm et suivant les contours de son profil : son plexus solaire, son cœur, sa gorge, son front, le dessus de sa tête et un point situé environ 30 cm plus haut. Ensuite, pour compléter ce mouvement, je fais faire un demi-tour à la clochette pour emprisonner les effets de ce que je viens de faire et en garder longtemps les bienfaits.

Je refais ce mouvement une ou deux fois, en synchronisant chaque fois ma respiration avec celle de la personne avant de commencer et en lui laissant savoir ce que je vais faire. Je rencontre rarement quelqu'un qui ait besoin de plus de trois passages de la clochette pour que ses chakras soient alignés.

L'équilibrage des chakras est quelque chose que j'offre maintenant régulièrement aux occupants d'une maison quand j'ai fini d'en faire le tour avec mes clochettes. Cela permet de travailler à un niveau profond et intime avec ces personnes. En travaillant ainsi, j'obtiens une incroyable quantité d'informations qui sont toujours fiables. Lorsque je travaillais comme thérapeute du corps, je disais souvent : « Le corps ne ment jamais. » Maintenant, avec ce genre de pratique, je dis : « La clochette ne ment jamais. »

Quand j'effectue un équilibrage de chakras devant un groupe dans mes cours, il y a souvent une demi-douzaine de personnes qui viennent s'asseoir en ligne, en faisant face au groupe. Je travaille alors dans l'ordre, une personne après l'autre. Arrivée à la deuxième ou troisième personne, il y a invariablement des réactions d'étonnement dans l'assistance qui réalise que pour chaque personne le timbre de la clochette est complètement différent, s'intensifiant ou diminuant, selon l'équilibre de ses chakras. Si quelqu'un est en forme, le timbre de la clochette est absolument clair et résonne jusqu'en haut, mais s'il y a des endroits qui nécessitent une attention particulière, le son s'affaiblit puis s'intensifie de nouveau, changeant souvent plusieurs fois entre le chakra de base et celui de la couronne. Au second ou au troisième passage, la différence est remarquable. Le timbre devient — pour créer une nouvelle comparaison — aussi clair que celui d'une clochette ! Un autre trait caractéristique quand j'effectue ce travail devant tout un groupe réside dans le fait que chaque spectateur sent une empathie pour au moins une des personnes que j'ai choisies pour faire une démonstration et me rapporte par la suite que c'est comme s'il recevait les mêmes bienfaits par procuration.

Vous pouvez aussi équilibrer vos propres chakras à l'aide d'une clochette en utilisant exactement la même technique. Vous pouvez vous tenir assis ou debout, selon ce que vous préférez. N'utilisez que des clochettes de la plus haute qualité pour ce genre de travail, sinon vous pouvez causer plus de mal que de bien.

L'expérience la plus émouvante que j'ai faite avec ma clochette s'est déroulée lors d'une consultation de Purification de l'Espace chez un couple dont le petit garçon était d'une nature très timide. À mon arrivée, il s'est sauvé pour se cacher sous la table, mais au fur et à mesure que je vidais mon sac plein de belles choses en cuivre et en argent et quand j'ai commencé ma tâche, sa curiosité l'emportait sur sa timidité, et quand j'arrivai à l'étape où je dois travailler avec les boules harmoniques, il était devenu mon assistant (c'est bien d'inclure les enfants à ce stade, soit dit en passant). Nous avons fait alors le tour de la maison ensemble et il a effectué lui-même le travail sous les tables et sous les bureaux, tandis que je me suis occupée des endroits plus élevés.

À la fin de la consultation, j'ai offert un équilibrage des chakras à l'aide de ma clochette. J'ai d'abord commencé par le père, puis la mère et je me suis ensuite tournée vers le petit garçon. « Est-ce que tu veux essayer ? » lui ai-je demandé. Il acquiesça et grimpa sur la chaise. Dès que j'eus fini, il dégringola de la chaise et disparut dans sa chambre au premier étage sans dire un mot, réapparaissant quelques secondes plus tard avec son bien le plus précieux — la couverture qui le suit partout. À mon grand étonnement, il la laissa tomber sur la chaise et me regarda d'un air suppliant. Il voulait que j'équilibre les chakras de sa couverture ! C'est un travail que je n'avais jamais fait auparavant, bien entendu, mais je m'y suis mise et ce fut une réussite ! Ce fut pour moi un honneur, un privilège et une expérience très émouvante.

ÉQUILIBRAGE DE L'ÉNERGIE DES PIÈCES À L'AIDE DE CLOCHETTES

Maintenant, pour mon travail de Purification de l'Espace, je fais habituellement une fois le tour de l'espace avec ma clochette de prêtre balinais pour purifier l'énergie et créer un cercle sonore sacré, puis je parcours de nouveau l'espace avec une clochette de Purification de l'Espace, de Bali aussi, conjointement avec la première, pour équilibrer l'énergie. La différence de fréquence entre les deux clochettes est telle que leur timbre résonne en parfaite harmonie et se répercute d'une façon magique dans tout l'espace. Cela donne l'impression que tout dans la maison est vivant et chante ! Cette syntonisation délicate de l'atmosphère est quelque chose qui ne peut s'apprendre que par une longue pratique dans des espaces divers.

Cymbales

Vous pouvez les employer pour la Purification de l'Espace, mais la technique est légèrement différente de celle qui est utilisée pour jouer de cet instrument. Frappez d'abord les deux cymbales, puis frottez-les l'une contre l'autre verticalement tandis que vous faites le tour de l'espace en inondant les murs d'un son continu. Arrêtez à l'endroit même où vous avez commencé, rendez-vous ensuite au centre de la pièce et utilisez les deux cymbales pour équilibrer l'énergie de l'espace.

Cloches en forme de bol

On peut les utiliser pour la Purification de l'Espace, mais je trouve qu'elles sont moins efficaces que des clochettes. Ces cloches en forme de bol sont plus féminines, par nature, que les clochettes à forme élancée, elles sont donc plus réceptives qu'actives. Elles sont aussi plus encombrantes que les autres quand on doit les emporter pour parcourir les pièces. Elles sont toutefois excellentes pour établir de magnifiques atmosphères après qu'un espace a été épuré. Elles donnent enfin le meilleur d'elles-mêmes quand on les utilise de la même façon qu'une clochette pour l'équilibrage des chakras.

Gongs

Les gongs sont encore plus encombrants que les cloches en forme de bol, mais ils sont très efficaces pour la Purification de l'Espace. Leur timbre est profond, puissant et rappelle les temps anciens. Si vous placez un gong dans un endroit d'un bâtiment accessible à tout le monde, peu de personnes peuvent résister à la tentation de le frapper au passage.

La vibration d'un gong de grande taille se répercute partout dans l'espace (y compris en vous-même !), ce qui est extrêmement purifiant et revigorant. Les gamelans balinais comprennent une grande variété de gongs et de xylophones en métal, générant des sons incroyablement syncopés et évocateurs qui sont destinés à inviter les dieux aux cérémonies du temple.

Carillons éoliens

Les sons délicats produits par les carillons éoliens sont d'une utilisation moindre dans les cérémonies de Purification de l'Espace, mais ils sont très utiles pour renouveler quotidiennement la pureté d'une atmosphère. Aux États-Unis, il est possible d'acheter des carillons électroniques que l'on peut programmer pour son réveil, avec des sons allant d'une douce brise à une effroyable tornade ! Il est préférable d'utiliser les carillons éoliens selon les principes du Feng Shui sur l'agencement (voir le chapitre XVI).

Musique

La musique est un excellent moyen d'établir différentes atmosphères ou de ramener au niveau maximal celles qui existent déjà. Essayez de prendre de plus en plus conscience des effets que la musique que vous écoutez peut avoir sur vous, particulièrement celle qui s'accompagne de paroles chantées. Le langage a un effet puissant sur le subconscient et une écoute répétitive de paroles négatives créera une programmation négative dans votre esprit.

Psalmodies et chants

Utiliser sa voix est une façon très intéressante de travailler avec les sons, l'énergie passant directement par notre corps. La voix humaine est potentiellement plus puissante que n'importe quel autre instrument.

Beaucoup de gens trouvent qu'il est plus facile de commencer par psalmodier. Il vous faut trouver un mantra qui a un sens pour vous et le répéter indéfiniment. De nombreux mantras sont en sanskrit, la plus ancienne langue au monde. Hari Sharma, dans son livre *Freedom from Disease*, dit ce qui suit : « Le langage n'a pas été inventé, mais des sages éclairés qui pouvaient entendre les fluctuations subtiles dans les champs de l'intelligence qui les entouraient en ont été instruits. » Les vibrations des mots eux-mêmes peuvent apporter des transformations en vous et dans l'atmosphère de la pièce, même si vous ne connaissez pas la signification de ces mots. Vous pouvez psalmodier pour invoquer de nouvelles atmosphères ou remettre à niveau celles qui existent déjà.

Chanter permet également de revigorer une atmosphère. Avez-vous déjà essayé de chanter lorsque vous vous sentez déprimé ? C'est vraiment la dernière chose que vous avez envie de faire ! Par contre, quand vous êtes heureux et chantez en y mettant tout votre cœur, vous emplissez alors l'espace de joie !

Harmonisation musicale

L'harmonisation musicale n'est pas de même nature que la psalmodie, mais elle est potentiellement extrêmement puissante. Je crois que nous allons la mettre en pratique de plus en plus dans les années à venir, non seulement pour la Purification de l'Espace, mais aussi pour obtenir de bons résultats dans le travail de guérison et comme méthode d'accession à des informations dont nous avons besoin pour notre développement futur.

L'harmonisation musicale vient du plus profond de votre être. Si vous êtes en train de lire ces lignes dans un endroit qui vous permette de le faire, inspirez profondément, ouvrez votre bouche et émettez un son *à l'instant même*. Laissez sortir un son fort, puissant et naturel. En modifiant la forme de votre cavité buccale et en bougeant vos lèvres, vous pouvez garder la tonalité tout en faisant considérablement varier le son. Vous êtes ainsi en train de vous harmoniser vous-même.

Si vous voulez harmoniser une pièce dont vous purifiez l'espace, vous devez tout d'abord vous connecter avec cette pièce et produire le son qui convient pour effectuer ce travail. Approchez-vous des murs et harmonisez-vous profondément avec eux, en utilisant les vibrations de votre propre voix comme vous le feriez avec des clochettes.

Vous pouvez aussi harmoniser un objet afin de le purifier. Approchez votre bouche de cet objet et harmonisez-vous avec lui en utilisant toute votre force. S'il s'agit d'un objet volumineux, vous devrez déplacer votre tête de façon à vous harmoniser avec ses différentes parties. S'il s'agit d'un petit objet, vous pouvez le prendre dans vos mains tandis que vous vous harmonisez avec lui.

CHAPITRE IX

PURIFICATION PAR LES QUATRE ÉLÉMENTS — TERRE, EAU, AIR ET FEU

Le Feng Shui est un art de vivre en harmonie avec notre environnement et avec les quatre éléments primaires — terre, air, feu et eau. Dans les cultures traditionnelles, on est très conscient du pouvoir extraordinaire de ces quatre éléments et on cherche donc à invoquer les faveurs des sylphes (génies de l'air), des ondines (déesses des eaux), des gnomes (petits génies de la terre) et des salamandres (créatures du feu), tous connus dans le monde entier sous des noms différents. Ces formes invisibles de notre planète ne peuvent demeurer très longtemps en présence des vibrations grossières et chaudes de l'électricité que nous utilisons pour faire fonctionner nos machines, et pourtant elles adorent se trouver en notre compagnie si elles le peuvent.

L'une des raisons pour lesquelles la Purification de l'Espace nécessite autant de préparations réside dans le fait qu'il est nécessaire de créer un environnement aussi accueillant que possible pour inciter ces représentants du monde des fées à être présents. Tous les esprits de la nature œuvrent dans leur propre élément; vous trouverez dans ce chapitre des informations exhaustives sur les différentes méthodes de purification auxquelles ils peuvent participer.

Notez bien que les quatre éléments de la nature dont on parle pour la purification ne doivent pas être confondus avec les cinq éléments selon la théorie classique chinoise, théorie qui est fondée sur une progression cyclique et que l'on utilise dans d'autres domaines du Feng Shui à des fins de divination.

Purification à l'aide de l'élément terre

Un peu partout dans le monde, on demande aux visiteurs d'enlever leurs chaussures avant d'entrer dans un lieu de culte, d'une part pour laisser à l'extérieur les énergies de bas niveaux considérées comme impures, d'autre part pour permettre aux toutes-puissantes énergies de la terre résidant en ces lieux de passer à travers les pieds des visiteurs et d'emplir leur corps. Un instinct bien enraciné nous incite d'ailleurs à effectuer des pèlerinages vers ces sites sacrés, afin de nous connecter avec le pouvoir ancien de guérison de la terre et avec la connaissance emmagasinée en ces lieux. Enfin, aucune cérémonie de purification ne serait complète sans les éléments représentatifs de la Mère Terre.

FLEURS

En Occident, les hommes offrent des fleurs à leur petite amie, mais, à Bali, c'est seulement aux dieux qu'ils en offrent ! On peut voir partout dans l'île, en fin d'après-midi, des marchands placés aux coins des rues qui vendent en grande quantité des têtes de fleurs fraîchement cueillies et présentées dans des paniers décoratifs faits de feuilles de cocotier, que l'on utilise pour procéder aux offrandes sur les lieux sacrés des maisons et des temples. Par ces offrandes, on redonne à la terre la meilleure partie d'elle-même.

Les fleurs font partie intégrante des cérémonies de Purification de l'Espace et de consécration, comme vous avez pu le constater au cours de la lecture des chapitres précédents de ce livre. Employez toujours des fleurs fraîches et, si possible, cueillez-les vous-même plutôt que de les acheter chez un fleuriste.

Dans la vie de tous les jours, les parfums, les couleurs et les exhalaisons subtiles des fleurs exercent une influence sur l'espace dans lequel nous vivons. Un beau bouquet de fleurs coupées ou une jolie plante en fleur embelliront et égaieront n'importe quelle atmosphère.

PIERRES

Une façon très simple de maintenir en place l'énergie après avoir effectué la Purification de l'Espace consiste à placer des pierres dans chaque encoignure de l'espace. Je préfère utiliser généralement des pierres rondes, comme celles que l'on peut trouver sur une plage ou au bord d'une rivière. Visualisez que les pierres fixent l'énergie en place (de la même manière que vous pourriez utiliser des pierres pour retenir une toile de tente et l'empêcher d'être emportée par le vent).

PAILLETTES

À la place des pierres, vous pouvez utiliser des paillettes de grande dimension : elles sont plus raffinées, mais aussi plus faciles à transporter. Si je sens que c'est nécessaire, je dépose parfois des paillettes dans les encoignures de la salle où je donne des cours. Les paillettes retiennent l'énergie et maintiennent son niveau. J'utilise des paillettes d'environ 2,5 cm de diamètre, dans des couleurs variées. Pour obtenir divers effets, j'emploie des couleurs différentes dans chaque encoignure et, pour obtenir une fréquence spécifique, la même couleur partout.

SEL

Il y a suffisamment de sel dans les océans de notre planète pour en recouvrir tous les continents d'une couche de 150 mètres d'épaisseur. Dans toutes les cultures du monde, le sel est un agent puissant de purification. En Europe, on avait l'habitude de lancer une pincée de sel par la porte d'entrée principale avant d'aller se coucher, afin de pouvoir dormir en toute sécurité. Dans certaines régions d'Égypte, on recouvre de sel le sol des maisons au début du ramadan, période pendant laquelle les musulmans se purifient en jeûnant du lever au coucher du soleil. Les lutteurs de sumo lancent du sel pour purifier l'espace au niveau énergétique, avant de s'engager dans le combat. Dans la langue anglaise, nous parlons de quelqu'un qui « vaut son pesant de sel », ce qui veut dire que cette personne est efficace et compétente, et nous disons de quelqu'un de grande valeur qu'il est « le sel de la terre ».

Dans les pratiques de guérison naturelles, on tient le sel en haute estime, à cause de ses grandes propriétés antiseptiques. Un naturopathe a d'ailleurs développé un système remarquable de guérison, pour toutes les affections connues, en ayant uniquement recours à quatre éléments que l'on peut se procurer facilement : citron, ail, glace et sel.

Pour la Purification de l'Espace, il est préférable d'utiliser du sel de mer ou gemme non raffiné et de le garder dans un contenant hermétique jusqu'au moment où vous vous en servez. Dès que le sel est exposé à l'air, il commence en effet à absorber les impuretés de l'atmosphère environnante.

J'aime la sensation du sel dans mes mains et je l'utilise de différentes façons. Pour parfaire les procédures de base de Purification de l'Espace, je commence par répandre du sel en formant une ligne continue devant chaque seuil de la maison, en faisant particulièrement attention à l'entrée principale. Ensuite, je fais le tour de l'espace en effectuant la procédure de frappe des mains et les procédures suivantes. Pour un nettoyage plus en profondeur, je verse également du sel dans les encoignures et au centre de chaque pièce (vous pouvez déposer de petits récipients contenant du sel si vous préférez) et, pour un nettoyage encore plus profond, je lance du sel partout dans la maison.

Ne balayez pas tout de suite, ne passez pas l'aspirateur non plus ; il est préférable de laisser le sel en place pendant environ vingt-quatre heures. Il en va de même pour les récipients contenant du sel, et si vous aviez beaucoup d'énergie stagnante à purifier, il est parfois bénéfique de renouveler chaque jour le sel des récipients, et ce, pendant environ une semaine. La meilleure façon de se débarrasser du sel par la suite est de le jeter dans la mer ou dans la rivière la plus proche, si cela vous est possible. Sinon, si vous vivez à l'intérieur des terres et loin d'une rivière, jetez-le simplement dans les toilettes. Ne l'utilisez en aucune circonstance pour faire la cuisine une fois qu'il a servi à purifier l'espace !

Si dans votre maison vous avez une pièce que vous réservez à des fins de guérison ou de méditation, vous pourriez y laisser en permanence un bol contenant du sel, sans oublier toutefois de le renouveler tous les jours. Le sel a tendance à diminuer les vibrations d'un espace plutôt que de les augmenter, une fois qu'il est saturé par les impuretés. Vous pouvez également déposer un bol contenant du sel près de votre lit ou encore répandre du sel autour de votre lit en formant un cercle, afin d'améliorer la qualité de votre sommeil.

CRISTAUX

Les cristaux, utilisés pour la purification à l'aide de l'élément terre, sont de préférence des minéraux bruts non polis, plutôt que des cristaux irisés à multiples facettes et façonnés (dans le but d'imiter des diamants parfaitement coupés). Ces derniers s'utilisent habituellement pour les corrections et les mises en valeur selon les principes du Feng Shui (voir le chapitre XIX).

Vous pouvez programmer les cristaux de façon qu'ils purifient et maintiennent l'énergie pour vous aider à conserver une atmosphère de grande qualité dans votre maison. Tout d'abord, il vous faut purifier votre cristal en le lavant dans de l'eau bénite ou dans de l'eau chargée en énergie (reportez-vous à la section traitant de ce sujet plus avant dans ce chapitre), qui ont été préparées sans utiliser de sel (le sel peut causer des dommages microscopiques aux cristaux). Une autre méthode consiste à recouvrir le cristal de sel de mer ou à l'enfouir dans la terre pendant un certain temps (période variant entre une heure et une journée, ce qui est habituellement la limite maximale). Vous pouvez aussi visualiser qu'une lumière blanche pure et brillante purifie votre cristal ou encore vous harmoniser avec lui ou utiliser votre souffle pour chasser les anciennes fréquences. Utilisez la méthode qui vous donne les meilleurs résultats.

Pour programmer un cristal, vous devez vous connecter avec sa fréquence. Tenez-le dans votre main et dites-lui : « Ton travail consiste à... » Le cristal s'exécutera alors et ne cessera pas jusqu'au moment où vous lui ordonnerez d'arrêter. Une autre façon de programmer un cristal consiste à y mettre en imagination les images correspondant à ce que vous voulez lui demander de faire. Vous pouvez aussi le tenir dans vos mains au niveau de votre cœur et lui transférer les sentiments qui émanent de votre cœur. Je combine personnellement les trois méthodes.

Lorsque vous utilisez des cristaux, il est important que vous compreniez que, comme pour les bijoux, leur destination première n'a jamais été purement décorative. Évitez d'exposer un très grand nombre de cristaux les uns à côté des autres, encore moins de les mélanger dans un bol comme s'il s'agissait d'un assortiment de bonbons ! Toutes les fois que j'en trouve disposés ainsi chez quelqu'un, je sais qu'il y a de la confusion dans sa vie. Les cristaux ont chacun leur fréquence spécifique et ont besoin d'un espace qui leur soit propre.

Lorsque vous avez terminé d'utiliser un cristal, le ranger dans un tiroir ne le désactivera pas. Vous devez l'envelopper dans une feuille d'aluminium (sa surface réfléchissante renvoie l'énergie au cristal), et, pour préserver la pureté de fréquence de chaque cristal, n'enveloppez ensemble que des cristaux de même nature.

Purification à l'aide de l'élément eau

L'eau est un extraordinaire agent naturel de purification. Il existe une grande tradition sur notre planète qui consiste à effectuer des pèlerinages vers des sources sacrées pour « aller chercher de l'eau » à des fins de guérison. Je suis allée vivre pendant un an près de la fontaine sacrée de Malvern (*Holy Well in Malvern*), dans le comté de Worcester en Angleterre, car j'effectuais à cette époque un travail spécifique de purification et voulais me trouver suffisamment proche pour n'avoir qu'à marcher vers la fontaine et y puiser quotidiennement de l'eau fraîche à sa sortie de terre. C'est une eau de source qui sort directement des entrailles de la terre et dont le goût est excellent. L'eau de Malvern est réputée pour ne contenir absolument rien d'autre que de l'eau, et l'on dit que la reine d'Angleterre en emporte avec elle partout où elle va dans le monde. J'ai passé une année des plus marquantes et ai beaucoup appris sur l'incroyable pouvoir purificateur de l'eau.

SOURCES D'EAU PURIFICATRICE

Pour la Purification de l'Espace, il est préférable d'utiliser de l'eau de source naturelle. L'eau provenant d'une cascade, d'une rivière ou d'un torrent non pollués (si vous pouvez en trouver !) est aussi excellente. L'eau des lacs n'est généralement pas aussi efficace pour des besoins de purification, car, par nature, elle garde et retient plus qu'elle ne purifie. L'eau déminéralisée et l'eau de source gazeuse ne sont également pas recommandées.

EAU BÉNITE À BALI

Aucune cérémonie ne serait complète à Bali sans eau bénite. L'art de la préparer a été développé à un tel niveau qu'il existe différents types d'eau bénite pour toutes les fins possibles et imaginables. L'une sert à débarrasser le corps de maladies, une autre, à enlever de l'esprit des pensées négatives, une autre encore, à purifier et à consacrer des bâtiments, etc.

Dans son livre *Bali : Sekala and Niskala*, Fred B. Eiseman Jr. explique :

« Il y a toutes sortes d'eaux bénites auxquelles sont associées toutes sortes de pouvoirs et qui varient selon la façon dont elles sont préparées et la personne qui s'en est chargée ainsi que la source d'où elles proviennent. Plus les mantras employés pour les préparer sont puissants, plus elles contiendront de l'énergie mystique. Plus est sacré le lieu où elles ont été recueillies, plus elles seront sanctifiées. Plus le statut de la personne qui les prépare est élevé, plus grands seront ses pouvoirs magiques. »

Il continue en ces termes :

« L'eau bénite nécessite une manipulation spéciale et doit être traitée avec respect et déférence. L'eau bénite la plus puissante, provenant de la source la plus sacrée, préparée avec les mantras les plus magiques, par le prêtre du rang le plus élevé perd ses pouvoirs si on la traite avec désinvolture et un manque de respect. Par contre, l'eau fraîche tirée du puits de la cour et placée dans un *nouveau* contenant dans le sanctuaire de la maison d'une famille ordinaire devient de l'eau bénite puissante et efficace si les sentiments de son utilisateur envers elle sont vraiment respectueux. »

COMMENT PRÉPARER VOTRE EAU BÉNITE

Vous pouvez vous procurer de l'eau bénite auprès d'un prêtre si vous pratiquez une religion qui en utilise ou vous pouvez en préparer vous-même. Pour cela, vous devez tout d'abord créer un lieu spécial où devra se tenir la cérémonie, ce qui peut être un autel permanent ou une table dressée temporairement et recouverte d'une nappe. Ensuite, prenez deux bols qui n'ont jamais été utilisés à d'autres fins que des cérémonies de purification. Mettez du sel dans l'un, et de l'eau dans l'autre. Le sel doit avoir été conservé dans un récipient hermétique et l'eau doit être fraîche et non gazeuse, en provenance directe d'une source ou d'une bouteille que vous venez d'ouvrir.

Allumez des bougies et faites brûler de l'encens de qualité supérieure de façon que le petit coin où vous travaillez soit empli de son arôme. Faites tinter une clochette au-dessus des bols remplis de sel et d'eau, afin d'en purifier le contenu. Puis, les bougies et l'encens brûlant toujours près de vous, tranquillisez votre esprit et maintenez une main au-dessus de chaque bol, mais sans toucher toutefois ni le sel ni l'eau. Étirez vos doigts de sorte que leurs extrémités pointent vers les bols. Qu'un bol soit disposé à la droite ou à la gauche de l'autre n'a aucune importance. Pensez que vous êtes un canal ouvert qui fait entrer une lumière universelle pure et vibrante par votre chakra de la couronne au-dessus de votre tête, lumière qui passe ensuite par vos mains, pour rejoindre le sel et l'eau. Il est possible que vous sentiez l'énergie s'écoulant de l'extrémité de vos doigts.

Après un certain temps, croisez vos mains et continuez de laisser s'écouler l'énergie passant par vous. De cette manière, les deux bols recevront autant d'énergie de votre main gauche que de votre main droite. Continuez pendant quelques minutes, puis faites de nouveau tinter la clochette. Tandis que le son se répercute encore, jetez une pincée de sel dans l'eau, puis rapidement après jetez-en deux autres (vous pouvez utiliser plus ou moins de sel, selon ce qui vous semble approprié). Mettez de côté le bol de sel et portez votre attention sur celui qui contient à la fois de l'eau et du sel. Utilisez vos deux mains maintenant pour envoyer de l'énergie à ce contenu, jusqu'à ce que vous sentiez l'énergie revenir vers vous (en général quelques minutes suffisent). Vous pouvez prononcer des mantras et effectuer des *mudras* (mantras réalisés à l'aide de mouvements sacrés des mains) si vous en connaissez qui pourraient convenir pour la circonstance.

C'est de cette manière que je prépare habituellement de l'eau bénite. Pour donner de l'énergie à votre préparation, vous pouvez aussi la déposer sous les rayons du soleil ou de la lune ou bien la laisser dans un lieu sacré pendant un certain temps. Vous pouvez combiner toutes ces méthodes ou n'en utiliser qu'une, selon ce qui vous semble convenir le mieux.

ENTREPOSAGE DE L'EAU BÉNITE

On peut préparer de l'eau bénite sans y ajouter de sel, mais ce dernier contribue à conserver plus longtemps la charge énergétique de l'eau. Cette eau bénite agit plus efficacement si vous l'utilisez immédiatement, mais, si vous avez l'intention de l'entreposer, versez-la dans un récipient qui n'a jamais servi, fermez-le hermétiquement et conservez-le dans un endroit doté d'une importance particulière pour vous. Comme témoignage de respect, les Balinais gardent toujours leur eau bénite dans un endroit élevé, ce qui contribue à en conserver la pureté.

UTILISATION DE L'EAU BÉNITE

C'est une très bonne habitude que d'utiliser un peu d'eau bénite pour vous-même quotidiennement. Vous pouvez en asperger votre tête, en déposer au centre de votre front, sur vos tempes, sur votre gorge, dans la paume de vos mains, sur la plante de vos pieds et sur n'importe quelle partie de votre corps qui a besoin d'être guérie ou revitalisée. Après avoir purifié l'espace de votre maison, vous pouvez verser de l'eau bénite un peu partout et particulièrement le long de votre pas de porte et dans les encoignures. Utilisez une tête de fleur pour ce faire. Votre maison vous paraîtra incroyablement propre, fraîche et sacrée. Vous pouvez également déposer un bol d'eau et de sel chargés d'énergie sous le lit d'une personne malade, pour l'aider à garder ses forces.

Changez le contenu du bol tous les matins. Cette technique est aussi utile pour les enfants qui font des cauchemars.

NETTOYAGE DES OBJETS AVEC DE L'EAU BÉNITE

Lorsque cela est possible, vous pouvez utiliser de l'eau bénite pour nettoyer des objets, tels que des bijoux ou des articles achetés d'occasion. Il suffit de les laver tout simplement avec de l'eau bénite et de les laisser sécher naturellement. Dans le cas où un objet subirait des dommages si vous le mouilliez, reportez-vous aux indications sur l'harmonisation musicale au chapitre VIII. Enfin, pour nettoyer des cristaux naturels, utilisez de l'eau bénite qui ne contient pas de sel.

UTILISATION DE L'EAU DE MER OU D'EAU ORDINAIRE SALÉE

Pour accroître les niveaux d'énergie de votre maison d'une manière générale, vous pouvez ajouter de l'eau de mer (recueillie à la marée montante) ou de l'eau salée à l'eau du dernier rinçage de votre lave-linge ainsi qu'à l'eau que vous utilisez pour nettoyer votre sol ou en mettre sur l'éponge que vous utilisez pour nettoyer certains meubles et certains murs, dans l'eau de votre bain, etc. Nager dans la mer est une merveilleuse façon de vous purifier.

VAPORISATION D'EAU

Pour revitaliser une atmosphère qui manque de vigueur, j'utilise aussi un atomiseur et vaporise dans l'air un mélange d'eau de source pure et de quelques gouttes d'huile essentielle de lavande. Cela permet de charger l'air en ions négatifs, tout en y ajoutant l'odeur parfumée de la lavande, connue pour ses qualités revigorantes. Cela marche comme un « remontant » instantané et, d'ailleurs, de nombreux thérapeutes et animateurs de stages utilisent cette technique entre deux séances afin de revitaliser leur atmosphère.

Les brumisateurs à eau génèrent des ions négatifs, contrebalançant ainsi la quantité excessive d'ions positifs qui se crée dans les maisons et dans les bureaux où l'on trouve télévisions, ordinateurs et autres équipements électriques. Dans ce cas, veillez à diriger les pulvérisations vers le bas pour ne pas faire entrer d'eau dans les équipements.

BUVEZ BEAUCOUP D'EAU !

N'oubliez pas de boire beaucoup d'eau avant et après la Purification de l'Espace ou toute autre pratique qui implique un travail avec les énergies. Cela garde votre corps bien drainé et vous permet d'obtenir de meilleurs résultats dans votre tâche.

Une des raisons pour lesquelles la plupart d'entre nous en Occident avons tendance à ne pas boire suffisamment vient du fait que cela n'est pas très flatteur pour notre palais de boire l'eau plate et sans vie qui sort du robinet ou même l'eau de source qui est conservée dans des bouteilles. Nous savons d'instinct que l'essence vitale de ce type d'eau s'est dissipée. Il y a un monde de différence entre l'eau du robinet et l'eau de source de montagne fraîche et bouillonnante.

Pour redonner de l'énergie à l'eau que vous buvez et ajouter du piquant à votre vie, inspirez-vous de l'ancienne pratique yogique des hindous de l'Inde qui consiste à transvaser rapidement de l'eau d'un verre dans un autre plusieurs fois avant de la boire, afin d'y ajouter du *prana*, c'est-à-dire « de la vie ».

UN VERRE D'EAU POUR LA NUIT

Pour améliorer la qualité de votre sommeil, déposez un verre d'eau sur votre table de chevet. Cette eau absorbera les impuretés qui vous entourent pendant que vous dormirez, et, pour plus d'efficacité, vous pouvez y ajouter une pincée de sel. Ne buvez pas de cette eau ! Jetez-la au matin. Si vous souhaitez boire pendant la nuit, gardez près de vous de l'eau dans un contenant fermé comme une bouteille ou une tasse qui comporte un couvercle.

PRENDRE DES BAINS PURIFICATEURS

Dans la religion chrétienne, on pratiquait l'immersion totale dans l'eau, que l'on nomme baptême, comme un moyen de purification spirituelle. Vous pouvez, vous aussi, prendre un bain purificateur chez vous.

Il serait souhaitable de choisir un jour où vous n'avez aucun engagement de prévu pour le lendemain, car vous obtiendrez de meilleurs résultats si vous ne prenez pas d'autres bains et ne vous lavez pas les cheveux pendant 24 heures après avoir pris votre bain purificateur. Vous allez peut-être utiliser des ingrédients qui ne donneront pas du tout l'impression que vous venez de sortir d'un salon de coiffure !

Vous devez tout d'abord bien nettoyer votre baignoire. Ne profitez pas de ce bain pour vous laver avec du savon comme vous le faites habituellement, n'ajoutez pas non plus d'ingrédients à effet moussant, des huiles ou autres. Ce bain est destiné spécifiquement à vous nettoyer et à vous purifier spirituellement. Frottez votre corps à sec avec une brosse avant d'entrer dans la baignoire, afin que votre peau soit luisante (faites attention de faire des mouvements en direction de votre cœur).

Tandis que la baignoire se remplit d'eau, soyez clair dans vos pensées sur ce que vous voulez relâcher et libérer en vous. Immergez-vous ensuite complètement dans l'eau et visualisez que l'eau vous purifie totalement. Restez dans votre bain jusqu'à ce que vous sentiez que le processus est terminé, ce qui peut vouloir dire quelques minutes ou quelques heures. Avec un peu de pratique et des robinets adéquats, vous saurez comment ajouter de l'eau chaude en utilisant vos pieds, sans même avoir à vous asseoir ! Une fois sorti du bain, laissez sécher votre corps. S'il fait froid dans la pièce, enfilez simplement un peignoir et enveloppez vos cheveux dans une serviette.

Voici quelques idées pour différents types de bains.

BAINS AU BICARBONATE DE SOUDE OU AUX SELS DE MER

Le bicarbonate de soude est employé en pâtisserie comme poudre à lever ; vous pouvez aussi en ajouter à l'eau de votre bain pour vous remonter le moral et améliorer votre état de santé d'une manière générale ! L'équivalent d'un quart de tasse suffit généralement, mais, pour un bain encore plus dynamique, doublez la dose, ajoutez une cuillerée à soupe de sel ou un demi-litre d'eau de mer. Ce type de bain nettoie et purifie en profondeur. L'eau doit être aussi chaude que possible. Rafraîchissez-vous ensuite en prenant une douche froide.

BAINS AUX PLANTES

Les plantes fraîches sont évidemment les plus efficaces, mais celles qui sont séchées conviennent également à la plupart des besoins. Mettez-en quelques cuillerées à thé dans une petite théière, ajoutez de l'eau bouillante, laissez reposer pendant environ dix minutes, versez ensuite le liquide dans un pichet en le filtrant à travers une passoire et videz le contenu du pichet dans la baignoire. C'est plus agréable si vous pouvez éviter d'avoir des bouts de feuilles flottant dans votre bain. Essayez la camomille, pour vous détendre et vous revigorer, ou du romarin, pour combattre la fatigue. On dit que la sauge permet d'acquérir de la sagesse et que le gingembre est un excellent remède en cas de rhume ou de grippe.

BAINS AUX HUILES ESSENTIELLES

Ce type de bain vous permet d'absorber les propriétés de guérison des huiles essentielles directement par les pores de votre peau jusqu'à votre système sanguin et d'inhaler également leurs agréables parfums. Les huiles aromatiques ont une grande variété d'utilisations et cela vaut la peine que vous lisiez un livre à ce sujet, afin de trouver les huiles qui vous conviennent le mieux. Vérifiez toujours que les huiles que vous avez choisies peuvent s'ajouter à l'eau de votre bain.

BAINS AUX ESSENCES DE FLEURS

De la même façon que vous vous soignez aux essences de fleurs en buvant une potion, vous pouvez utiliser les mêmes traitements pour votre bain. Les essences de fleurs du docteur Bach de pommiers sauvages sont excellentes pour vous nettoyer sur le plan psychique et les essences de noyers, pour vous purifier. Peut-être aimeriez-vous essayer aussi les essences de fleurs sauvages d'Australie.

BAINS AUX PÉTALES DE FLEURS

Si vous voulez vraiment vous offrir le grand jeu, allez vous acheter de belles fleurs odorantes en bonne quantité. Gardez uniquement les pétales et débarrassez-vous du reste. Laissez les pétales flotter dans un récipient contenant de l'eau de source afin qu'ils restent frais. Demandez à votre partenaire, à un ami ou à un professionnel de vous faire un massage agréable, profond et relaxant. Faites couler ensuite un bon bain chaud, jetez dedans tous les pétales de fleurs et entrez vite dans la baignoire. Restez-y aussi longtemps que vous le désirez. Inhalez les parfums s'exhalant des pétales de fleurs et sentez les pétales vous caresser gentiment la peau tandis qu'ils flottent autour de vous. Prenez une poignée de pétales dans le creux d'une main et frottez-les sur votre corps qui en absorbera l'essence. C'est l'un des bains les plus revigorants sur le plan spirituel que vous pouvez prendre. Ces soins du corps sont originaires d'Indonésie où ils étaient réservés aux membres de la famille royale.

DONNEZ DE L'ÉNERGIE À L'EAU DE VOTRE BAIN

Vous pouvez donner du *prana* à l'eau de votre bain comme vous pouvez le faire avec l'eau que vous buvez, en agitant simplement l'eau autour de vous ! La plupart des enfants font d'ailleurs ces gestes intuitivement.

ALCOOL

Dans certaines cultures, l'alcool est appelé « eau de feu » ! C'est un agent de purification puissant, mais il nécessite qu'on le traite avec grand soin, car il est hautement inflammable.

L'alcool fort de riz est utilisé traditionnellement aussi bien en Chine qu'à Bali comme offrande aux esprits inférieurs de la terre. On peut substituer le rhum à l'alcool de riz pour les cérémonies se déroulant en Occident. Pour accroître les effets des cérémonies de consécration, versez-en sur le sol devant votre maison et aux quatre coins du terrain sur lequel elle est bâtie.

Purification à l'aide de l'élément air

La qualité de l'air est un facteur très important dans la Purification de l'Espace, à la fois sur le plan concret, pour ses propriétés revigorantes et sur le plan du contenu en énergie de la lumière astrale (reportez-vous au chapitre IV). De la même façon que nous avons besoin d'oxygéner notre sang avec de l'air de la meilleure qualité possible, nous avons aussi besoin de nourrir notre corps énergétique avec les niveaux les plus élevés possible de la lumière astrale.

Selon les différentes odeurs, nous nous connectons à des niveaux différents de la lumière astrale. L'odeur nauséabonde de détritus en décomposition est pour nous grossière et insupportable, mais divine pour les créatures qui se trouvent à ce niveau de la lumière astrale. Les odeurs de niveaux élevés nous relient aux niveaux équivalents de la lumière astrale et sont extrêmement accueillantes pour des entités au pouvoir de guérison, pour des esprits et d'autres présences du monde invisible.

ENCENS

L'encens est utilisé dans le monde entier dans la plupart des grandes religions du monde, car il permet d'augmenter rapidement et facilement le degré des vibrations d'une atmosphère. Certains types d'encens possèdent de très hautes fréquences vibratoires, tandis que d'autres, en fait (en particulier les encens synthétiques), peuvent en réalité diminuer le niveau des vibrations ou les maintenir à un niveau ordinaire. Il faut se rappeler, en ce qui concerne l'encens, qu'il n'est vraiment effectif qu'aussi longtemps que son arôme se trouve suspendu dans l'air. Pour les besoins de la Purification de l'Espace, il est préférable de l'utiliser conjointement avec d'autres techniques que tout seul. Allumez-le au tout début du processus et laissez-le se consumer jusqu'au bout. Il est important que vous utilisiez de l'encens dont vous aimez l'odeur. Il existe deux types d'encens qui sont particulièrement recommandés pour ce genre de travail.

BÂTONNETS D'ENCENS

Les bâtonnets d'encens que j'utilise le plus souvent pour la Purification de l'Espace s'appelaient autrefois *Nitiraj Nagchampa* et se nomment à présent *Nitiraj Original* (reportez-vous à la section Ressources). Même les personnes qui n'aiment pas l'encens d'ordinaire ne peuvent que l'aimer. Ces bâtonnets, qui dégagent une odeur agréable et caractéristique, sont roulés à la main et faits d'un mélange unique d'huiles naturelles, de gomme, de poudre de bois, d'herbes et d'épices. Leur action est étonnante. Pour des raisons de sécurité, utilisez toujours un support lorsque vous faites brûler des bâtonnets d'encens dans une maison et tenez-les éloignés des matériaux inflammables.

ENCENS SOUS FORME DE RÉSINE

Je vous recommande aussi l'encens au basilic que l'on utilise dans les églises chrétiennes et que vous pouvez vous procurer auprès des fournisseurs d'églises. C'est une résine d'arbre qui vient sous la forme de granules et que j'emploie lorsque je dois effectuer un travail de purification en profondeur. La meilleure façon de faire brûler cet encens consiste à allumer un bloc de charbon de bois à combustion spontanée, d'attendre qu'il devienne rouge et brûlant et de jeter les granules sur le dessus. Quand la résine commence à fondre et à produire une mince fumée, vous pouvez ensuite disperser cette dernière dans tout l'espace.

Il est important d'utiliser un récipient approprié. Au commencement de ma pratique de Purification de l'Espace, j'utilisais une vieille poêle à frire dans laquelle je jetais 3 ou 4 blocs de charbon de bois et beaucoup d'encens. Je faisais ensuite le tour de la maison avec des volutes de fumée se propageant dans tout l'espace. Puis, j'ai amélioré le système en utilisant un encensoir — du type que l'on peut voir agité par un officiant dans les églises chrétiennes —, ce qui s'est avéré très efficace. Beaucoup de gens faisant toutefois des associations négatives avec tout le matériel religieux, j'utilise donc maintenant un petit poêlon en cuivre comportant un couvercle et qui était destiné à l'origine à faire rôtir des châtaignes. Il convient parfaitement !

Les blocs de charbon de bois restent chauds pendant longtemps une fois que l'encens s'est arrêté de produire de la fumée, aussi assurez-vous de les passer sous l'eau courante pour être certain qu'ils sont bien éteints ou laissez-les finir de brûler dans un endroit où ils n'endommageront pas la surface sur laquelle ils sont posés ni ne causeront d'incendie.

BÂTONNETS AUX PLANTES

Certaines personnes préfèrent brûler des bâtonnets aux plantes plutôt que des bâtonnets d'encens. Je n'en utilise pour ma part que très rarement. Les feux destinés à faire de la fumée et composés de toutes sortes de plantes sont de tradition amérindienne. Quant aux bâtonnets aux plantes, ils sont faits habituellement d'un mélange de plantes séchées, telles que sauge, menthe, aiguilles de pin, écorce de cèdre et autres plantes aromatiques. Utilisez-les exactement comme si c'était de l'encens.

HUILES ESSENTIELLES

Je trouve que les huiles essentielles que l'on diffuse dans l'air sont trop subtiles pour le travail de Purification de l'Espace, mais elles sont par contre très efficaces une fois que l'espace a été purifié, pour créer et maintenir une atmosphère nouvelle et agréable. Remplissez d'eau la cassolette d'un brûle-parfum en céramique et ajoutez quelques gouttes de l'huile ou des huiles que vous avez sélectionnées. Une bougie allumée dans la partie du bas diffusera lentement dans l'atmosphère l'arôme de ce mélange pendant plusieurs heures. Utilisez de préférence des huiles essentielles pures et naturelles plutôt que synthétiques.

Purification à l'aide de l'élément feu

Le fait de vous asseoir simplement auprès d'un feu purifiera vos émotions et nettoiera l'énergie de votre corps. Le feu est le seul des quatre éléments qui a le pouvoir de purifier et qui reste pur lui-même. La terre, l'air et l'eau se contaminent et ont besoin d'être renouvelés, mais le feu continue simplement de brûler indéfiniment.

Si un bâtiment est détruit par un incendie, les Balinais croient qu'un événement qui nécessitait une purification en profondeur a dû s'y produire. Dans le cas où ils reconstruisent le bâtiment, et pour éviter d'autres désastres, ils ne remettent habituellement pas les fondations au même endroit ou, si cela est impossible, ils lui donnent un nouveau nom, afin de changer les fréquences du lieu.

CÉRÉMONIES DU FEU

Dans la plupart des grandes religions, on pratique des cérémonies de purification par le feu qui en constituent une partie intégrante, et ce, depuis des temps immémoriaux. Les hindous de l'Inde célèbrent des cérémonies du feu pour honorer la Divine Mère. Le feu représente sa bouche, source à partir de laquelle toutes les choses tirent leur origine. Faire des offrandes qui doivent se consumer par le feu est donc une manière de les lui rendre. Les offrandes se composent de riz, de *ghi* (du beurre clarifié), de yoghourt, de miel, de sucre, de fleurs, de fruits et de plantes sacrées. Ces cérémonies sont hautement purificatrices, particulièrement si elles sont célébrées avec grand soin et accompagnées de mantras sacrés. Pour faire le feu, on a coutume de creuser un trou dans la terre, on utilise aussi un récipient en cuivre appelé *haven kund.*

FEUX DE FOYER

Ce n'est pas une coïncidence si le terme « foyer » désigne à la fois le lieu où l'on fait du feu et le lieu où habite une famille. Un feu de foyer réchauffe véritablement le cœur d'une maison, et on peut déduire beaucoup de choses de notre culture qui donne la place prépondérante à la télévision plutôt qu'à la cheminée dans nos maisons modernes occidentales.

Si vous avez chez vous une cheminée que vous faites régulièrement ramoner, vous vous rendrez compte que la pièce où elle se trouve nécessite généralement moins de travail quant à la Purification de l'Espace que les autres, selon aussi bien sûr le type de combustible que vous faites brûler. Du combustible qui ne fume pas, même s'il est préférable de l'utiliser pour l'environnement, n'est pas aussi efficace de ce point de vue que des vraies bûches dégageant des odeurs stimulantes et aromatiques, particulièrement si vous ajoutez des herbes purificatrices, telles que la sauge. Les aliments cuits sur un feu de bois ont aussi meilleur goût. Cependant, dans la plupart des zones urbaines de notre planète, les législations sur la pollution de l'air interdisent de faire brûler du bois, mais au fond tous les types de chauffage au bois se révèlent fort inefficaces, étant donné que 90 % de la chaleur s'en va par le conduit de la cheminée !

BOUGIES

Toutes les fois que vous allumez une bougie, profitez-en pour la dédier à quelque chose. Vous pouvez dire : « En allumant cette bougie, je demande aux anges de la paix et de l'harmonie de venir dans cette pièce » ou : « Tandis que j'allume cette bougie, que tous ceux qui vivent dans ce lieu soient bénis ». Vous pouvez utiliser vos propres termes en accord avec la situation du moment.

Les bougies sont indispensables dans les cérémonies de Purification de l'Espace, car le fait de les allumer active tout le processus. Tandis que vous déposez vos offrandes et allumez une bougie, il est important de concentrer votre attention sur les objectifs de la cérémonie que vous allez accomplir.

Pour les procédures de base de la Purification de l'Espace, vous devez déposer normalement des offrandes avec une bougie allumée dans toutes les pièces principales de la maison, mais vous pouvez revigorer encore plus les vibrations de l'espace si vous déposez d'autres offrandes, de façon qu'elles forment une matrice d'énergie qui illumine tout le bâtiment. Concrètement, cela veut dire que lorsque vous vous tenez près de n'importe quelle bougie allumée, vous pouvez toujours voir la suivante et ainsi de suite. À cette fin, des bougies seront déposées dans des pièces et d'autres dans des lieux de passage pour former des points de connexion entre les bougies des différentes pièces.

Assurez-vous toujours que les bougies peuvent brûler en toute sécurité.

CHAPITRE X

PURIFICATION ET INTENTIONS, LUMIÈRE, AMOUR

Ces suppléments intangibles sont les ingrédients magiques de la Purification de l'Espace. Plus ils seront incorporés aux cérémonies que vous effectuerez, meilleurs seront les résultats.

Purification et intentions

Des savoirs que l'on met en pratique avec des intentions et des désirs clairs, c'est ce qu'il y a de plus puissant sur terre. Après avoir lu ce livre, vous pouvez faire le tour de votre maison en frappant dans vos mains et en agitant quelques clochettes sans aucun but précis et cela dispersera, sans aucun doute, certains niveaux de l'énergie qui y stagne, mais si vous effectuez cette cérémonie avec la ferme intention de purifier l'espace pour quelque chose de spécifique que vous désirez obtenir dans l'avenir, les effets auront une résonance plus profonde et plus claire, ouvrant la voie à des changements dans votre vie.

Purification par la lumière

Nous savons tous intuitivement que notre qualité de vie est meilleure si notre maison est emplie de lumière. L'énergie a tendance à se figer beaucoup plus facilement dans un sous-sol sombre que dans un appartement ensoleillé.

Pour purifier en profondeur un espace, visualisez qu'il est entièrement baigné de lumière, en particulier dans tous les recoins et partout où la saleté ou la graisse s'accumulent, c'est-à-dire où les formes de l'énergie de bas niveau aiment rester (il est préférable de nettoyer ces endroits au préalable avant de pratiquer la Purification de l'Espace).

Pour obtenir davantage d'effets, faites brûler du camphre. Ce qui est remarquable avec le camphre, c'est qu'une fois brûlé il ne laisse aucun résidu d'aucune sorte. On l'utilise dans les *pujas* des temples hindous de l'Inde pour faire des offrandes de lumière aux dieux. Le fait même de placer des petites quantités de camphre dans de petits récipients aux quatre coins d'une pièce sans le faire brûler aura un puissant effet de purification. Son arôme agit en effet à un niveau très profond. Faites attention à ne pas employer de camphre si vous prenez des remèdes homéopathiques, car il neutraliserait leurs effets instantanément !

Purification par l'amour

L'amour est l'agent purificateur le plus puissant. Lorsqu'il y a de l'amour dans notre cœur, non seulement nous nous guérissons nous-mêmes, mais aussi la fréquence d'amour qui émane de nous se répercute dans toutes les choses et dans tous les êtres qui nous entourent. Nous influons ainsi sur les champs électromagnétiques de notre maison, de la terre et de tous les autres êtres. Notre cœur crée un champ électromagnétique qui affecte l'état de notre bien-être physique, émotionnel, mental et spirituel. Les fréquences du cœur peuvent être mesurées grâce à un électrocardiogramme et les scientifiques ont maintenant confirmé que la fréquence de loin la plus bénéfique pour notre cœur est celle de l'amour, et la plus destructrice, celle de la peur. Effectuez la Purification de l'Espace avec le plus d'amour possible. Ne soyez pas tenté par exemple de chipoter sur le nombre de bougies, de bâtonnets d'encens et de fleurs que vous allez utiliser, car c'est avec vous que vous trichez en réalité. Si vous savez au fond de vous-même que l'espace nécessite six bougies et que vous pouvez vous les offrir, alors *employez* six bougies. À l'inverse, si vos ressources ne vous permettent d'acheter qu'une bougie et que vous savez sincèrement au fond de vous-même que vous avez fait de votre mieux, cette unique bougie sera suffisante.

Effectuez la Purification de l'Espace avec amour et continuez de répandre de l'amour dans votre maison quotidiennement.

Tout l'amour que nous répandons dans notre maison nous reviendra multiplié, car, de ce fait, c'est à nous que nous donnons de l'amour et de l'attention. Lorsque nous nous aimons et prenons soin de nous, nous avons aussi tellement plus à donner aux autres. La ronde de l'amour tourne indéfiniment.

TROISIÈME PARTIE

Créer du sacré en toute chose

CHAPITRE XI

COMMENT QUITTER SON ANCIENNE MAISON ET EMMÉNAGER DANS UNE NOUVELLE

Les deux premières parties de ce livre traitent des procédures de base de la Purification de l'Espace d'une façon assez détaillée. Cette nouvelle partie est une introduction à certains autres degrés plus avancés et à leurs applications, donnant un aperçu de leur étendue, et montre comment la création d'un espace sacré peut s'intégrer à votre vie.

Choix d'une nouvelle maison

Autrefois, on naissait, vivait et mourait dans la même maison ou tout au moins à proximité. Cela est devenu très rare dans la société actuelle. La plupart d'entre nous changeons de lieu d'habitation au cours de notre vie et certains même déménagent fréquemment. Nous sommes attirés par un certain type d'habitation, dans un certain type de lieu, parce que notre Moi supérieur sait que c'est pour nous l'endroit idéal pour y apprendre quelque chose ou y achever une tâche sur le plan karmique. Vous pouvez objecter: « Oh! mais je n'ai pas choisi de vivre ici, je suis là simplement parce que je ne peux pas me permettre quelque chose de mieux » ou : « C'est mon partenaire qui a choisi » ou bien : « L'appartement venait avec le travail » ou encore donner n'importe quelle explication, mais en fait, à un niveau supérieur, il y a d'autres raisons.

J'effectue souvent des études selon le Feng Shui pour des personnes qui souhaitent acquérir une propriété. Je ne compte plus le nombre de fois où je dois dire à ces éventuels acheteurs que, s'ils y emménagent, ils vont tout simplement recréer la même situation que celle où ils se trouvent actuellement et qu'il n'y aura donc aucune amélioration dans leur vie.

En vérité, nous agissons ainsi dans bien des aspects de notre vie. Nous avons toujours le même genre de partenaires, de patrons ou encore nous nous retrouvons toujours dans des situations analogues, jusqu'à ce que nous tirions finalement la leçon, nous l'espérons, de ce que notre Moi supérieur essaie de nous apprendre. Ceux qui n'en ont pas conscience peuvent évidemment ne jamais saisir de toute leur vie le schéma de comportement qu'ils répètent indéfiniment. Certains autres s'infligent des traumatismes graves, avant de saisir ce qui se trouve au cœur du problème. En d'autres termes, si vous écoutez les suggestions subtiles de votre Moi supérieur, vous pouvez grandement vous faciliter la vie.

L'une de mes clientes vivait dans une maison dont la partie droite arrière était manquante sur toute sa hauteur. Si vous consultez le diagramme du Ba-ga selon le Feng Shui plus avant dans ce livre, vous pourrez constater que toute la zone des Relations était absente dans ce cas. Effectivement, les relations avec les autres étaient ce qui lui posait le plus de problèmes dans sa vie. Elle était impatiente de déménager et m'implora de venir voir de toute urgence une propriété qu'elle avait trouvée. Vous avez deviné : la même zone était absente dans la nouvelle maison. Je suis entrée et sortie, et ce fut la fin de la consultation. Elle fut stupéfaite de ne pas l'avoir remarqué elle-même, mais de toute évidence nous sommes souvent aveugles à ce genre de choses quand il s'agit de notre propre personne. Nous avons tendance à être pris dans la ronde de la vie, jusqu'à ce que nous tirions des leçons de nos actes, et cela comprend le choix que nous faisons de notre habitation et de notre lieu de travail.

Je me demande quand quelqu'un ouvrira une agence immobilière du XXIᵉ siècle et fera effectuer systématiquement pour chaque maison à vendre un travail de radiesthésiste, puis une étude selon le Feng Shui, une Purification de l'Espace et, finalement, une consécration, afin que chaque propriété corresponde parfaitement aux besoins spécifiques des clients. Je sens que c'est pour un avenir proche.

Quitter sa maison

Une fois que vous avez pris la décision de déménager, une partie de votre énergie se projette dans l'avenir à la recherche d'un nouvel espace et cela peut avoir des répercussions sur vos relations avec votre habitation actuelle, sur le plan énergétique. Parce que vous avez rompu l'engagement de demeurer dans votre maison, vous pouvez décider, par exemple, qu'il est parfaitement inutile de finir de peindre telle ou telle pièce ou de réparer ce robinet qui fuit. Vous économiserez peut-être ainsi un peu de votre temps et de votre argent, mais, en réalité, vous ne vous rendrez pas service du tout. Nous sommes en effet reliés à toutes nos possessions, et plus particulièrement à notre maison. Négliger l'environnement de notre domicile, c'est donc nous négliger nous-mêmes. Si l'atmosphère de votre maison devient déprimée et terne, il sera plus difficile d'obtenir des changements positifs dans votre vie.

Si vous avez l'intention de déménager, mais que cela ne semble pas se concrétiser, examinez si telle n'est pas la raison. Si vous donnez de l'amour et des soins à votre lieu d'habitation et que vous vous montrez reconnaissant de ce que vous avez, vous serez récompensé au centuple ! Vous pouvez néanmoins mettre de l'énergie dans ce que vous souhaitez obtenir dans l'avenir, mais pas au détriment de ce que vous avez déjà.

J'ai également remarqué que les personnes qui ont l'intention de changer de lieu d'habitation sont susceptibles d'être cambriolées. Elles prennent la décision de déménager, se retirent de leur espace sur le plan énergétique, et, ce faisant, peuvent émettre un signal auquel les voleurs sont sensibles. Ils l'interpréteront comme une invitation à venir visiter leur maison !

VISUALISATION
AVANT DE S'ENDORMIR

Pour vous assurer que ce genre d'incidents n'arrivera pas, vous pouvez effectuer la visualisation que je décris ci-dessous avant de vous endormir le soir. C'est également un merveilleux exercice que vous pouvez faire tous les soirs de votre vie, afin de maintenir une atmosphère claire et vibrante dans votre maison. Vous obtiendrez de meilleurs résultats si vous l'avez déjà protégée durant le processus de Purification de l'Espace.

Tandis que vous êtes allongé dans votre lit, prêt à vous endormir, fermez les yeux et imaginez que vous sortez de votre corps et que vous vous tenez debout près de votre lit. Emplissez toute la chambre d'une lumière claire et brillante et d'une énergie positive et vibrante. Parcourez toutes les pièces de votre maison en les emplissant de cette même lumière et de cette même énergie. Si vous le souhaitez, vous pouvez passer à travers les portes, les murs, les sols et les plafonds ! Lorsque vous aurez terminé, retournez dans votre lit, réintégrez votre corps et endormez-vous. Avec de la pratique, vous serez capable de faire cet exercice en moins d'une minute.

Trouver une nouvelle maison ou un nouvel appartement

Peu après avoir commencé à passer la moitié de l'année à Bali et l'autre en Angleterre, j'ai vendu mon appartement de Londres, comptant sur l'univers pour me fournir un logement convenable chaque fois que je reviens des tropiques. Chaque année, quelques semaines avant de quitter Bali, Rai et moi-même nous asseyons et dressons une liste de nos besoins, avec autant de précisions que possible. Cela peut être, par exemple, un appartement près d'une station de métro, comportant une chambre principale et une autre pièce que je peux utiliser comme bureau, un joli jardin, des facilités de parking, de beaux meubles, sans oublier des voisins amicaux et un chat que nous pourrons faire venir chez nous à l'occasion. Enfin, il devra être d'un prix raisonnable par rapport à nos moyens, disponible immédiatement et aussi longtemps que nous en aurons besoin.

Vous pouvez utiliser exactement la même méthode pour louer ou acheter une maison. Tandis que vous effectuez cet exercice, il est important que vous soyez convaincu au plus profond de vous-même que cette nouvelle maison existe et que vous allez bientôt la dénicher. Évidemment, il faut généralement fournir quelques efforts pour y arriver. Il vous faudra peut-être parcourir les petites annonces, passer quelques coups de téléphone, etc. Vous pouvez aussi mettre en valeur la zone des Amis bienveillants selon le Ba-ga de votre maison actuelle (reportez-vous à la cinquième partie de ce livre).

Déménagement

Trouver une nouvelle maison n'est que le début du processus de déménagement qui peut se révéler une expérience traumatisante, si vous êtes fortement attaché sur le plan sentimental à votre ancien lieu d'habitation. Pour faciliter cette transition, vous pouvez emporter avec vous les souvenirs les plus heureux.

Entre le départ de vos déménageurs, qui auront enlevé toutes vos affaires, et l'arrivée du nouveau propriétaire ou du nouveau locataire, essayez de prévoir un laps de temps pendant lequel vous aurez votre maison pour vous tout seul. Pour votre karma, il serait bon de laisser votre maison dans l'état où vous souhaiteriez la trouver (si vous agissez ainsi, vous vous rendrez compte que les autres en feront autant pour vous). Prenez donc le temps de faire le ménage si cela est nécessaire.

Ensuite, faites le tour de votre maison et purifiez-la entièrement. C'est d'autant mieux pour votre karma que vous laisserez des lieux propres, mais aussi purifiés sur le plan psychique, au bénéfice des nouveaux occupants. Si vous savez comment pratiquer la Purification de l'Espace, cela semblerait irresponsable de partir sans agir ainsi.

La Purification de l'Espace brise les vibrations de bas niveau, mais n'altère aucunement celles qui sont élevées. Tous les bons souvenirs inscrits dans votre maison restent donc intacts, et ce sont précisément ceux que vous souhaitez peut-être emporter avec vous à votre nouveau domicile.

Allez dans chaque pièce pour y faire vos adieux. Vous pouvez tapoter les murs et les portes ou encore les rampes d'escaliers, ce qui pourra vous faire le plus grand bien, étant donné que vous vous y êtes appuyé d'innombrables fois au cours de votre séjour dans ces lieux. Si vous n'êtes pas une personne particulièrement tactile, vous préférerez peut-être dire des « au revoir » et des « mercis » ou simplement jeter un dernier regard. Si vous vous sentez ému, laissez sortir vos émotions. Il est préférable de verser quelques larmes au moment approprié que de souffrir pendant des années à cause de sentiments qui ont été refoulés.

Lorsque vous aurez terminé, tenez-vous au milieu de l'une des pièces et tendez vos bras sur les côtés au niveau de vos épaules. Concentrez-vous ensuite pour agrandir votre aura jusqu'aux extrémités de la pièce et pour emplir ainsi tout l'espace. Connectez-vous avec l'énergie la plus élevée de cet espace et avec les meilleurs souvenirs qui s'y trouvent inscrits. Puis, vos bras toujours tendus au niveau de vos épaules, décrivez deux grands arcs de cercle, comme si vous revêtiez un joli châle bien chaud, vous enveloppant ainsi de cette énergie. Laissez vos mains se rapprocher et se croiser, puis placez-les sur votre cœur et versez-y ces souvenirs heureux.

Vous pouvez effectuer cet exercice dans chacune des pièces ou en une seule fois, si vous pouvez trouver un point où vous pouvez vous tenir debout et d'où il est possible de vous connecter avec tout l'espace simultanément. Faites ce qui vous semble le mieux.

Vous pouvez garder cette énergie en sûreté dans votre cœur pendant une très longue période si cela est nécessaire. Vous souhaiterez peut-être en effet que votre nouvelle maison soit en ordre avant de déverser vos souvenirs dans votre nouvel espace, et c'est sans aucun doute une bonne idée de purifier votre nouvel environnement au préalable. Lorsque vous serez prêt, tenez-vous dans un point central de la maison et déversez-y toute l'énergie que vous gardiez dans votre cœur ou répétez cette procédure dans chaque pièce. Pour ce faire, placez vos mains sur votre cœur et déployez graduellement vos bras comme si vous ouvriez une grande cape. Vous vous sentirez chez vous très rapidement.

Emmenez votre moi avec vous

Si vous voyagez beaucoup, vous allez apprécier les indications qui suivent. Je les ai apprises de Rai, la première fois qu'il était avec moi à Londres et qu'il devait repartir pour Bali. Il s'est dirigé vers notre lit et a fait la chose la plus étonnante qui soit : il s'est jeté dessus, bras et jambes écartés dans une étreinte passionnée, ce qui était sa façon de remercier le lit pour ces merveilleuses nuits de sommeil et ces heures de plaisir que nous avons partagées ensemble dans cet espace. Puis, il s'est assis au milieu du lit, l'a tapoté de sa main droite qu'il a posée ensuite sur son cœur, la laissant là pendant quelques instants. Il a fait ce geste trois fois en concentrant son attention sur son chakra du cœur. C'était très émouvant à voir.

Très intriguée, je lui ai demandé :

« Qu'est-ce que tu fais ?

— J'emmène mon moi avec moi, naturellement, répondit-il.

— Et que feras-tu une fois de retour à Bali ? » ai-je ajouté.

Il me regarda comme si j'étais une demeurée. « Ça, bien sûr ! » dit-il.

Il refit le mouvement à l'envers, prenant l'énergie émanant de son cœur pour la remettre dans le lit. C'est si simple et si efficace.

Comme je l'ai déjà mentionné, c'est une pratique utile à connaître si vous voyagez souvent, mais aussi si vous vivez en meublé et ne possédez donc pas de lit que vous pouvez emporter avec vous lorsque vous déménagez. Cela vous permet d'emmener votre propre centre vital avec vous, quel que soit le lieu où vous vous rendez. C'est l'une des principales raisons pour lesquelles les Balinais peuvent dormir partout sans problème.

Repeindre
en toute conscience

Une façon très efficace d'introduire votre énergie dans votre nouvelle maison est de la repeindre entièrement, et ce, en toute conscience, ce qui implique que vous devez dédier votre maison à quelque chose en intégrant des fréquences spécifiques dans les murs au fur et à mesure que vous les repeignez. Si vous ne voulez pas ou ne pouvez pas repeindre votre maison vous-même, mais aimeriez néanmoins mettre cette technique en application, choisissez des ouvriers dont vous aimez l'énergie et chargez d'énergie les pots de peinture avant qu'ils ne commencent à travailler. Vous pouvez effectuer cet exercice le matin avant qu'ils n'arrivent si vous ne voulez pas avoir l'air bizarre. Pour ce faire, prenez un pot de peinture entre vos mains, concentrez-vous sur l'énergie que vous voulez y introduire et laissez-en l'essence s'écouler de vos mains pour entrer dans le pot. Vous pouvez aussi utiliser la visualisation et y faire entrer des images. Si vous aimez travailler avec les sons, vous pouvez aussi mettre les images en paroles ou les harmoniser avec la peinture.

CHAPITRE XII

CONSÉCRATION D'UN ESPACE

Théoriquement, il est préférable de repeindre et de rénover d'abord la nouvelle maison dans laquelle vous allez habiter, d'y célébrer ensuite une cérémonie de consécration, puis d'y emménager. En pratique, cela ne se passera peut-être pas dans cet ordre. Il n'y a aucun inconvénient à emménager d'abord, à consacrer l'espace ensuite, puis à refaire la décoration, mais vous vous rendrez compte, une fois que tout sera terminé, qu'il est généralement profitable de refaire le processus de consécration ou tout au moins les procédures de base de la Purification de l'Espace. Cela vous permettra de mettre en place votre atmosphère et d'ancrer votre énergie dans l'espace. En fait, les procédures de base de la Purification de l'Espace que je présente dans les premières parties de ce livre sont des versions abrégées d'une cérémonie de consécration complète.

Beaucoup d'entre vous liront ce livre alors qu'ils occupent leur domicile depuis déjà de nombreuses années, mais souhaiteront néanmoins procéder à une cérémonie de consécration. C'est tout à fait possible et je vous encourage vivement à le faire. Tout d'abord, vous devez apprendre à créer un autel dans votre maison.

Création d'un « autel » dans votre maison

Installer un autel dans votre maison est une manière efficace d'y ancrer les énergies et d'y maintenir une atmosphère de haut niveau. Durant une cérémonie de consécration, vous demanderez à des esprits invisibles de niveau élevé de venir dans votre espace, espace que vous devrez préparer pour qu'on s'y sente les bienvenus, de la même façon que vous préparez une chambre pour un invité qui vient séjourner chez vous.

Pour déterminer l'emplacement de votre autel, choisissez un endroit d'où émanent de bonnes sensations et où vous pouvez faire brûler des bougies et de l'encens sans danger. Si vous êtes un adepte d'une religion, vous pouvez déposer sur votre autel des objets qui sont reliés à vos croyances. Ce qui est important, c'est d'y mettre des choses qui soient spéciales et significatives pour vous et qui représentent les énergies que vous souhaitez vous attribuer. Il peut s'agir d'une étoffe originale, d'un cristal avec lequel vous avez une affinité particulière, d'une feuille que vous avez ramassée par terre à un moment significatif de votre vie ou d'un bibelot singulier qui vous inspire. Vous pouvez ajouter des symboles significatifs, des mantras, des photographies, etc. Pour les besoins de la cérémonie de consécration, vous devrez disposer de suffisamment de place sur votre autel pour pouvoir déposer des offrandes et de l'encens.

Cérémonie de consécration pour une nouvelle maison

De nombreux éléments peuvent être inclus à cette cérémonie. Comme pour la Purification de l'Espace, vous trouverez ci-après une série de procédures à suivre point par point et auxquelles vous pourrez apporter des modifications et ajouter des détails selon ce qui vous semblera approprié. Voici un exemple de cérémonie de consécration d'une maison en Occident.

1. L'idéal serait que tous les occupants de votre maison soient présents pour vous aider dans votre travail de consécration de l'espace.

2. Effectuez les mêmes préparatifs que pour la Purification de l'Espace, en portant particulièrement attention à l'étape 5 de la liste de contrôle (chacun doit être clair sur ce qu'il désire pour l'avenir dans ce nouvel espace et l'écrire).

3. Tout le monde doit avoir pris un bain et porter des vêtements propres.

4. Déposez de l'eau bénite sur votre front, vos mains et vos pieds, puis faites entrer dans votre aura un peu de la fumée que dégage l'encens.

5. Creusez un petit trou dans la terre devant votre maison (pour les esprits de la terre) et installez un autel spécial à l'intérieur de la maison (pour l'esprit qui garde la maison, d'autres assistants et esprits invisibles de niveau élevé). Faites brûler des bougies et de l'encens en ces deux endroits pendant tout le déroulement de la cérémonie.

6. Versez du sel dans le trou et aux quatre coins du terrain sur lequel la maison est construite, répandez-en sur chaque seuil (particulièrement à l'entrée principale), le long de tous les rebords de fenêtres, dans les encoignures de toutes les pièces et dans tous les endroits où vous pensez que cela est nécessaire.

7. Déposez des fleurs, des fruits, du riz et d'autres aliments dans le trou cérémoniel comme offrande aux esprits de la terre. Chacun d'entre vous doit aussi y déposer un cadeau (cela peut être de l'argent, un bien personnel ou quelque chose qui vous semble approprié). Aspergez ces offrandes d'eau bénite.

8. Sur l'autel installé à l'intérieur de la maison, déposez des offrandes similaires et quelque chose qui symbolise l'esprit de chacun d'entre vous et aspergez ces offrandes d'eau bénite également.

9. Déposez des offrandes composées de fleurs, de bougies, d'encens et d'eau bénite dans chaque pièce et aux points d'intersection à l'intérieur du bâtiment. Créez une matrice d'énergie qui illumine toute la maison, selon les indications données dans la section traitant des bougies au chapitre IX.

10. Effectuez les procédures de base de la Purification de l'Espace jusqu'à l'étape 6.

11. Asseyez-vous ou tenez-vous debout près de votre autel. Équilibrez vos chakras et ceux de tous les participants à l'aide d'une clochette de bonne qualité ou rééquilibrez-vous vous-même par la méthode que vous préférez.

12. Déposez sur l'autel vos listes de souhaits liés à votre nouvelle maison. Chacun doit tenir une boule harmonique entre ses deux mains réunies en forme

de coupe. Lisez tour à tour, tout haut ou en silence, ce à quoi vous voulez consacrer l'espace (mettez-vous d'accord entre vous sur la méthode que vous préférez adopter). Fermez les yeux et imaginez que ces vœux entrent dans votre boule harmonique. Utilisez tous vos sens pour vous en imprégner. Parcourez ensuite les pièces les unes après les autres en secouant les boules harmoniques. Vos intentions sont très puissantes. Tandis que vous pensez, vous créez.

13. Remerciez les assistants invisibles et allumez une bougie qui pourra brûler pendant sept jours sur votre autel, pour attirer et ancrer les énergies tandis que vous vous installez dans ce nouvel espace.

14. Aspergez d'un peu d'eau bénite la tête des participants. Si l'eau bénite provient d'une source d'eau potable, buvez-en un peu, donnez-en aux participants et aux animaux domestiques, si vous en avez. Versez de l'eau bénite dans leur écuelle ou déposez-en derrière leurs oreilles ou sur leurs pattes.

15. Semez des pétales de fleurs le long de chaque seuil. Utilisez une tête de fleur pour verser de l'eau bénite sur les fleurs (particulièrement dans l'entrée principale), autour du périmètre intérieur de la maison et au centre de chaque pièce.

16. Versez également de l'eau bénite dans le trou cérémoniel, puis remplissez ce dernier de terre. Enfin, versez de l'eau bénite autour du périmètre intérieur du terrain.

17. Laissez les bougies et l'encens se consumer en toute sécurité et n'enlevez pas les fleurs ni le sel jusqu'au lendemain ou gardez-les plus longtemps si vous le désirez.

Ces procédures sont des adaptations d'une cérémonie de consécration typique de Bali. L'une des différences majeures réside dans le fait qu'à Bali on confectionne des offrandes très élaborées pour les dieux et des plats pour les nombreux invités, ce qui demande au moins une journée et une nuit complètes en plus pour les préparatifs. En outre, la cérémonie en elle-même dure une journée de plus. Lors de toutes les cérémonies de consécration auxquelles j'ai pu assister, tous les participants restent éveillés et joyeux durant toute la nuit et toute la journée suivante, chacun contribuant aux réjouissances selon ses compétences. Je ne pense pas qu'il soit nécessaire d'en faire autant en Occident, mais il est bon que tous les occupants de la maison contribuent à la cérémonie d'une façon ou d'une autre.

CHAPITRE XIII

DAVANTAGE DE SACRÉ DANS VOTRE VIE

Tout a un sens. Le fait que j'aie choisi d'écrire ces lignes, assise à une table particulière, dans ce restaurant particulier, à ce moment particulier, a un sens. Tous les événements qui ont ponctué ma vie ont abouti à cet instant précis, qui contient toutes les possibilités pour l'avenir. Mon attention détermine la profondeur et la qualité de mon expérience. Je suis toujours extrêmement intéressée par tout ce qui se passe autour de moi, car cela me fournit toutes les informations dont j'ai besoin sur ce qui se passe à l'intérieur de moi-même. Par exemple, si le plat que j'ai commandé ne correspond pas à ce que j'attendais, je sais que quelque chose est déséquilibré en moi. S'il n'en était pas ainsi, j'aurais choisi un autre plat ou un autre restaurant ou encore un autre cuisinier aurait préparé mon repas, etc. Eh bien, juste pour que vous le sachiez, le temps d'écrire ces lignes et mon repas m'a été servi : c'est délicieux. Ma vie est sur la bonne voie.

La danse sacrée de la vie

Je crois que chacun d'entre nous possède un Moi supérieur qui nous devance et met en place des situations qui nous sont nécessaires pour apprendre ce que nous avons besoin d'apprendre. Lorsque vous vivez en relation étroite avec votre Moi supérieur, la vie devient une danse sacrée remplie de joie. L'univers (l'ensemble de tout ce qui existe) nous montre, de toutes les façons possibles, tout ce que nous avons besoin de connaître pour notre parcours de vie.

La progression naturelle de la purification de l'énergie de votre maison est de rendre votre vie sacrée, afin que tout ait un sens et un but. Vous commencerez par votre maison et ensuite vous voudrez aller plus loin.

La Purification de l'Espace a un rapport avec l'accroissement des niveaux de conscience. Plutôt que de vous contenter de vivre à un niveau ordinaire, vous créez du sacré autour de vous en nettoyant votre atmosphère. Nous avons oublié en Occident que chaque chose est unique. Nous emménageons dans une nouvelle maison sans témoigner aucun respect pour le terrain ou le bâtiment ou les deux. Nous avons perdu le sens du sacré de la vie. C'est pourquoi j'appelle mon travail « création d'un espace sacré », car cela consiste à redonner de la magie dans notre relation avec nos habitations.

Cérémonies

Pour beaucoup de gens, ce qui fait l'attrait de Bali réside dans les cérémonies qui ponctuent la vie de ses habitants. En effet, les cérémonies en général nous séduisent, parce qu'elles touchent quelque chose de profond enfoui à l'intérieur de nous et qui désire ardemment s'exprimer, et parce qu'elles rejoignent notre spiritualité. Lorsque des cérémonies font partie intégrante de notre vie de tous les jours, nous pouvons éprouver des sentiments de profond contentement et un sens d'appartenance. Les enfants créent spontanément des cérémonies. Certaines personnes vont sur des lieux de culte pour y trouver des cérémonies, d'autres préfèrent créer les leurs. Vous pouvez prendre quelque chose d'aussi simple que le fait de vous brosser les dents et le transformer en une cérémonie, si vous décidez que chaque fois que vous vous brosserez les dents ce sera le moment où vous vous concentrerez sur quelque chose que vous voulez créer ou changer dans votre vie. C'est ainsi que vous pouvez commencer à rendre votre vie sacrée.

Les rituels sont différents des cérémonies. J'utilise le mot « cérémonie » pour parler des actions qui sont si attrayantes pour les créatures du monde invisible qu'elles viennent se joindre à vous avec plaisir. Les rituels, par contre, sont des actes qui sont effectués pour forcer les entités à venir, et cela peut être dangereux si vous visez trop haut.

Plus une cérémonie ou un rituel sont répétés, plus ils deviennent puissants.

Consécration

Suart Wilde, qui est un auteur prolifique et charismatique ainsi qu'un professeur de métaphysique, parle en termes merveilleux de la consécration :

> « Comment une chose devient-elle sacrée ? Elle devient sacrée lorsque des personnes déclarent : "Ceci est sacré." Il n'existe pas d'autre façon. L'ongle d'un orteil de sainte Mathilde rangé dans une boîte n'est donc que ce qu'il est, jusqu'à ce que quelqu'un dise : "Cette relique est sacrée et précieuse." Alors, comment rendre votre vie sacrée ? Il suffit de dire : "Ma vie est sacrée" et de la considérer comme telle. »

Vous pouvez rendre des choses sacrées, créer des liens avec elles, les aimer, les utiliser et votre vie n'en sera que plus riche. Je suis très forte pour transformer des choses simples en des choses extraordinaires, mais l'astuce, c'est de le faire sans s'attacher. Vous pouvez posséder un superbe cristal, mais réaliser qu'il ne sera jamais à vous, car, en réalité, il appartient à la planète. Vous pouvez en faire usage pendant que vous avez un corps physique, vous pouvez même le léguer à quelqu'un après votre mort, mais, au bout du compte, il retournera à la planète dont il tire son origine, tout comme vous redeviendrez un esprit.

Vous pouvez créer des cérémonies de consécration avec tout ce qui revêt une signification particulière pour vous. Il suffit de vous harmoniser avec ce qui fait l'objet de votre attention et de suivre votre intuition pour accomplir les actes appropriés.

CRÉATION D'UN ESPACE SACRÉ POUR LES ENFANTS

Au-dessus du lit d'un enfant en bas âge, les Balinais déposent habituellement une petite boîte appelée *plankiran* qui contient des offrandes et des talismans pour s'assurer de la sécurité de l'enfant, ainsi qu'un petit sac blanc qui contient un morceau du cordon ombilical de l'enfant et qui reste là tout le temps que l'enfant grandit. Toujours au-dessus du lit, il y a également une inscription demandant aux dieux de veiller sur l'enfant. La pratique du cordon ombilical ne prendra peut-être jamais dans les cultures occidentales, mais l'inscription est une idée magnifique. Elle pourrait, par exemple, être rédigée en ces termes : « Cet enfant est protégé et béni tous les jours de sa vie. » Imaginez le profond sentiment de sécurité avec lequel un enfant va grandir, sachant qu'il en est ainsi.

NOUEZ DES LIENS AVEC VOTRE MAISON

Soyez ami avec votre maison ! Soyez démonstratif ! Caressez les murs de temps en temps tandis que vous passez. Dites « bonjour » quand vous arrivez chez vous. Apprenez à connaître les besoins de votre maison pour qu'elle se sente bien.

Si le prince Charles peut parler aux plantes (et il n'est certainement pas le seul à le faire), alors le fait de parler à votre maison n'est pas si différent. Beaucoup de gens parlent à leur voiture depuis des années ! Demandez à n'importe quelle entreprise qui fournit de l'équipement et on vous dira qu'il y a des gens pour qui les machines semblent toujours tomber en panne, quel que soit le soin pris pour en vérifier minutieusement le fonctionnement avant de les expédier.

DONNER UN NOM AUX CHOSES

Lorsque vous nommez une chose, vous créez une relation plus profonde avec elle. Elle s'en porte mieux et vous apporte d'autant plus son concours. Donnez un nom à votre maison, à votre voiture, à votre ordinateur, à tous les objets importants avec lesquels vous interagissez quotidiennement. Vous pouvez aussi donner un nom à vos plantes, à vos cristaux préférés et à vos tenues vestimentaires.

Choisissez des noms qui correspondent à l'essence des objets. Par exemple, « Dragon rouge » était une belle grosse Jaguar berline de couleur rouge que j'ai eue autrefois, « Cerise » était une petite Volkswagen en forme de noyau de cerise qui m'avait coûté une poignée de cerises et consommait très peu, « Trois pièces » était une voiture Peugeot berline avec des sièges en tweed qui donnait l'impression d'un costume trois pièces sur roues. Je n'ai presque jamais eu de panne avec les voitures que j'ai pu avoir, car, dès qu'elles sont entrées dans ma vie, elles sont devenues des parties intégrantes de ma matrice énergétique. Si je suis en bonne santé, elles sont en bonne santé. Je les nourris et les entretiens de la même manière que je me nourris et m'entretiens moi-même.

Si vous emménagez dans une maison à laquelle vos prédécesseurs ont déjà donné un nom, vérifiez qu'il convient bien à ce que vous voulez qui survienne dans l'espace. Le nom de la rue, celui du quartier, celui de la ville, etc., peuvent aussi avoir un effet positif ou négatif.

Le processus de dénomination de certaines choses est l'art d'être capable de faire correspondre les fréquences des sons avec les fréquences des choses. Il y aura toujours une combinaison de consonnes et de voyelles qui exprimera l'énergie de votre maison, qui est unique. C'est dans l'éther que vous la trouverez. Quand vous aurez le nom qui convient, cela vous semblera fabuleux et vous permettra d'accéder à des niveaux encore plus profonds qu'auparavant.

QUATRIÈME PARTIE

Sensibilisation à l'électro-magnétisme

CHAPITRE XIV

STRESS GÉOPATHIQUE

En créant un espace sacré, il est important de prendre en compte non seulement le bâtiment, mais aussi l'énergie émanant du sol sur lequel il est construit, énergie qui peut avoir des effets considérables sur nous.

Emplacement

Demandez à n'importe quel agent immobilier quelles sont les trois caractéristiques principales d'une propriété qui est à vendre, il vous répondra sans aucun doute : « localisation, localisation et localisation ». Selon la terminologie chinoise, la réponse serait : « Feng Shui, Feng Shui et Feng Shui ». Un nombre croissant de personnes étant sensibilisées au stress géopathique, l'importance de l'emplacement prend maintenant un nouveau sens.

Le stress géopathique est le nom que l'on donne aux effets néfastes des champs électromagnétiques naturels émanant de la terre et qui sont instables ou perturbés. Des recherches approfondies menées en Europe depuis soixante-dix ans ont conduit de nombreux experts à conclure que le fait d'être exposé à ces rayons durant

de longues périodes peut affaiblir notre système immunitaire et augmenter le risque de cancer et d'autres
maladies chroniques.

Pour rédiger son livre *Earth Radiation* faisant maintenant autorité, Käthe Bachler a procédé à plus de
11 000 radiesthésies de lits, dans plus de
3 000 maisons, et ce, dans 14 pays, qui sont autant
de preuves convaincantes des effets du stress géopathique. De la même façon, le docteur Hager de
l'Association scientifique des médecins (*Scientific
Association of Medical Doctors*) a mené une étude
approfondie sur 5 348 personnes qui sont décédées
des suites d'un cancer dans la ville de Stettin en
Pologne et a pu établir que des rayons terrestres
intenses traversaient le domicile de ces personnes,
sans aucune exception. Il a été constaté, par ailleurs,
que la myélo-encéphalite, la sclérose en plaques,
l'arthrite, la dépression chronique, le suicide, la
mort subite du nourrisson, l'hypertension et
d'autres affections graves sont également liés au
stress géopathique.

Devant cette accumulation de preuves venant
d'Allemagne, d'Autriche et de France, de nombreux
médecins pratiquent maintenant eux-mêmes la
radiesthésie de façon systématique ou demandent le
concours de radiesthésistes qualifiés pour vérifier
que le lit de leurs patients se trouve dans une position ne comportant pas de risques. En outre, certaines autorités autrichiennes exigent que l'on procède
à des radiesthésies de parcelles de terrain avant
d'accorder la permission d'y construire certains
types de bâtiments, afin de détecter d'éventuels
rayons nocifs.

RAYONS TERRESTRES NÉFASTES

Il existe différents types de rayons terrestres. Certains forment des réseaux planétaires, tels que le *réseau Hartmann* (qui court dans les mêmes directions que la latitude et la longitude) et le *réseau Curry* (diagonales qui se croisent et qui courent dans les directions nord-est/sud-ouest et sud-est/nord-ouest). Des effets nocifs peuvent se faire sentir aux points d'intersection de ces réseaux. Des distorsions des énergies de la terre, dues au mouvement des courants d'eau souterrains, peuvent aussi poser des problèmes, en particulier aux points de croisement de deux courants souterrains situés à des profondeurs différentes.

Il est important de comprendre que ces rayons ne sont pas « mauvais ». Ils sont simplement nuisibles pour les humains. D'autres formes de vie s'y épanouissent, ce que je vais expliquer plus loin.

RAYONS TERRESTRES BÉNÉFIQUES

Les *ondes de Schumann* sont des rayons terrestres bénéfiques pour la santé. D'ailleurs, la NASA (l'agence spatiale nord-américaine) a dû créer des machines qui simulent ces ondes dans les capsules spatiales, les êtres humains ne pouvant survivre sans elles. Malheureusement, elles se trouvent entravées par les matériaux de construction modernes, tels que le béton, ce qui cause des problèmes dans les zones urbaines, en particulier dans les tours d'habitation. Les personnes en bonne santé peuvent normalement y faire face, mais les malades ou les personnes qui subissent beaucoup de stress pourraient améliorer avantageusement leur situation en utilisant un simulateur d'ondes de Schumann.

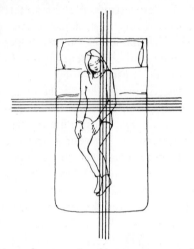

Lignes de stress géopathique traversant un lit

Comment savoir s'il y a un stress géopathique dans votre maison

RADIESTHÉSIE

Si vous ou une personne qui partage votre lieu d'habitation souffrez de maladie chronique et ne réagissez à aucun traitement, il y a de fortes chances que le stress géopathique en soit la cause. La meilleure façon de le vérifier est de faire appel aux services d'un radiesthésiste professionnel. Étant donné que certains radiesthésistes sont plus précis que d'autres, je recommande habituellement de faire contrôler sa maison par trois radiesthésistes indépendants et d'agir selon les indications concordantes.

Vous pouvez aussi apprendre à effectuer la radiesthésie vous-même. Certains ouvrages donnent des instructions très simples et faciles à suivre sur la façon de confectionner soi-même ses baguettes et d'entreprendre la radiesthésie de sa propre maison. Vous pouvez aussi vous procurer dans le commerce des baguettes et des pendules bon marché. Les radiesthésistes très expérimentés n'ont pas besoin d'équipement.

POSITION QUE VOUS ADOPTEZ POUR DORMIR

Outre la radiesthésie, des choses simples, telle la position que les gens adoptent pour dormir, peuvent être l'indice de la présence d'un stress géopathique. Dans la maison d'une de mes clientes, j'ai pu découvrir, grâce à la radiesthésie, que des rayons terrestres traversaient son lit et celui de son fils adolescent dans le sens de la longueur. Les rayons coupaient nettement en deux le grand lit de cette femme. Elle me confirma, bien qu'elle dormît seule depuis qu'elle avait placé son lit dans la position où il se trouvait, qu'elle n'avait jamais voulu dormir au milieu du lit. Quant au fils, il a également reconnu qu'il ne dormait que d'un côté du lit, ce qui s'est avéré être le côté qui était libre de stress géopathique.

Les personnes sensibles s'éloignent des zones de stress géopathique dans leur sommeil sans en être conscientes. Cela m'a été confirmé un nombre considérable de fois par des parents qui, chaque matin, retrouvent leur bébé ou leur jeune enfant tout recroquevillé à une extrémité ou d'un côté du lit. L'enfant, en effet, tente d'échapper aux rayons terrestres nuisibles qui traversent une partie de son lit. Les parents doivent être vigilants et déplacer le lit immédiatement, dans ce cas. D'autres indices sont la fréquence excessive de cauchemars, de réveils en pleurs pendant la nuit ou d'énurésie. Il peut y avoir d'autres causes à ces phénomènes, mais le stress géopathique doit être pris en considération.

ANIMAUX FAMILIERS

Un chat ou un chien qui demeurent chez vous peuvent souvent vous donner des indices sur la localisation des rayons nocifs de votre maison. Les chats adorent l'énergie dont ils tirent avantageusement partie, tandis que les chiens en ont une totale aversion. Si votre chat aime dormir dans un endroit particulier, c'est justement là qu'il faut vous abstenir de passer de longues périodes de temps. Si votre chat aime dormir sur votre lit, toutefois, cela ne veut pas nécessairement dire qu'il s'y trouve un stress géopathique, car les chats domestiques préfèrent parfois la chaleur, le confort et la proximité de leurs propriétaires aux joies de se prélasser sous des rayons terrestres. Cependant, si vous déplacez votre lit et que votre chat continue de dormir à la même place, vous pouvez être presque certain que l'endroit est

« néfaste ». Cela explique d'ailleurs pourquoi les animaux familiers refusent parfois de dormir dans leur panier. Si tel est le cas pour votre chat ou votre chien, essayez de déplacer son panier jusqu'à ce que vous trouviez un endroit où il va bien vouloir s'installer.

CEUX QUI CHERCHENT LES RAYONS ET CEUX QUI LES ÉVITENT

Les bactéries, les virus et les parasites se développent sur les rayons terrestres. Ils s'y rassemblent naturellement et s'y multiplient avec rapidité. Les fourmis, les termites, les abeilles et les guêpes choisissent toujours un emplacement où se croisent des rayons terrestres nocifs pour y établir leur nid.

Par contre, les poulets, les canards et la plupart des oiseaux n'aiment pas se trouver près des rayons terrestres et tomberont généralement malades ou même mourront. Ce fait apporte un nouvel éclairage au vieux dicton qui dit que cela porte chance d'avoir un nid de cigognes sur son toit.

Une cliente à laquelle je rendais visite avait acheté un oiseau et l'avait placé dans une cage dans un coin de son salon. Il mourut bientôt d'une cause inconnue. Elle le remplaça donc par un autre qui mourut à son tour et il en fut de même pour le suivant. À la suite de cela, elle renonça à avoir un oiseau chez elle. Elle m'a raconté cette histoire une fois que j'eus effectué une radiesthésie de l'endroit en question et découvert des énergies terrestres nuisibles qui en émanaient. Si elle avait placé la cage ne serait-ce qu'à une courte distance, ses oiseaux ne seraient sans doute pas morts.

Si vous avez la chance de pouvoir construire vous-même votre propre maison, l'une des façons de vérifier que les emplacements clés seront libres de stress géopathique consiste à utiliser une vieille technique bavaroise : placez une fourmilière sur le terrain. Si les fourmis ne déménagent pas, ne construisez pas ; si elles s'en vont, c'est parfait.

Ne construisez jamais une maison où la foudre a frappé. En effet, la foudre frappe toujours au croisement de deux courants souterrains situés à des profondeurs différentes. De la même manière, il n'est pas recommandé de s'abriter sous un vieux chêne en cas d'orage, car les chênes se développent aux points de croisement de courants souterrains et sont de ce fait fréquemment frappés par la foudre.

Certains arbres ne prospèrent pas dans les zones où un stress géopathique est présent et vont soit se tordre d'une façon qui n'est pas naturelle, dans une tentative pour pousser en dehors de cette zone, soit développer des excroissances cancéreuses et mourir. Les arbres fruitiers peuvent fleurir, mais ne produiront jamais de fruits. Les fleurs coupées placées dans un endroit où se trouve un stress géopathique se garderont deux fois moins longtemps que la normale. Les équipements mécaniques placés au-dessus de rayons terrestres néfastes tombent fréquemment en panne et les ampoules grillent sans arrêt.

Neutralisation du stress géopathique

COMMENCEZ PAR L'ÉVITER

De nos jours, il ne suffit plus de se contenter de faire expertiser une maison que l'on désire acheter pour évaluer les risques d'affaissement, le taux d'humidité et d'autres choses du même genre. Si vous accordez de l'importance à votre santé et à votre bien-être et que vous avez l'intention de vivre dans une maison pour une certaine période, vérifiez s'il existe un stress géopathique. Portez particulièrement attention aux zones où vous avez l'intention de mettre les lits, les bureaux, vos fauteuils préférés et à toutes celles où vous passerez plus de quatre heures par jour. Faire appel aux services d'un radiesthésiste n'est pas onéreux, en comparaison de toutes les autres dépenses inhérentes à l'achat d'une maison. En outre, cette dépense s'avérera peut-être la plus vitale de toutes. À quoi cela rimerait-il après tout de vivre dans la maison de vos rêves si elle détruit votre santé physique et affective ? En Allemagne, où l'on considère cette question très sérieusement, certains entrepreneurs offrent maintenant des certificats pour garantir qu'un travail de radiesthésie a été effectué dans les zones vitales d'une maison qui est à vendre et qu'elle est libre de stress géopathique.

Dans toutes les maisons que je visite et où les occupants souffrent de myélo-encéphalite, je peux constater que des lignes de stress géopathique traversent leur lit et qu'il est impossible, pour une raison ou pour une autre, de mettre ce dernier dans une position différente de celle où il se trouve.

GADGETS

Un tour rapide de n'importe quel salon sur les médecines parallèles révélera un certain nombre de produits différents censés neutraliser le stress géopathique. La plupart ont été conçus dans de bonnes intentions, mais certains se révèlent inopérants et d'autres ne sont utiles que pour une durée très limitée. Il est nécessaire de vérifier périodiquement, à l'aide de la radiesthésie, tout appareil mis en place, pour s'assurer de son efficacité. Il existe un appareil qui a été mis au point par la Société Dulwich Health du Royaume-Uni — le *Radi-Tech* — dont beaucoup de gens attestent l'efficacité pour neutraliser le stress géopathique dans leur maison. Il se branche sur une prise de courant, mais n'utilise pas d'électricité, sauf pour allumer la veilleuse. Il suffit généralement d'un appareil pour traiter la totalité d'une maison.

ISOLATION

Le plastique et le liège sont de bons isolants et peuvent être un recours d'urgence pour parer aux rayons terrestres nuisibles. Ce n'est bien sûr qu'une solution à court terme. Intercalez une toile à drap en plastique ou des tuiles en liège non traitées entre la base de votre lit et votre matelas. Selon votre sensibilité et la force du stress géopathique, la toile en plastique durera une semaine ou deux avant qu'il ne soit nécessaire de la remplacer, et les tuiles en liège, un peu plus longtemps. Notez que, si le cadre de votre lit est fait de métal ou si votre matelas comporte des ressorts en métal et qu'une partie du lit se trouve dans une zone de stress géopathique, le métal conduira, en ce cas, la radiation nocive dans tout le lit. C'est pour cette raison, entre autres, que les lits en bois et les matelas en coton sont un bien meilleur choix.

ACUPUNCTURE TERRESTRE

Certains praticiens obtiennent d'excellents résultats en plantant dans le sol des bouts de tuyaux en cuivre, de tiges en fer ou de baguettes en bois aux points où les rayons s'introduisent dans un bâtiment. Là aussi, il faut effectuer des vérifications à intervalles réguliers pour s'assurer que cette méthode reste efficace.

DÉVIATION PAR LA FORCE DE LA PENSÉE

Des praticiens extrêmement habiles sont capables de faire dévier des cours d'eau souterrains par la force de leur pensée.

FENG SHUI

Certains praticiens du Feng Shui et certains radiesthésistes croient que le fait de construire des bâtiments sans aucune considération pour la géomancie du sol (disposition des courants énergétiques) est la cause de l'accroissement grandissant du stress géopathique dans les pays occidentaux depuis plusieurs décennies et de la nocivité pour la vie humaine des rayons terrestres naturels. Il est aussi possible que ces rayons terrestres soient nuisibles à notre santé, le système immunitaire des êtres humains s'étant considérablement affaibli à cause de la vie moderne. J'ai tendance à penser que la vérité est une combinaison des deux explications.

Dans certains cas, la Purification de l'Espace et la correction du flux des énergies, à l'aide des techniques du Feng Shui, peuvent atténuer quelque peu le stress géopathique, selon le degré de connaissance et l'habileté du praticien.

Précautions à prendre pour la radiesthésie

Les rayons produisent davantage d'effets aux points où ils se croisent, et ce, particulièrement au moment de la pleine lune, lorsque des taches solaires sont en activité, aux premières heures du matin, quand il pleut ou qu'il y a de l'orage ou un taux élevé de pollution. Bien qu'il soit plus facile de détecter les rayons dans ces moments-là, il n'est pas recommandé de le faire. En effet, cela comporte certains dangers, car, pour procéder à la radiesthésie, on doit se mettre soi-même sur la fréquence des rayons nocifs. Ne faites jamais de radiesthésie si vous êtes malade ou fatigué et prenez toujours un bain ou une douche (ou tout au moins lavez-vous les mains à l'eau courante) lorsque vous avez terminé.

Une façon plus sûre de procéder consiste à pratiquer la radiesthésie dans des zones bénéfiques plutôt que de chercher des rayons nocifs. Je trouve que les résultats obtenus avec ce type de radiesthésie sont tout aussi précis et ont pour effet de revitaliser plutôt que de diminuer notre énergie.

CHAPITRE XV

STRESS ÉLECTRO-MAGNÉTIQUE

Nous sommes affectés non seulement par le stress géo-pathique qui résulte de distorsions des émanations électromagnétiques naturelles provenant de la terre, mais aussi par les champs électromagnétiques artificiels générés par l'appareillage électrique.

Sensibilité des êtres humains à l'électromagnétisme

Les êtres humains sont extrêmement sensibles à l'électromagnétisme. Au début du XXe siècle, bien avant que notre planète ne soit inondée d'ondes radio, de micro-ondes, de radars, de télédiffusions, de systèmes informatiques, de téléphones mobiles, de transmissions par satellites et par câbles, toutes choses que nous tenons maintenant pour ordinaires, un médecin américain, Albert Abrams, inventa une machine appelée *oscilloclast* qui permettait de mesurer les réactions musculaires de l'estomac de ses patients. Il mit en évidence que les muscles réagissaient aux signaux électriques les plus faibles tels que ceux émis par le branchement de n'importe quelle machine installée dans le même bâtiment. En d'autres termes, le corps humain est sensible au point de réagir à des champs électromagnétiques se trouvant à une certaine distance. De nos jours, nous sommes tellement bombardés de fréquences électromagnétiques qu'il faudrait construire une pièce isolée spécialement pour pouvoir mesurer ces réactions. Ce qui veut dire que nous n'avons plus aucune idée de ce que des sensations « normales » pourraient être.

L'Organisation mondiale de la santé a confirmé que « le corps humain émet des champs électromagnétiques à des fréquences allant jusqu'à 300 GHz » (*EHC 137 : Electromagnetic Fields*, OMS, Genève, 1993) ». Cela comprend les bandes de fréquence des lignes à haute tension, des appareils ménagers et de bureaux, des téléphones mobiles, des transmissions radiophoniques, des micro-ondes, des radars et même des transmissions par satellites. Certaines personnes peuvent entendre les impulsions des radars et l'on a rapporté des cas où l'on pourrait entendre clairement des émissions radiophoniques par les obturations dentaires de personnes vivant près d'antennes de télécommunications. Une partie du stress de la vie moderne provient du fait qu'il faut s'ajuster à la circulation de tous ces signaux électromagnétiques qui nous traversent et que l'on peut évaluer à près de 200 millions de fois supérieurs à ceux auxquels nos ancêtres étaient exposés.

Champs électromagnétiques émanant des humains

Nous avons tous appris à l'école qu'un courant électrique alternatif passant dans un fil crée autour de lui un champ magnétique. Le stress électromagnétique provient de l'exposition de nos corps aux champs électromagnétiques artificiels ou naturels déformés qui pénètrent dans nos cellules et en altèrent le processus. Les résultats de mon travail m'ont amenée à conclure que cela peut affecter la qualité de nos forces vitales et qu'une exposition de forte intensité ou à long terme peut affaiblir notre système immunitaire et conduire à des problèmes de santé.

Vous pouvez détecter les champs électromagnétiques émanant des êtres humains à l'aide de vos mains, de la même façon que vous pouvez sentir l'énergie des bâtiments. (Il vous suffit d'essayer pour vous en rendre compte.) Quand, dans une maison, le champ électromagnétique est anormalement élevé autour des appareils électriques, j'ai pu remarquer que certains des occupants ou même parfois tous les occupants de la maison possédaient invariablement un mauvais système immunitaire. L'ampleur de cette variation me permet de déterminer jusqu'à quel point leur système immunitaire est affecté, et en sentant l'énergie de la chambre de chacun, il m'est généralement possible de trouver les personnes qui sont affectées.

Je pense que l'élargissement de ces champs provient du fait qu'une personne qui possède un système immunitaire normal peut traiter et contrôler le stress électromagnétique des appareils qui l'entourent, ce qui maintient l'influence des champs électromagnétiques dans des limites raisonnables, mais une personne qui a un système immunitaire faible n'est pas capable de lutter contre ce stress, et, par conséquent, les champs se répandent plus largement. Les appareils électriques, à leur tour, affectent davantage cette personne, ce qui affaiblit d'autant plus son système immunitaire, et ainsi de suite. En Occident, les adolescents sont souvent bombardés, sans en être conscients, de stress électromagnétique en s'entourant d'un tas d'appareils qu'ils peuvent commander de leur lit. Dans leur chambre, il est très courant de trouver un téléviseur, un magnétoscope, un ordinateur, une chaîne hi-fi, un radio-réveil et d'autres gadgets électriques qui restent branchés vingt-quatre heures sur vingt-quatre. Ils utilisent probablement aussi un ordinateur à l'école et sont ainsi soumis à davantage de stress électromagnétique. Je crois que certains d'entre eux ont même développé une dépendance à ces appareils. Les parents attentionnés s'inquiètent, car leurs enfants semblent n'avoir jamais d'énergie ou d'enthousiasme pour quoi que ce soit. Ce sont des adolescents qui passent leur temps vautrés devant la télévision.

Aucune remontrance de la part des parents ne semble venir à bout de ces adolescents, mais il y a une chose qui les fait bouger et réagir, c'est un appareil que j'utilise depuis quelques années et qui mesure les champs électriques et magnétiques. Je leur montre ce qui est considéré comme un niveau sans risque et peux observer leurs mâchoires tomber quand l'aiguille dépasse ce niveau tandis que je fais le tour de leur chambre.

La Purification de l'Espace permet de réduire temporairement les champs électromagnétiques surdimensionnés, mais ces derniers augmenteront à nouveau si rien n'est fait pour rétablir le système immunitaire des personnes atteintes et si ces dernières continuent d'être bombardées par les émissions provenant des appareils électriques dont elles s'entourent.

Les dangers pour la santé

Tout le monde sait que l'électricité est dangereuse et qu'un choc électrique violent peut tuer. Les gouvernements ont fini par se rendre à l'évidence, et certains admettent qu'une exposition chronique à des câbles et à des appareils électriques peut être dangereuse pour la santé. Cela revêt de nombreuses formes, de la dépression inexplicable aux effets secondaires débilitants. Par exemple, il est de plus en plus admis (11 études d'importance ont été conduites jusqu'à présent) qu'une exposition prolongée à de très basses fréquences (TBF), telles que celles qui sont émises par les lignes électriques à haute tension, est reliée à des maladies mortelles comme la leucémie infantile. L'étude la plus significative a été conduite par les Suédois Feychting et Ahlbom qui ont conclu que les enfants qui vivent près de lignes électriques à haute tension ont deux à cinq fois plus de risques de contracter la leucémie.

Il est important de comprendre que les champs électromagnétiques diminuent d'intensité avec la distance ; les plus gros risques viennent donc des appareils près desquels nous devons vivre, parce que nous nous en servons, ou des champs électromagnétiques artificiels auxquels nous sommes exposés pendant de longues périodes. Comme pour le stress géopathique, nous devons prêter particulièrement attention aux endroits où nous passons plusieurs heures par jour, spécialement l'emplacement où nous dormons et où nous pouvons passer jusqu'à trois mille heures par an !

Jean Philips, membre de *Powerwatch*, un groupe de pression concerné par les effets des radiations électromagnétiques, explique : « Le sommeil est la période pendant laquelle notre corps répare nos cellules : toute activité cellulaire anormale est enrayée par le système immunitaire. Nous croyons fermement que les radiations provenant de certains appareils peuvent perturber ce processus s'accomplissant pendant notre sommeil. Il est par ailleurs prouvé qu'un développement de cellules anormales peut provoquer un cancer (*Daily Mail*, 10 octobre 1995). »

Les champs électromagnétiques artificiels sur les lieux de travail sont une autre source d'inquiétude. La Banque mondiale prend cela très au sérieux. Son siège social à Washington, aux États-Unis, qui couvre la superficie de plusieurs immeubles réunis, a été conçu selon un programme d'« évitement prudent ». Les tableaux principaux de distribution de l'électricité sont situés au cinquième sous-sol, aussi loin que possible des employés, et la Banque a trouvé des méthodes pour limiter l'exposition aux fils électriques et aux appareils générant des champs électromagnétiques. Une autre banque, la Marine Midland, a poursuivi en justice le propriétaire à qui elle loue des bureaux sur Park Avenue à New York, pour des câbles électriques situés au rez-de-chaussée générant des champs magnétiques allant jusqu'à 300 milligauss. Finalement, le propriétaire a dû débourser un million de dollars pour isoler les câbles et ramener les champs électromagnétiques à un niveau acceptable.

COMPRENDRE LE JARGON

La plupart des maisons occidentales sont alimentées par un courant électrique alternatif qui émet des pulsations de 50 ou 60 périodes par seconde, correspondant à la catégorie des champs électromagnétiques à très basses fréquences (TBF). Ces champs sont relativement faibles si on les compare à ceux des équipements industriels, et on les a donc considérés comme étant sans risques. Des études en cours toutefois prouvent qu'il y a lieu de s'inquiéter.

Roger Coghill, auteur de *Électropollution*, qui fait autorité en matière de pollution électromagnétique, s'emploie à éclairer le public sur ces dangers. Le champ magnétique des maisons occidentales n'excède pas normalement 1 ou 2 milligauss et le champ électrique est en général de 2 à 5 volts par mètre (V/m). La proximité de câbles électriques peut toutefois accroître considérablement ces niveaux et les champs électromagnétiques de certains types d'appareils ménagers usuels peuvent en être augmentés de beaucoup. Roger Coghill, qui a mené une recherche approfondie, conclut que « pour les champs magnétiques dépassant 2 milligauss et pour les champs électriques dépassant 20 V/m, il existe un risque 4 à 6 fois supérieur de cancer chez les jeunes enfants et de problèmes de santé divers chez les adultes ». Des chercheurs d'organismes gouvernementaux, en Scandinavie et aux États-Unis, sont arrivés à des conclusions similaires.

On peut dresser une liste des niveaux d'exposition de quelques appareils ménagers, à une distance de 30 cm. Les aspirateurs se classent ordinairement dans les 20/200 milligauss, les lave-linge, dans les 1,5/30 milligauss, les fours électriques, dans les 1,5/5 milligauss et les sèche-cheveux, dans les 0,1/70 milligauss. Les champs magnétiques les plus puissants sont produits par les transformateurs (de nombreux appareils électriques en possèdent).

Roger Coghill croit toutefois que c'est le champ électrique plutôt que le champ magnétique qui est le plus dommageable, mais peu de recherches ont été conduites jusqu'à présent sur cet aspect de la question, que ce soit de la part des gouvernements ou des industries. Roger Coghill a trouvé que la santé commence à décliner lorsque le champ électrique dépasse 10 V/m et que des maladies dégénératives peuvent survenir lorsqu'il atteint 20 V/m et plus, si l'on y est exposé sur une longue période. Si vous dormez, par exemple, près d'un radiateur à accumulation, vous vous retrouvez alors dans un champ pouvant atteindre 50 V/m. Il existe des appareils permettant de vérifier si les deux champs (magnétiques et électriques) de votre maison se trouvent à des niveaux acceptables. Des instruments plus perfectionnés sont aussi disponibles pour les professionnels comme les experts en bâtiment et les architectes (reportez-vous à la section Ressources).

Câbles électriques

Un corps consultatif auprès du gouvernement américain, le Conseil national de radioprotection (*the National Council for Radiation Protection*), recommande maintenant que les écoles soient situées à une grande distance des câbles électriques, à cause d'un risque accru de leucémie. Assurez-vous que les personnes de votre entourage ne dorment ni ne passent de longues périodes près de lignes ou de pylônes électriques à haute tension, car certains d'entre eux irradient des champs électromagnétiques jusqu'à 400 mètres, de part et d'autre des lignes. Les champs de plus forte intensité se trouvent à mi-chemin entre deux pylônes plutôt que près des pylônes eux-mêmes. Les pièces d'une habitation situées en étages sont plus affectées, par ailleurs, que les pièces situées plus bas. Même si vous manquez de place, installez les chambres des enfants le plus loin possible des câbles électriques, car ils y sont plus sensibles que les adultes. Pour parer, dans une certaine mesure, aux effets des champs électriques, vous pouvez ériger un mur, planter des arbres ou une haie d'arbustes de haute taille entre votre maison et les câbles, ce qui permettra de conduire à la terre les champs électriques, mais ne permettra pas toutefois de parer aux champs magnétiques, puisque ces derniers passent à travers les structures solides. Dormir près d'une sous-station électrique ou d'un transformateur de fin de lignes, c'est aussi augmenter l'exposition.

Appareils domestiques

De nombreux appareils électriques produisent des champs électromagnétiques, même quand ils sont éteints, car les électrons continuent de circuler le long des fils du circuit auxquels ils sont reliés. Prenez l'habitude de débrancher les appareils lorsque vous ne vous en servez pas ou, encore mieux, installez un dispositif qui coupe le courant du secteur lorsque les circuits ne sont pas utilisés. Il est particulièrement recommandé d'installer un de ces dispositifs pour les circuits des chambres, afin de réduire l'exposition des occupants aux champs électromagnétiques artificiels pendant leur sommeil.

Étant donné qu'il y a presque toujours au moins un appareil électrique qui fonctionne dans une maison (ne serait-ce que le réfrigérateur), il y a donc toujours un courant électrique qui passe par votre tableau de distribution électrique. Vérifiez qu'il ne soit pas situé près d'une zone que vous occupez fréquemment : près de votre lit, de votre bureau ou de votre fauteuil préféré, par exemple. Même s'il se trouve de l'autre côté du mur, vous serez affecté par son champ électromagnétique.

Tout appareil qui sert à chauffer ou à refroidir génère autour de lui des champs électromagnétiques de forte intensité. Ne dormez pas près d'un climatiseur, d'un réfrigérateur, d'un chauffe-eau électrique ni de l'autre côté du mur où sont situés ces appareils. Les couvertures électriques sont très pratiques, mais ne les laissez pas branchées toute la nuit. Il est préférable d'utiliser la bonne vieille bouillotte ou de vous pelotonner contre votre partenaire pour trouver de la chaleur. Les métaux concentrent les effets des champs magnétiques et sont conducteurs d'électricité ; votre lit doit donc être éloigné d'au moins 1,20 m de tout radiateur à eau en métal et davantage d'un radiateur à accumulation fonctionnant pendant la nuit.

La plupart des gens qui dorment avec un radio-réveil près de leur lit trouvent qu'il est difficile de se lever le matin, mais, quand ils déplacent leur appareil, en général la situation s'améliore. Il est étonnant de constater que les radio-réveils émettent de larges champs électromagnétiques compte tenu de leur taille

réduite. Votre radio-réveil et son cordon d'alimentation doivent donc se trouver à au moins 2,50 m de
vous, en particulier de votre tête qui est plus sensible
au stress électromagnétique, car elle contient les récep-
teurs de champs électromagnétiques artificiels les plus
spécialisés : la rétine des yeux et la glande pinéale. Pour
votre santé, il est préférable d'utiliser un radio-réveil à
piles ou un réveil que l'on remonte.

Télévisions

Pour son émission *Tomorrow's World*, la BBC a fait une
expérience étonnante qui consistait à coller une grosse
pépite d'or sur l'écran d'un téléviseur et à laisser allumer ce dernier pendant deux ans. Après avoir retiré
cette pépite en direct sur la chaîne nationale, on pro-
céda à des analyses et on découvrit que l'or s'était trans-
formé en plomb ! Les électrons sortant de l'écran du
téléviseur semblent avoir provoqué une désintégration
radioactive.
J'ai récemment appris qu'un nouveau service est maintenant offert aux patients des hôpitaux anglais qui
peuvent louer un téléviseur personnel pour la durée de
leur séjour. Les effets secondaires de l'exposition des
patients aux radiations électromagnétiques n'ont absolument pas été pris en compte. Les téléviseurs couleur
émettent de larges champs électromagnétiques et peuvent conserver leur charge électrique jusqu'à sept jours,
même après avoir été débranchés.
Si vous aimez regarder la télévision, je vous conseille
de ne pas dépasser deux heures par jour. Ne laissez en

aucun cas votre téléviseur allumé en permanence pour avoir « de la compagnie ». Ne vous asseyez jamais trop près d'un téléviseur. Pour un écran de dimension moyenne, vous devez respecter une distance allant de 1,80 m à 3 m au minimum (les écrans de grande dimension émettent des champs électromagnétiques plus larges). Disposez vos fauteuils en conséquence. Les enfants, particulièrement, aiment s'asseoir juste devant le téléviseur, aussi, pour les en empêcher, installez votre appareil sur une plate-forme à environ 1,80 m du sol. Si vous avez l'habitude de regarder la télévision en étant allongé dans votre lit, votre tête se trouve peut-être suffisamment éloignée de l'écran, mais pas le reste de votre corps !

Apprenez également à regarder la télévision d'une façon active. S'endormir devant la télévision est, selon moi, une habitude dangereuse, car on ne choisit pas alors ce qui se passe dans notre inconscient.

Ordinateurs

Lorsque vous êtes assis devant l'écran d'un ordinateur, vous vous trouvez bombardé par toutes sortes de rayonnements. Cela comprend des rayonnements visibles, ultraviolets, BF (à basses fréquences) et des radiations électromagnétiques, dont celles qui sont à très basses fréquences (TBF). Dans certains cas, vous êtes aussi exposé à des rayons X mous. Les écrans sont normalement conçus pour filtrer ces rayons néfastes mais, avec le temps, ils deviennent moins efficaces. Il y a également le problème des rayons X s'échappant par les côtés et par l'arrière du moniteur. De plus, les écrans émettent des ions qui peuvent causer une « sécheresse de l'œil » et des douleurs musculaires dans les bras et dans les mains.

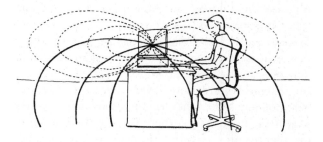

Champs magnétiques (- - -) et champs électriques (–)
d'un ordinateur.

Vous pouvez vous installer à une certaine distance d'un téléviseur, mais ce n'est pas le cas avec un écran d'ordinateur devant lequel vous devez, par nécessité, vous asseoir pour travailler. En Suède, il est maintenant interdit par la loi de faire travailler des opérateurs devant des moniteurs dont l'écran possède un tube cathodique émettant des champs de très basses fréquences de plus de 2,5 milligauss, 25 V/m et 50 cm de longueur sur trois dimensions à partir du moniteur. Le gouvernement australien recommande de ne pas travailler plus de cinq heures par jour devant un écran. Dans certaines régions des États-Unis, les femmes enceintes ne sont pas autorisées à travailler devant un écran sur leur lieu de travail, à cause des risques élevés de fausse couche et de malformations congénitales. Certains employeurs britanniques, tels que le Syndicat national des journalistes (*National Union of Journalists*) et la BBC internationale (*BBC World Service*) reconnaissent ces dangers et fourniront un autre travail à toute femme enceinte qui en fait la demande. D'autres risques possibles sont les dysfonctionnements menstruels, la perte de libido, la stérilité, le cancer du sein, les problèmes ophtalmiques, les irritations de la peau, les tensions musculaires, etc.

Pour atténuer les effets néfastes d'un écran, il y a des solutions très pratiques comme éteindre les appareils quand vous ne vous en servez pas, poser un filtre de protection devant l'écran, porter des vêtements en fibres naturelles, telles que le coton, plutôt qu'en fibres synthétiques, et toujours avoir des plantes près de votre équipement informatique. Bien que, selon les principes généraux du Feng Shui, les cactus ne soient pas indiqués, leurs épines pointues étant cause de nervosité, le Cierge du Pérou ou *Cereus Peruvianus* semble être très efficace pour neutraliser les effets nocifs des écrans. Il a été introduit à la Bourse de New York à cette fin. Vous pouvez aussi utiliser d'autres plantes dont je donne une liste un peu plus loin dans ce chapitre.

Une autre solution consiste à travailler sur un ordinateur portatif avec un écran à cristaux liquides qui offre une amélioration importante du tube cathodique par rapport à celui des moniteurs ordinaires. Un écran à cristaux liquides émet beaucoup moins de champs électromagnétiques et les opérateurs qui travaillent maintenant sur un écran de ce type affirment que leur vitalité et leur productivité ont énormément augmenté. J'ai d'ailleurs rédigé la totalité de ce livre sur un ordinateur portatif.

Je dois vous mettre en garde toutefois contre le fait d'installer votre ordinateur portatif sur vos genoux pour travailler ! S'il se trouve en contact direct avec votre corps, vous absorbez en fait davantage de radiations que si vous travaillez sur un écran traditionnel.

Téléphones cellulaires

À la suite d'un certain nombre de demandes de dédommagement de la part de cadres américains qui utilisent des téléphones mobiles et qui ont développé des tumeurs aux oreilles ou au cerveau, l'Office du contrôle pharmaceutique et alimentaire des États-Unis (*US Food and Drug Administration*) conseille maintenant de n'utiliser un téléphone mobile que lorsque cela est nécessaire et d'abréger les communications le plus possible. Dans le même temps, des progrès technologiques ont permis de mettre au point un système de téléphone cellulaire universel qui communique directement avec des satellites en orbite basse, plutôt qu'avec des stations terrestres proches. Cela permet de téléphoner n'importe où dans le monde à partir d'un téléphone mobile, mais il faut rester prudent, car les rayonnements sont proportionnellement de plus forte intensité.

Si vous devez utiliser un téléphone mobile, assurez-vous que l'antenne soit éloignée de votre tête (par exemple, pour votre téléphone de voiture, vous pouvez installer une antenne à l'extérieur).

Bips et messageries

Le docteur Glen Swartwout, dans son livre intitulé *Electromagnetic Pollution Solutions*, raconte l'histoire d'un médecin américain de l'Oregon, qui souffrait d'une inflammation chronique au pied gauche. Aucun traitement ne pouvait le soulager. À la longue, on se rendit compte qu'il portait un bip sur lui, et ce, du côté gauche, exactement sur le méridien passant par la zone douloureuse de son pied. Quand il cessa de porter l'avertisseur, il fut guéri de son mal. Si vous vous servez d'un bip ou d'une messagerie, transportez-les dans un sac plutôt que de les avoir en contact avec votre corps et, si vous devez absolument le garder sur vous, changez les points d'appui régulièrement.

Fours à micro-ondes

On trouve de plus en plus de fours à micro-ondes chez les particuliers et dans les restaurants. Lorsque vous passez vos aliments au micro-ondes, les chaînes d'azote des protéines se cassent. Certains experts en matière de santé croient que les aliments sont alors dénaturés et que notre système digestif ne les reconnaît plus, mais il n'a pas encore été prouvé que cela pouvait occasionner des risques pour la santé, à la satisfaction des autorités. Ces dernières admettent toutefois que quelques-unes des micro-ondes peuvent s'échapper des fours avec le temps. Il est donc recommandé d'effectuer des vérifications régulièrement.

Il est préférable de cuire les aliments directement sur le feu. La meilleure solution de rechange est la cuisson au gaz. Si vous en avez l'occasion, faites l'expérience de cuire le même type d'aliment directement sur le feu, sur une plaque électrique, sur le gaz et dans un four à micro-ondes. Vous serez surpris de la différence considérable de goût, selon les différentes méthodes de cuisson.

Petits appareils personnels

Il est préférable d'utiliser un rasoir électrique à piles rechargeables ou le bon vieux rasoir à main, plutôt que de vous exposer aux champs électromagnétiques de forte intensité que génèrent les rasoirs électriques. Il se produit le même phénomène pour les sèche-cheveux, qui bouleversent véritablement mon système énergétique. Je préfère donc laisser sécher mes cheveux naturellement, qui restent de cette façon en meilleure santé.

Vêtements et literie en fibres synthétiques

Les vêtements en tissus synthétiques produisent de l'électricité statique lorsque nous les portons, ce qui peut interférer avec l'équilibre électromagnétique délicat du système énergétique de notre corps.

Bijoux

Les bijoux, tout particulièrement, captent les fréquences de l'atmosphère et les transmettent directement au corps par la peau. Les points d'acupuncture, tels que les lobes des oreilles et les doigts (zones où les bijoux sont habituellement portés) sont particulièrement conducteurs. Les effets des champs électromagnétiques artificiels sont en conséquence amplifiés lorsque l'on porte des bijoux. Les colliers bloquent souvent la transmission normale du rythme électrique du cœur au cerveau, ce qui peut interférer avec les fonctions du thymus et avec les méridiens qui passent par le cou. Les bijoux de fantaisie faits en alliage peuvent aussi provoquer des réactions allergiques dues à leur toxicité. Les bijoux en métal pur, tels que l'argent, l'or et le platine, peuvent êtres portés d'une façon sélective pour améliorer votre énergie et être utilisés à des fins de développement spécifique (reportez-vous au chapitre VI).

Éclairage

La qualité de l'éclairage auquel nous exposons notre corps est aussi importante que la qualité de l'air que nous respirons ou de l'eau que nous buvons. Notre corps absorbe par la peau les éléments nutritifs de la lumière (la seule façon d'obtenir de la vitamine D, par exemple, est de nous exposer aux rayons du soleil).

La plupart des gens sentent intuitivement que l'éclairage au néon leur est néfaste sans savoir pourquoi. Les tubes au néon émettent en fait le même type de radiations que les tubes cathodiques des moniteurs d'ordinateurs. Les autres dangers sont les vacillements et les éblouissements ainsi que les bas niveaux des radiations micro-ondes. Cela peut causer des irritations des yeux et de la peau, des problèmes de sinus, de la nausée, de l'hypertension et des comportements violents, particulièrement chez les jeunes enfants. Des toxines telles que le phosphore (employé pour revêtir la face interne des tubes en verre) et les vapeurs de mercure se retrouvent également dans les tubes au néon. Après cette énumération, on se demande pourquoi il se trouve encore quelqu'un pour en faire usage. Évidemment, la réponse est que l'installation et l'entretien d'un éclairage au néon reviennent beaucoup moins cher que les ampoules ordinaires à incandescence. Certains employeurs se permettent donc d'être gouvernés par des considérations économiques, plutôt que de se préoccuper de la santé de leurs employés.

La lumière du jour est incontestablement le meilleur éclairage. À défaut, l'éclairage à spectre complet, qui a prouvé son efficacité lorsqu'il remplace l'éclairage au néon dans les écoles, est actuellement la meilleure solution. Des études menées au Canada et aux États-Unis ont démontré que les comportements violents disparaissaient en quelques semaines, que des enfants « à problèmes » devenaient des élèves modèles, que les résultats scolaires s'amélioraient ainsi que l'assiduité. Malheureusement, beaucoup d'autorités en matière d'éducation ignorent ces études et continuent de faire installer des éclairages au néon dans les écoles, comme si c'était quelque chose d'évident.

Ionisation négative

La pollution par les gaz d'échappement des véhicules, la climatisation, la fumée de cigarettes, l'éclairage au néon, les appareils électriques, électroniques et micro-ondes, les fibres artificielles des tapis, des rideaux, des vêtements produisant de l'électricité statique, etc., réduisent le niveau d'ions négatifs et augmente le niveau d'ions positifs dans l'atmosphère. Si vous vous demandez pourquoi vous êtes plus irritable et agressif en ville qu'à la campagne, la raison probable est le niveau élevé d'ions positifs dans l'atmosphère urbaine.

Dans la nature, le taux d'ions négatifs est plus élevé au sommet des montagnes, dans les parcs et dans les espaces ouverts, près des chutes d'eau, près des torrents et au bord de la mer. Cela explique pourquoi nous nous sentons tellement mieux dans ce genre d'endroits. Les ions négatifs sont générés par les rayons ultraviolets provenant du soleil, par la formation de gouttelettes et par les plantes.

Roger Coghill explique que « dans une zone rurale, on trouve au moins 1 000 ions négatifs par centimètre cube, dans une ville, seulement 300, et dans un bureau, pas plus de 50 ». Un *ioniseur* négatif peut contribuer à rétablir l'équilibre dans votre maison, à condition de choisir un modèle qui soit convenablement isolé. La plupart des *ioniseurs* ne le sont pas et vont à l'encontre du but recherché, produisant des champs électromagnétiques élevés. Les seuls *ioniseurs* protégés qu'il m'ait été donné de voir sont ceux que fabrique Mountain Breeze.

Purification de l'air

Quand nous sommes à l'intérieur, beaucoup d'entre nous respirons un cocktail chimique d'une complexité stupéfiante. Le plastique, les fibres synthétiques, les solvants, les adhésifs, les produits d'entretien, les laques en aérosols, les cosmétiques et les matériaux utilisés pour la décoration, tout ce mélange crée une atmosphère dangereuse pour la santé dans les endroits qui sont mal ventilés.

Le formaldéhyde, un conservateur chimique, est l'un des principaux polluants de notre environnement intérieur, reconnu pour engendrer des irritations des yeux, du nez et de la gorge, ainsi que des maux de tête, des nausées, des perturbations du sommeil et bien d'autres malaises. On le retrouve dans de nombreux éléments de décoration, dont les tapis, les thibaudes, les peintures, les papiers peints, les revêtements, les vernis à bois, les adhésifs, les tissus qui ne nécessitent aucun repassage et qui sont ignifugés, les caoutchoucs mousse, les panneaux de particules et les contreplaqués, tous ces éléments qui continuent d'exhaler des vapeurs pendant des années.

Nous pouvons bénéficier de recherches effectuées par la NASA qui voulait purifier l'air dans les capsules spatiales. Au cours de ces recherches, il a été découvert que plusieurs genres de plantes d'appartement ordinaires avaient le pouvoir de purifier les polluants de l'air les plus courants, dont le formaldéhyde.

Voici la liste de ces plantes :

Spathiphyllum
Peperonia
Syngonium ou Pothos

Bananier nain
Scindapsus

On a aussi découvert que trois autres genres de plantes pouvaient remplir la même fonction, mais qu'elles n'étaient pas aussi efficaces dans des lieux confinés, car leurs feuilles sont plus allongées et plus pointues (reportez-vous au chapitre XIX pour de plus amples informations sur les plantes à feuilles pointues).
Voici leur dénomination :

Aglaonema
Chlorophytum
Sanseveria

En plus de filtrer l'air, les plantes augmentent le contenu en oxygène d'une atmosphère, améliorent le taux d'humidité, augmentent le nombre d'ions négatifs et, d'une manière générale, relèvent l'énergie d'un espace. Je recommande habituellement de disposer d'une plante par ordinateur ou par téléviseur, placée le plus près possible de l'appareil, et d'ajouter d'autres plantes selon les besoins pour compenser la présence d'autres appareils électriques.

CINQUIÈME PARTIE

De la magie dans votre maison

CHAPITRE XVI

FENG SHUI : L'ANCIEN ART DE L'HABITAT

Une fois que vous aurez purifié et consacré votre espace, vérifiez s'il existe un stress géopathique ou un stress électromagnétique dans votre maison ; vous serez alors à même de commencer avec la branche du Feng Shui qui est la plus connue en Occident. Cette section du livre « ouvre une fenêtre » sur l'ancien art chinois de l'habitat selon le Feng Shui, un sujet complexe et fascinant qui vous amènera à considérer les bâtiments d'une façon totalement nouvelle. J'emploie le terme « fenêtre », car vous ne trouverez dans les chapitres suivants qu'un aperçu succinct de la portée de cet art classique. Beaucoup d'autres livres ont été écrits sur ce sujet. Les lecteurs qui voudraient l'étudier plus à fond trouveront quelques titres de livres dont je recommande la lecture à la section Bibliographie.

La Purification de l'Espace peut être utilisée indépendamment de l'art de l'habitat du Feng Shui et vice versa, mais je trouve qu'une combinaison des deux donne de meilleurs résultats.

Agencement de votre maison selon le Feng Shui

Quand j'emménage dans une nouvelle maison, la première chose que je fais, après avoir purifié l'espace, est de remédier à la mauvaise conception du bâtiment et de placer mes meubles et quelques éléments de mise en valeur en accord avec les principes du Feng Shui, en tenant compte de mes aspirations du moment. Je considère ma maison comme un moyen d'expression magique, comme une interface entre l'univers et moi. J'y apporte continuellement des mises à jour et des changements. Je suis à l'écoute de mon Moi supérieur et configure ma maison en conséquence. Les fréquences qui en émanent se propagent dans le cosmos et reviennent en rapportant des informations relatives à la prochaine étape de mon parcours de vie.

L'art de l'habitat du Feng Shui est un outil extraordinaire qui vous aidera à obtenir ce que vous désirez. En introduisant consciemment vos souhaits et vos résolutions dans ce qui vous entoure sur le plan physique, votre environnement peut vous apporter un soutien remarquable. Le sujet de ce livre n'est pas de vous permettre d'être clair sur ce que vous désirez (il existe beaucoup d'autres livres et de maîtres pour vous y aider), mais c'est une partie extrêmement importante de cette démarche. Clarifiez vos propres objectifs et représentez-les symboliquement dans votre environnement. Les mises en valeur à apporter à votre habitation selon les principes du Feng Shui, telles que la disposition de vos meubles, l'ajout de miroirs et de cristaux, peuvent alors être utilisées pour accroître le flux de l'énergie.

Certaines personnes s'intéressent au Feng Shui parce qu'elles pensent que c'est une technique rapide pour devenir riche. Elles ont entendu dire que l'on peut suspendre un cristal dans la zone de la « richesse » de sa maison, se croiser les bras et regarder l'argent couler à flots. Évidemment, cela n'est pas aussi simple. Si vous avez déjà effectué beaucoup de travail personnel et que l'environnement de votre maison est déjà purifié sur le plan énergétique, c'est une possibilité, mais la plupart des gens doivent suivre tout un processus de mise au diapason par rapport au flux de l'abondance universelle qui ne s'effectue que par étapes. La beauté du Feng Shui réside dans le fait que les transformations apportées à votre environnement extérieur sont tangibles et visibles. Vous pouvez vous rendre compte de ce qui se passe à l'intérieur de vous-même par les changements que vous avez apportés à l'extérieur. Beaucoup de personnes trouvent cette méthode tellement plus facile que d'avoir à se battre avec des problèmes intérieurs en suivant des thérapies qui impliquent de profondes introspections.

L'art de l'habitat du Feng Shui revêt de nombreux aspects. La forme générale d'un bâtiment et la disposition des pièces sont des facteurs très importants. Le Feng Shui donne aussi des lignes directrices pour placer les portes, les fenêtres, les lits, les bureaux, les cuisinières, les baignoires, les toilettes, les cheminées et les autres structures clés, afin d'accroître le flux de l'énergie et de créer de l'harmonie dans votre vie.

ACTIONS PRÉVENTIVES CONTRE ACTIONS CURATIVES

Le Feng Shui tel qu'il se pratique en Orient est généralement du type préventif, tandis que celui que j'exerce en Occident est du type curatif. On fait appel à mes services pour identifier et corriger les erreurs de conception qui ont des conséquences fâcheuses. Un petit pourcentage d'habitations (souvent des maisons transformées en appartements) sont épouvantables, et ce, irrémédiablement, mais, dans la plupart des cas, il existe des solutions simples à mettre en œuvre.

Feng shui : langage symbolique

Tout a un symbole et un effet. Prenez par exemple le triangle rouge que l'on utilise partout dans le monde dans la signalisation routière pour avertir d'un danger. La forme et la couleur d'un triangle rouge constituent un symbole qui est universellement perçu comme signe de danger. Certains types de symboles présents au domicile d'une personne ont, de la même manière, une signification universelle, tandis que d'autres ne peuvent avoir une signification que pour la personne en question, car ils se trouvent rattachés à un événement particulier de sa vie.

Regardez d'un œil neuf les tableaux qui sont sur vos murs et vos bibelots. Sont-ils le symbole de ce que vous désirez dans votre vie ? Commencez dès à présent à vous créer un environnement en ayant conscience de ce que vous faites. Si vous voulez développer votre spiritualité, entourez-vous d'objets qui stimulent votre spiritualité. Si vous voulez élargir votre cercle d'amis, disposez ensemble des objets de même nature et exposez des photos de groupes dans toute votre maison, plutôt que d'avoir des objets isolés et des photos de personnes seules. Pour plus de prospérité, faites figurer le symbolisme de l'abondance dans votre espace. Si vous trouvez que votre vie est terne et ennuyeuse, intégrez des objets colorés à votre décoration, afin d'égayer votre environnement. Pour une vie plus active, remplacez les représentations de scènes figées par des scènes vivantes. Pour vous rendre la vie plus facile et plus fluide, remplacez les motifs géométriques et les lignes dures par des formes souples et arrondies.

Vérifiez toujours quels sont les messages que transmettent vos tableaux et vos objets. Par exemple, j'ai pu remarquer que chez les personnes seules et malheureuses se trouve souvent une représentation d'une personne solitaire à l'air tragique dans un emplacement clé de leur maison. Elles sont en général très attirées par cette image et ne veulent pas s'en séparer, même si elles souhaitent ardemment changer de vie. Dans ce cas, ma tactique est de leur suggérer de l'enlever pour quelque temps et de la remplacer par une autre qui leur remontera le moral chaque fois qu'elles la regarderont. En s'exécutant, elles sont amenées à juger elles-mêmes de l'effet que l'ancienne représentation avait sur elles.

Si vous n'allez pas très bien, et ce, depuis un certain temps, cela se reflétera dans le symbolisme des choses qui vous entourent. J'ai pu constater maintes et maintes fois qu'il se trouve toujours beaucoup d'objets qui sont suspendus, chez une personne qui se sent désespérée ou déprimée.

Laissez-moi vous décrire la maison d'une femme à qui je rendais visite. Dans la cuisine, toutes ses tasses et ses casseroles ainsi que des clés et des objets de toutes sortes étaient suspendus à des crochets. Dans sa chambre, des vêtements et des sacs étaient suspendus à des patères et aux poignées des portes. De plus, elle avait trouvé une façon de suspendre ses boucles d'oreilles en les enfilant autour d'une ficelle tendue entre deux montants qui étaient placés sur sa coiffeuse. Des chlorophytums et d'autres plantes rampantes étaient suspendues à des paniers partout dans la maison. Tous ses abat-jour dirigeaient la lumière vers le bas, plutôt que vers le haut, et tous les plafonds étaient très bas, ce qui avait pour effet de diriger l'énergie encore plus vers le bas. Il y avait probablement plus de cent objets qui se trouvaient suspendus dans sa petite maison. L'effet général était très démoralisant et, pour moi, il était clair qu'elle devait se sentir extrêmement déprimée pour avoir créé un tel symbolisme autour d'elle.

Je lui ai recommandé de faire simplement le tour de sa maison et d'inverser la direction vers laquelle ces objets étaient dirigés, afin que l'énergie s'oriente naturellement vers le haut, plutôt que vers le bas. Je lui ai suggéré d'empiler ses casseroles plutôt que de les suspendre, de ranger ses tasses sur des étagères, de redresser ses plantes rampantes, d'avoir un éclairage qui dirige la lumière vers le haut, etc. Les résultats furent remarquables et comme elle l'a reconnu elle-même : « Je ne m'en étais pas rendu compte, mais même ma tête était penchée quand je marchais. Maintenant, j'avance la tête haute et suis heureuse d'être en vie ! »

À propos, les chlorophytums sont les plantes préférées des personnes qui se sentent déprimées. Ces plantes s'inclinent et rampent, produisant de petits chlorophytums qui couvrent tout l'espace, ce qui symboliquement multiplie les problèmes de ces personnes ! Leurs feuilles en forme de lanières peuvent par ailleurs provoquer de l'anxiété et de l'agitation. Certaines personnes en possèdent parce qu'elles ont entendu dire qu'elles sont efficaces pour purifier l'air. En réalité, elles fonctionnent à des niveaux très bas de l'énergie et, lorsqu'elles sont en surnombre, elles affaiblissent l'atmosphère. Il existe d'autres plantes qui purifient l'air tout aussi bien, sans ce genre d'effets secondaires (reportez-vous au chapitre XV). Si vous avez chez vous un ou deux petits chlorophytums, c'est parfait, mais ne les laissez pas vous envahir !

Cassure du ch'i

Tout le Feng Shui a pour finalité d'apporter du bien-être et de l'harmonie dans votre maison afin que cela se répercute dans votre vie. Le symbolisme des courbes et des motifs ondoyants est donc préférable aux dessins géométriques (il n'existe pas de lignes droites dans la nature, après tout). En outre, les angles aigus et les objets à bout pointu produisent des perturbations et des ruptures dans l'harmonie, car des rayons invisibles émanent d'eux.

CASSURE DU CH'I ÉMANANT DES MEUBLES

Prenons l'exemple d'une pièce de réception, dans une maison ou dans un bureau, où l'angle saillant d'un placard, d'une étagère ou d'un bureau pointe vers votre ventre tandis que vous entrez. Il est possible que vous n'en soyez pas conscient, mais il n'en sera pas de même pour votre corps, qui évitera de se trouver directement en ligne avec ce point, s'il y a assez d'espace pour cela. Les visiteurs se sentiront moins les bienvenus et toute personne qui traversera cette zone plusieurs fois par jour pourra même commencer à souffrir des intestins.

Pour faire l'expérience de sentir vous-même ce phénomène, relevez vos manches, enlevez votre montre et tous les bijoux que vous portez éventuellement aux mains et aux poignets, lavez-vous les mains et effectuez l'exercice de sensibilisation des mains décrit au chapitre VI (si cela vous est déjà familier, utilisez seulement votre signal de connexion). Cherchez un meuble aux angles saillants ou deux murs qui forment une pointe se projetant vers l'extérieur et approchez-vous-en jusqu'à environ un mètre, en la sentant à l'aide de vos mains. Tandis que vous vous rapprocherez, les sensations s'intensifieront. La plupart des gens sont stupéfaits la première fois qu'ils en font l'expérience. Même après avoir retiré votre main, il est possible que vous sentiez encore une faible douleur dans la paume de vos mains. Au chapitre suivant, j'explique quels sont les dangers potentiels des cassures du ch'i, en ce qui concerne les meubles des chambres et les appareils d'éclairage.

Pour atténuer une cassure du ch'i du type que je viens de décrire dans la pièce de réception, déplacez le meuble en question pour qu'il se trouve dans une position moins dérangeante ou arrondissez les angles. Une autre solution consiste à le recouvrir d'une nappe ou de disposer une plante rampante dont les feuilles arrondies couvriront les arêtes tranchantes du meuble ou encore de placer une plante verte, dont les feuilles, également de forme arrondie, sont dirigées vers le haut, devant le point qui crée la cassure. Si vous le pouvez, choisissez des meubles à bords arrondis au départ, afin de ne pas avoir ce genre de problèmes.

CASSURE DU CH'I À L'EXTÉRIEUR DE LA MAISON

Un problème similaire peut survenir à une plus grande échelle, si l'angle d'un bâtiment voisin vise directement votre porte d'entrée ou l'une de vos fenêtres. Un arbre, une haie ou un buisson touffu planté entre votre maison et la source du problème peut en atténuer les effets ou encore un miroir placé près de l'une de vos fenêtres et tourné vers l'extérieur pour en réfléchir l'image est un exemple de correction souvent utilisée dans le Feng Shui.

Il existe une autre forme de cassure du ch'i, qui peut avoir de graves répercussions sur votre vie, si votre maison est située en haut d'une intersection en T, spécialement si votre porte d'entrée fait face à la route.

Dans ce cas de figure, c'est véritablement une énergie en forme de flèche qui vient vers vous, tandis que les voitures se dirigent en direction de votre maison. L'effet nuisible se fait plus ou moins sentir, selon la taille de votre maison et de cette rue ainsi que la vitesse des voitures (si votre maison est grande et que la voie qui lui fait face est une petite route secondaire où presque personne ne passe, l'effet est négligeable). Une plaque en cuivre, une poignée de porte sphérique ou un dispositif réfléchissant peut être placé sur la porte d'entrée pour détourner ce type de cassure du ch'i. Une autre solution consiste à déplacer l'allée qui mène à votre porte d'entrée d'environ un mètre, pour lui faire faire un coude, de façon qu'elle ne se trouve plus dans le prolongement de la route. Ensuite, plantez une haie entre votre porte et la rue.

Maintenant que j'ai expliqué ces principes de base, examinons certains aspects fondamentaux de l'agencement de votre maison.

CHAPITRE XVII

DÉPLACEZ VOTRE CANAPÉ ET TRANSFORMEZ VOTRE VIE !

Lorsque vous entendez dire que la vie d'une personne a été transformée de façon spectaculaire, parce qu'un consultant en Feng Shui lui a conseillé de déplacer son canapé, il est fort probable que celui-ci bloquait le passage principal dans sa maison et, en conséquence, l'énergie entrant dans sa vie. Dans ce chapitre, je traite de la façon dont on peut maximiser la circulation de l'énergie dans toute sa maison, pour tendre vers une vie idéale.

Les portes

VOTRE ENTRÉE PRINCIPALE

J'accorde toujours une attention particulière à la porte de l'entrée principale d'une maison. C'est par là que les gens entrent et sortent, c'est aussi par là que l'énergie peut passer et circuler ensuite dans la vie d'une personne. Lorsque vous franchissez la porte de votre domicile, ce que vous voyez et ressentez représente la relation que vous avez avec votre Moi intérieur. Lorsque vous quittez votre domicile, votre entrée représente la relation que vous avez avec le monde extérieur. La prochaine fois que vous vous trouverez du côté extérieur de votre porte d'entrée, regardez-la avec un œil neuf. Si vous ne saviez pas qui habite ici, que pourriez-vous déduire des occupants de cette maison simplement en regardant la porte d'entrée ? Est-ce que la peinture est en train de s'écailler ? Est-ce que la sonnette est cassée ? Est-ce que l'allée qui y conduit est envahie par l'herbe ?

Si vous devez vous battre avec des branchages qui pendent au-dessus de votre tête, des plantes rampantes, des arbustes épineux ou des débris de toutes sortes pour entrer dans votre maison ou en sortir, vous aurez le sentiment qu'il vous faut toujours lutter pour arriver à quelque chose dans la vie. Gardez votre allée aussi libre que possible. Il est également important que votre entrée principale soit accueillante, afin que vous vous sentiez heureux d'arriver chez vous. Une nouvelle couche de peinture, des plantes à fleurs placées dans des bacs de part et d'autre de l'entrée, des paniers suspendus et des jardinières sont des solutions pour l'égayer.

Si vous devez apposer un numéro de rue sur votre porte d'entrée, placez-le très haut plutôt que plus bas que vos yeux (regarder vers le bas diminue votre énergie) et, si votre numéro comporte plus d'un chiffre, voici un truc merveilleux selon les principes du Feng Shui : placez le second chiffre légèrement plus haut que le premier, et ainsi de suite. Cela revigorera votre énergie chaque fois que vous passerez par votre porte d'entrée. Vous pouvez appliquer le même principe avec des lettres, si votre maison a un nom plutôt qu'un numéro.

Vous aurez plus de facilité dans la vie si votre porte d'entrée, dégagée de tout bric-à-brac, s'ouvre en grand vers l'intérieur, pour pouvoir aller contre le mur. Une porte d'entrée qui se bloque signifie que les choses ne se passeront pas aussi bien qu'elles le devraient, et, si vous devez tourner et retourner votre clé chaque fois que vous voulez entrer, vous éprouverez toujours de petites contrariétés. En maintenant votre porte d'entrée en bon état, vous vous assurerez de la bonne circulation de l'énergie dans votre vie.

Si vous faites face à un mur de brique dès que vous passez votre porte d'entrée, vous comprendrez ce que l'expression « se heurter à un mur » veut dire. Avec le temps, cela peut engendrer des sentiments de défaite et de désespoir. Cela peut même affecter votre posture et vous faire tenir les épaules affaissées et le dos voûté. Accrochez un miroir au mur, pour apporter de la profondeur dans l'espace, ou tout au moins une image qui vous inspire. S'il fait sombre dans la zone se trouvant juste derrière votre porte, installez-y un éclairage.

LES PORTES À L'INTÉRIEUR DE VOTRE MAISON

J'ai pu remarquer que les gens qui doivent beaucoup lutter dans leur vie et qui ont tendance à éprouver des blocages doivent contourner des obstacles encombrants dans leur maison. L'exemple type est celui où de nombreuses portes mal placées s'ouvrent sur un mur. En d'autres termes, les personnes se trouvent face à un mur lorsqu'elles entrent au lieu d'être amenées directement dans la pièce, qui reste cachée à leur vue jusqu'à ce que la porte soit grande ouverte. Dans ce cas, l'énergie ne peut avoir que des difficultés pour circuler facilement dans une maison.

Si vous vivez longtemps dans une maison comprenant un grand nombre de portes fonctionnant de cette façon, non seulement vous serez bloqué sur le plan mental et émotionnel, mais vous aurez aussi tendance à être constipé ! En Angleterre, toutes les maisons construites à l'époque victorienne ont été conçues avec ce genre de portes, dans le but de préserver l'intimité, mais il y a quelque chose que les historiens ont omis de rapporter, c'est que les Anglais de cette époque devaient être très constipés !

L'une des solutions à ce problème consiste à changer l'ouverture des portes pour le côté opposé. Vous serez très satisfait du résultat, car tout semblera tellement plus facile dans tous les aspects de votre vie. Une autre solution consiste à suspendre un petit miroir dans l'embrasure de la porte, afin de réorienter l'énergie vers la pièce. Lisez au préalable les instructions pour suspendre les miroirs dans le chapitre XIX. Prenez également garde de planter un clou dans un câble électrique par inadvertance lorsque vous voulez suspendre un miroir près d'un interrupteur, car vous pourriez alors recevoir plus d'énergie que vous n'en attendiez ! Dans le doute, consultez un électricien qualifié.

Une autre façon d'améliorer la circulation de l'énergie dans votre vie est de vous assurer de ne pas obstruer par du bric-à-brac ou un meuble l'ouverture des portes. Les vêtements suspendus à des crochets derrière les portes peuvent nuire à une ouverture complète de ces dernières et en augmenter le poids, ajoutant ainsi davantage de difficultés dans votre vie.

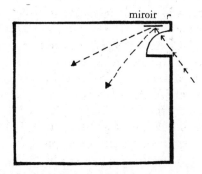

Comment remédier à une porte mal placée

Fenêtres

Les fenêtres sont les « yeux » de votre maison. Des carreaux fêlés peuvent influencer véritablement la façon dont vous voyez la vie et peuvent même vous créer des problèmes de vue. Si vos fenêtres sont sales, votre façon de percevoir la vie et les événements qui la jalonnent se trouve restreinte. C'est comme si vous ne pouviez pas voir au-delà de votre propre petit monde, dépasser votre vision des choses.

Nettoyez vos fenêtres et apportez davantage de clarté et de visibilité dans votre vie. Les fenêtres qui ne s'ouvrent qu'à moitié (telles que les fenêtres à guillotine) peuvent avoir pour effet de vous limiter. Les meilleures sont les fenêtres à battants qui s'ouvrent complètement vers l'extérieur, faisant entrer un maximum d'énergie dans votre vie.

Chambres et lits

La situation des chambres et la position des lits ont toujours été considérées comme des questions de première importance dans les traditions du Feng Shui de toutes les cultures.

SITUATION DES CHAMBRES

Vérifiez s'il existe un stress géopathique et un stress électromagnétique dans votre habitation avant de décider quelles pièces serviront de chambres et quel sera l'emplacement du lit dans ces chambres (reportez-vous aux chapitres XIV et XV). Il est généralement préférable d'avoir les chambres le plus loin possible de l'entrée principale, particulièrement la chambre principale. De cette façon, vous aurez le sentiment d'avoir la possibilité de voir venir les choses dans votre vie, de considérer les choix et de décider quelle est la meilleure chose à faire. Si vous dormez trop près de la porte d'entrée, les choses arrivent soudainement et vous prennent par surprise, vous pouvez en conséquence rater des occasions et faire des choix que vous regretterez. Dormir loin de l'entrée vous permet d'atteindre un sentiment de paix intérieure plus profond. Lorsque vous vous sentez plus en sécurité pendant vos heures de sommeil, vous vous sentez naturellement plus en sécurité dans votre vie. Il est ainsi plus facile d'obtenir ce que vous désirez.

L'EMPLACEMENT
DE VOTRE LIT

L'emplacement de votre lit est aussi un facteur important. Si votre lit se trouve trop près de la porte de votre chambre, vous ne vous détendrez jamais complètement pendant votre sommeil. Une partie de vous-même restera toujours en alerte, de peur que quelqu'un n'entre dans la chambre, même si vous vivez seul. De la même manière, si vous placez votre lit dos à une fenêtre, vous serez toujours en train d'écouter les bruits du dehors, de peur que des intrus n'entrent par-derrière, ce qui peut créer du stress et un sentiment de vulnérabilité.

Le meilleur emplacement pour votre lit se trouve le plus loin possible de la porte, perpendiculaire au mur opposé à la porte (près du mur, mais pas complètement contre lui) et en diagonale par rapport à cette dernière, avec une vue libre sur la porte et sur les fenêtres. Si cela est impossible, vous pouvez faire des aménagements à l'aide d'un miroir, afin de vous assurer de toujours voir la porte. (Reportez-vous aux illustrations ci-après.)

Vous devez aussi prendre en considération le fait que vos pieds ne doivent pas pointer vers la porte. Cela s'appelle « la position du cercueil », car tradition-nellement on porte un mort en faisant passer ses pieds en premier. Dans certains hôpitaux anglais, le règlement interdit de faire entrer un patient dans une salle sur son lit à roulettes les pieds en premier, car il est reconnu que cela a un effet néfaste sur la santé et le bien-être de ce dernier. La connexion entre la représentation mentale « des pieds qui pas-sent en premier » et la mort est en effet profondé-ment ancrée dans notre psychisme.

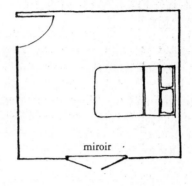

Lit placé de manière idéale

S'il n'existe vraiment aucune autre possibilité, installer un pied de lit, afin de poser une protection entre vous et la porte. Vous pouvez aussi placer une petite commode entre le pied du lit et la porte comme moyen de fortune.

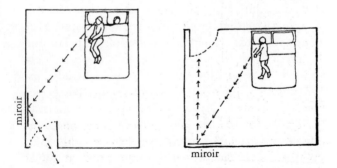

Miroirs placés de façon à permettre une vue sur la porte depuis le lit

MEUBLES DE CHAMBRE

Les cassures du ch'i (l'énergie en forme de flèche qui émane des angles pointus) doivent être prises en considération lorsque vous placez des meubles près de votre lit. Des tables de chevet ou des meubles de rangement qui présentent des angles saillants constituent un problème courant. Dans le dessin ci-après, la personne est dans une position où deux cassures du ch'i la traversent en se croisant, ce qui aura pour effet de la rendre oppressée. Elle se sentira inexplicablement limitée, incapable d'aller de l'avant et retenue en arrière.

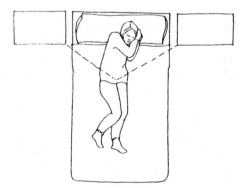

Cassures du ch'i émanant de tables de chevet

Lorsque des meubles de plus grandes dimensions produisent des cassures du ch'i en direction du lit, la personne aura l'impression que des forces invisibles sont prêtes à agir si elle va de l'avant.

Les effets des cassures du ch'i diminuent avec la distance. Placer les meubles loin du lit peut être une solution si l'espace le permet. Vous pouvez aussi recouvrir les tables de chevet d'un napperon qui cache les coins. Une meilleure solution serait de les remplacer par des tables de chevet aux formes arrondies.

LITS

Il est préférable de dormir dans un lit dont la base est en bois, avec un matelas fait en fibres naturelles, comme il est écrit au chapitre XIV. Surélevez légèrement votre lit, afin que l'air puisse circuler en dessous. Les lits deviennent saturés d'énergie après un certain temps, car nous libérons de l'énergie pendant notre sommeil. Je vous recommande de changer de lit chaque fois que votre vie se trouve transformée de façon importante et au minimum tous les dix ans. Si vous commencez une nouvelle relation avec quelqu'un ou si vous déménagez, c'est également le moment de vous offrir un nouveau lit. Si cela n'est pas pratique, envisagez tout au moins de vous acheter de nouveaux draps. Il est peu prudent de dormir avec un nouveau ou une nouvelle partenaire dans le lit que vous avez partagé pendant longtemps avec quelqu'un, alors que la relation fut un échec !

Pour vos ébats amoureux, ne choisissez jamais un lit qui comporte une séparation dans le milieu, et, si vous réservez une chambre dans un hôtel pour une pause romantique, n'acceptez jamais une chambre où vous dormirez sur des lits jumeaux qui seront rapprochés pour en faire un grand lit. Si vous dormez ainsi, vous aurez l'impression qu'il existe des différences inconciliables entre vous à un niveau profond du subconscient! Faites aussi attention de ne pas placer votre lit sous une poutre apparente. Une poutre qui suit le milieu du lit dans le sens de la longueur peut briser un bon mariage et une poutre placée en diagonale peut causer des problèmes de santé dans la partie du corps au-dessus duquel elle passe. La présence de poutres qui s'entre-croisent dans une chambre constitue un cauchemar pour le Feng Shui. On peut y remédier en émoussant toutes les arêtes tranchantes des poutres et en peignant ces dernières de la même couleur que le plafond, afin que l'on ait l'impression qu'elles s'estompent, plutôt que de faire saillie. La meilleure solution consiste à installer un faux plafond pour les dissimuler. Vous pouvez aussi mettre votre lit dans une autre pièce.

Outre la question des poutres, il est aussi préférable que rien ne soit suspendu au-dessus de votre lit. Combien de fois n'ai-je pas vu dans une maison où j'effectuais une consultation un épouvantable appareil d'éclairage suspendu au-dessus d'un lit et causant un problème de santé. Selon l'emplacement de cet éclairage, par rapport à la position du corps de la personne qui dort dans ce lit, je peux dire où sont ses problèmes.

Les abat-jour ou les appareils d'éclairage les plus dangereux sont ceux dont les extrémités pointent vers le bas. Dans la chambre d'une de mes clientes, il y avait un horrible appareil d'éclairage qui comportait sept pointes dirigées vers le bas et qui était suspendu juste au-dessus de son ventre lorsqu'elle était couchée. Une fois qu'elle m'eut dit qu'elle dormait là depuis trois ans, je sus qu'elle aurait à subir une hystérectomie, si ce n'était déjà fait. Il s'avéra qu'elle avait déjà été opérée deux ans auparavant et qu'elle souffrait encore de ce côté-là. Je lui ai donc conseillé de changer son lit de place. Quelques semaines plus tard, elle m'appelait pour me dire qu'elle n'éprouvait plus aucune douleur la nuit. Un an plus tard, elle s'était complètement débarrassée de son problème.

Ce ne sont que des exemples parmi tant d'autres que j'ai pu observer au cours de mon travail. Si vous devez avoir un appareil d'éclairage au-dessus de votre lit, parce qu'il n'y a pas moyen de faire autrement, choisissez un abat-jour de forme arrondie ou un globe, ce qui n'en sera que plus bénéfique pour votre corps.

Les bureaux

Quand je dis à mes amis balinais que les Occidentaux travaillent à leur bureau en faisant face à un mur et en tournant le dos à leurs collègues, ils hurlent de rire ! Ils me répondent que cela explique pourquoi tant d'Occidentaux ont un regard froid !

Les règles du Feng Shui quant aux bureaux suivent celles qui s'appliquent aux lits. Tout d'abord, il faut vérifier s'il existe un stress géopathique et un stress électromagnétique. La position idéale pour un bureau, c'est d'être placé dos au mur qui se trouve opposé à la porte et en diagonale, de telle façon que vous puissiez voir clairement la porte et les fenêtres. Vous vous trouverez ainsi au centre de pouvoir de la pièce, ce qui vous mettra dans les meilleures conditions pour créer, vous sentir en sécurité et contrôler la situation. Si la configuration de l'espace le permet, il est avantageux de placer votre bureau dans la zone de Fortune de la pièce.

Évitez de placer votre bureau en droite ligne avec la porte ou de vous asseoir dos à une fenêtre, car cela affaiblirait votre position. Ne vous asseyez jamais dos à la porte pour travailler, car une partie de votre conscience sera toujours en train de se demander si quelqu'un vient d'arriver derrière vous et votre état nerveux, votre productivité et votre efficacité en souffriraient. S'il vous est impossible de changer de place toutefois, vous pouvez apporter une correction à cette situation selon les principes du Feng Shui en suspendant un miroir au-dessus de votre bureau, afin de voir les personnes qui s'approchent de vous par-derrière.

Si vous travaillez à votre domicile, placez votre bureau de façon à faire face à l'intérieur de la maison, pour permettre aux membres de votre famille et à vous-même de garder un sentiment de cohésion et pour per-mettre à l'énergie de continuer de circuler entre vous. Si vous tournez le dos aux membres de votre famille tandis que vous travaillez, vous envoyez le message que vous vous fermez à eux à ce moment-là, ce qui veut dire que vous vous privez de leur présence, et récipro-quement.

Sur les lieux de travail, il est préférable que les bureaux soient placés face à face, en tenant compte autant que possible de tous les facteurs que j'ai mentionnés. Lors-que j'effectue une consultation dans un bureau, je pré-fère toujours que le personnel soit parti. En faisant simplement le tour des locaux et en examinant la posi-tion des bureaux et d'autres faits saillants, je suis capa-ble de donner au président d'une entreprise un profil complet de chaque employé : ses relations avec son employeur et ses collègues, ses forces et ses faiblesses, ses capacités et ses difficultés et son désir de quitter l'entreprise, si c'est le cas. Les employés qui sont le plus susceptibles de partir sont généralement ceux dont le bureau est placé dos à la porte ou dans une position peu commode.

L'un de mes clients, président d'une agence de voyages, s'était assis pendant des années au fond d'un espace à aire ouverte, en faisant face à un mur et en tournant le dos à ses employés et à la porte d'entrée. À la suite d'une consultation de Feng Shui, il tourna son bureau et déplaça tous les classeurs situés au milieu de l'espace qui empêchaient de pouvoir accéder à son bureau. Un mois plus tard, un contrat fut obtenu d'on ne sait où et il devint le plus grand voyagiste de Cuba. Les affaires devinrent si florissantes que, six mois plus tard, il n'avait toujours pas eu l'occasion d'imprimer des brochures sur les circuits qu'ils organisaient, mais ces derniers se vendaient néanmoins comme des petits pains !

CHAPITRE XVIII

LE BA-GA

Il existe un outil formidable qui a été développé par l'un des systèmes chinois du Feng Shui : une grille appelée Ba-ga et qui trouve son origine dans le *Yi-king* (*Livre des mutations*, en chinois). Superposée au plan de votre maison ou de votre lieu de travail, elle permet de découvrir à quels domaines de votre vie correspondent les zones du bâtiment. Une fois que vous en aurez pris connaissance, tous les constituants de votre maison prendront une signification encore plus grande, car vous en connaîtrez le symbolisme et vous serez en mesure de les relier directement aux différents aspects de votre vie. Comme je le dis souvent à mes clients lorsqu'ils me demandent de pouvoir garder une plante aux feuilles épineuses et en piètre état dans leur zone des Relations : « Est-ce à cela que *vous* voulez que vos relations ressemblent ? »

La vie constitue une série de microcosmes à l'intérieur de macrocosmes : il en est de même pour les Ba-ga. Il existe un Ba-ga pour le terrain sur lequel votre maison est construite, un autre pour le bâtiment lui-même et un Ba-ga pour chaque pièce du bâtiment. On peut même aller jusqu'à affirmer qu'il y a un Ba-ga pour chaque bureau, pour chaque lit, etc.

Utilisation du Ba-ga

Dressez un plan sommaire de votre maison sur une feuille de papier, à l'échelle dans la mesure du possible, en n'omettant aucune pièce. Si vous habitez dans une maison qui comporte plusieurs étages, contentez-vous à ce stade de reproduire l'étage où se trouve normale-

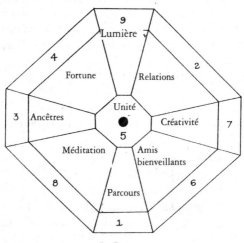

Le Ba-ga

ment l'entrée de votre maison. Reproduisez ensuite la grille octogonale du Ba-ga sur du papier-calque ou sur une feuille transparente. Si votre maison forme un carré ou un rectangle parfait ou encore un dessin symétrique, tracez légèrement au crayon deux diagonales, comme dans les diagrammes ci-dessous.

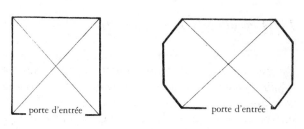

formes symétriques

Si votre maison a une forme irrégulière, il sera nécessaire de donner à votre dessin une forme carrée avant de tracer les deux diagonales. Observez les exemples suivants.

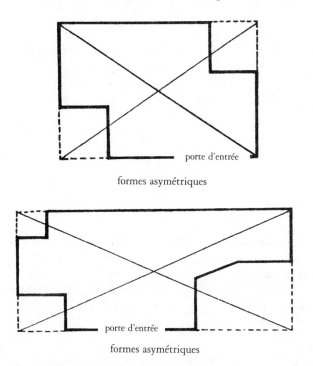

formes asymétriques

formes asymétriques

Placez ensuite le point central de la grille du Ba-ga exactement sur le point d'intersection des deux diagonales. Le Ba-ga présente l'avantage de pouvoir s'adapter à toutes les situations, aussi vous pouvez prolonger ou raccourcir ses lignes, afin de l'ajuster aux formes de votre maison.

Enfin, faites pivoter le Ba-ga de façon que son bord inférieur se trouve aligné sur la porte par laquelle les personnes (et l'énergie) entrent dans la maison. Pour la plupart des gens, il s'agira de la porte de devant, mais, pour certains, cela pourra être une porte d'entrée latérale ou arrière, si c'est celle que tout le monde utilise. Si vous habitez dans un appartement qui fait partie d'une maison ou si vous louez simplement une chambre, considérez la porte qui conduit à votre appartement ou à votre chambre comme étant votre porte d'entrée, pour aligner le Ba-ga. Voici deux exemples de maisons de formes différentes et les façons de les aligner avec la grille du Ba-ga.

porte
d'entrée

Alignement du Ba-ga — forme symétrique

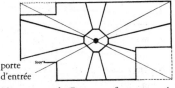

porte
d'entrée

Alignement du Ba-ga — forme asymétrique

Pour les maisons à étages, il y a un Ba-ga propre à chaque étage, Ba-ga qui se trouve orienté différemment selon les étages la plupart du temps. Alignez simplement le bord inférieur du Ba-ga sur la dernière marche de l'escalier qui mène à l'étage.

ZONES MANQUANTES (ESPACES NÉGATIFS)

Si votre maison a une forme carrée, rectangulaire ou symétrique, le Ba-ga sera représenté dans sa totalité. Si elle a une forme irrégulière, toutefois, une zone ou plusieurs zones du Ba-ga peuvent être absentes, ce qui peut créer des obstacles dans les domaines de votre vie correspondant à ces zones. Beaucoup de gens qui agrandissent leur maison par-derrière d'une façon partielle, créant ainsi une zone manquante, constatent que leur vie prend un mauvais tournant, et ceux qui ajoutent une nouvelle pièce pour donner une forme carrée à leur maison trouvent que leur vie s'améliore.

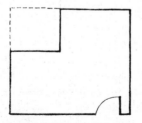

Zone de la Fortune manquante

Une fois que j'aurai donné des explications sur les neuf zones du Ba-ga, je donnerai des instructions pour compenser l'absence de zones en donnant toutes les corrections possibles selon les principes du

Feng Shui et j'expliquerai également comment ces corrections peuvent être utilisées pour améliorer les différents aspects de votre vie.

Les neuf zones du Ba-ga

Lisez d'abord toutes les descriptions qui suivent et décidez ensuite quelle est la zone ou quelles sont les zones sur lesquelles vous aimeriez vous concentrer. Il est préférable de commencer par une zone seulement ou deux à la rigueur.

Les noms qui sont donnés entre parenthèses sont ceux qui sont employés traditionnellement pour décrire les différentes zones. Dans son excellent livre *Feng Shui Made Easy*, William Spear a mis ces noms au goût du jour, afin de mieux faire comprendre quelle en est l'essence, et a bien voulu me donner la permission de les utiliser ici.

1. Parcours (ou carrière)

Cette zone représente non seulement ce que vous faites pour gagner de l'argent, et se situe dans ce cas au niveau matériel, mais aussi le chemin que vous suivez dans la vie sur un plan plus spirituel et la façon dont vous abordez les choses en général. Elle concerne les nouveaux départs et les occasions. Utilisez les corrections du Feng Shui dans cette zone pour améliorer vos perspectives de carrière, pour vous permettre de trouver votre voie et pour obtenir bien-être et facilité dans le parcours de votre vie.

2. Relations (ou mariage)

La zone des Relations concerne en premier lieu vos relations avec votre partenaire, mais elle s'applique aussi à celles que vous avez avec vous-même, votre famille, vos amis, vos collègues, les gens et les choses en général. Si vous êtes célibataire et cherchez un partenaire, c'est la zone de votre maison qu'il vous faut revaloriser. Si vous êtes déjà marié, les mises en valeur du Feng Shui dans ce lieu vous aideront à garder le niveau d'énergie et de vitalité de votre relation. Ces améliorations peuvent aussi apporter davantage d'harmonie et d'optimisme dans vos interactions avec les personnes de votre entourage.

3. Ancêtres (ou famille)

Cette zone se rapporte à votre héritage, vos ancêtres, vos parents, vos supérieurs et aux influences du passé. C'est la base à partir de laquelle vous fonctionnez, consciemment ou inconsciemment. En débarrassant cette zone de tout désordre et en la mettant en valeur, vous améliorerez de beaucoup les relations que vous entretenez avec vos parents et avec toutes les figures de l'autorité.

4. Fortune (ou richesse ou prospérité)

La zone de la Fortune concerne le flux de l'abondance universelle dans votre vie, que ce soit du point de vue des possessions matérielles ou de l'argent, de la chance et de la prospérité sous toutes leurs formes. Beaucoup de gens choisissent de renforcer cette zone selon les principes du Feng Shui, afin d'augmenter leur fortune. C'est de toute évidence une zone clé pour les affaires. Si vos toilettes, votre débarras ou vos poubelles sont situés dans cette zone, votre situation pourrait en souffrir.

5. Unité (ou tai chi ou santé)

Tout comme la santé est au cœur du bonheur et de la joie de vivre, la zone reliée à la santé et à la vitalité dans votre maison se trouve naturellement au centre du bâtiment. Si cette zone est pleine de bric-à-brac, vous êtes susceptible d'éprouver de la fatigue. Gardez ce lieu aussi libre que possible. Traditionnellement, les Chinois construisaient leur maison de façon qu'une cour se trouve en son centre et que cette zone reste inoccupée. Si vous souffrez d'une maladie chronique, vérifiez également que le centre de chaque pièce est libre.

6. Amis bienveillants (ou assistants)

Il est étonnant de voir combien l'aide afflue une fois que l'on a renforcé la zone des Amis bienveillants grâce aux techniques du Feng Shui. Cette aide peut provenir de votre famille, d'amis, de collègues, de personnes qui ont autorité pour faire quelque chose, d'inconnus. Il est possible aussi que vous viviez des expériences comme celles d'ouvrir un livre précisément à la page où se trouve la réponse à ce que vous cherchez. Cette zone est le lieu idéal pour placer un autel où vous pouvez laisser des prières adressées à Dieu, à l'univers, aux anges, aux guides, aux assistants invisibles, etc. Étant donné que l'on reçoit selon ce que l'on donne, cette zone est aussi associée à vos actes philanthropiques.

7. Créativité (ou réalisation)

Cette partie du Ba-ga se rapporte à tout ce que vous créez, tout ce à quoi vous donnez naissance. Valorisez cette zone pour conduire vos enfants et vos projets à maturité. C'est aussi un endroit excellent pour placer « une carte aux trésors » : une représentation sous forme d'image de quelque chose que vous désirez, comme une nouvelle voiture, un meilleur emploi ou un voyage dans un lieu où vous avez toujours rêvé d'aller. J'ai obtenu de merveilleuses choses grâce à cette technique et je connais également beaucoup d'autres belles histoires de personnes qui l'ont mise en pratique. Assurez-vous de placer une photo sur laquelle vous apparaissez heureux et souriant.

8. Méditation (ou connaissance intérieure)

Cette zone est associée à de nouveaux apprentissages, à l'introspection, à la méditation et au guide intérieur. C'est l'emplacement idéal pour une bibliothèque, une pièce réservée à l'étude ou à la méditation. Mettez en valeur cette zone, si vous voulez améliorer vos études, votre intuition, votre intérêt pour la spiritualité ou la possibilité d'être guidé par votre Moi supérieur.

9. Lumière (ou renommée)

Chaque personne est unique. Cette zone touche à l'expression de votre individualité, à ce qui vous motive dans la vie et à ce pour quoi vous êtes connu. À un niveau plus élevé, elle se rapporte à l'illumination spirituelle et à la réalisation de soi. C'est le lieu que vous devez renforcer si vous voulez développer votre charisme, obtenir plus de clarté dans votre vie, accroître votre réputation ou encore développer votre potentiel spirituel. Cette zone se trouvant sur le mur opposé à la porte, elle représente souvent le point de convergence de la pièce.

Que faire si vos toilettes sont mal placées

Pour la plupart des Occidentaux, l'emplacement de leurs toilettes est une question qui ne leur a jamais traversé l'esprit, mais, pour toute personne qui connaît le Ba-ga, c'est une chose importante à considérer. Au fil des siècles, les praticiens du Feng Shui ont découvert que des toilettes situées dans la zone de la Fortune pouvaient empêcher les occupants de cette maison de devenir prospères. Cela équivaut, sur le plan symbolique, à mettre ses économies dans les toilettes et à tirer la chasse d'eau ! Si cela correspond à votre cas, il est possible que vous ayez des rentrées d'argent, mais il y en aura autant qui partira. En 1993, quand l'intérêt pour le Feng Shui n'en était qu'à ses débuts au Royaume-Uni, j'ai participé à une émission de télévision appelée *This morning* de la chaîne Granada TV et j'ai expliqué quels pouvaient être les problèmes liés au fait d'avoir ses toilettes situées en cet endroit. La réaction des spectateurs surprit le standard téléphonique de Granada. Ce fut un déluge d'appels de gens nous disant : « Cela explique pourquoi nous avons perdu de l'argent depuis que nous avons emménagé dans cette maison ! »

Il existe heureusement un certain nombre de solutions à ce problème, grâce à des techniques du Feng Shui, qu'il est préférable de mettre en pratique simultanément.

1. S'il y a une fenêtre dans la pièce, suspendez-y un cristal sphérique à multiples facettes afin de répandre le plus possible une lumière irisée dans la pièce.

2. Gardez le siège des toilettes abaissé quand elles sont inoccupées.

3. Fermez toujours la porte des toilettes et suspendez-y un miroir du côté extérieur, pour faire dévier l'énergie. Ce miroir peut avoir n'importe quelle taille, pourvu qu'il soit encadré et suspendu d'une façon sûre à plat contre la porte (reportez-vous au chapitre suivant pour de plus amples informations sur la façon de suspendre des miroirs).

4. Placez dans la pièce une plante en bonne santé, aux feuilles arrondies et dirigées vers le haut, afin d'élever l'énergie de l'espace ou, si cela n'est pas possible, mettez l'image d'un arbre ou d'une plante prolifique ou encore de fleurs en plein épanouissement.

Ces corrections résolvent les problèmes des toilettes mal placées dans la plupart des cas, mais, de la même façon que vous devrez toujours faire attention de garder la porte fermée et le siège des toilettes abaissé, vous devrez être très prudent en matière d'argent pour le restant de votre vie. À l'avenir, lorsque vous serez en quête d'une nouvelle maison, vous pourrez vous économiser des déplacements en demandant à l'agent immobilier s'il existe un plan, afin de vérifier en premier lieu où se trouvent les toilettes.

CHAPITRE XIX

DAVANTAGE DE MAGIE GRÂCE AU FENG SHUI

Avant de décrire d'autres utilisations possibles du Feng Shui qui vous permettront d'apporter des transformations magiques à votre vie, je voudrais tout d'abord vous donner un conseil de la plus haute importance :

Prenez votre temps pour effectuer des changements selon le Feng Shui et seulement après avoir éliminé votre désordre

N'essayez pas d'appliquer toutes les règles du Feng Shui en même temps. Procédez de façon graduelle et débarrassez-vous au préalable de tout bric-à-brac, sinon vous pourriez amplifier vos problèmes plutôt que de les atténuer. Si vous n'avez pas encore purifié votre maison, alors faites-le maintenant. Ensuite, choisissez un domaine de votre vie sur lequel vous aimeriez vous concentrer ou deux domaines à la rigueur. Pour chaque transformation que vous apportez à votre maison, prenez le temps de l'intégrer et de laisser la nouvelle énergie s'installer avant de passer au changement suivant.

Une esthéticienne, qui travaillait à son compte et dont les affaires étaient florissantes, n'a pas tenu compte de ce conseil. De retour chez elle, après avoir assisté à l'un de mes cours, elle se précipita pour suspendre des miroirs et des cristaux dans sa maison et pour déplacer tous ses meubles. Le jour suivant, six de ses clients appelaient pour décommander leur rendez-vous. Une autre femme fit de même après une consultation privée, jusqu'à ce que les membres de sa famille interviennent et la menacent de partir si elle ne ralentissait pas.

Après la lecture des chapitres précédents et du présent chapitre, vous vous sentirez sans doute plein d'énergie et d'enthousiasme, et serez impatient de commencer. Je vous recommande de procéder avec modération !

Corrections et mises en valeur selon le Feng Shui

Les corrections à apporter selon les techniques du Feng Shui sont destinées à modifier la circulation de l'énergie dans votre maison, tandis que les mises en valeur accroissent l'énergie dans un domaine particulier. Par exemple, une maison qui ne comporte pas de zone de la Fortune nécessite une correction permanente de la situation. Dans une autre maison où cette zone serait présente, mais la prospérité de ses occupants en déclin, une mise en valeur selon le Feng Shui pourrait être utilisée pendant quelque temps, dans le but de revitaliser cette zone. Rappelez-vous que la vie est en perpétuelle mutation. Vos centres d'intérêt changent au fur et à mesure que vous vous transformez et que vous évoluez.

Rappelez-vous également en lisant la section suivante que chaque pièce de votre maison possède son propre Ba-ga (placez le centre de la grille au centre de la pièce et faites pivoter la grille, afin que son bord inférieur se trouve aligné sur la porte d'entrée de la pièce). Ainsi, si vous voulez améliorer un aspect particulier de votre vie, revalorisez la zone dans le grand Ba-ga de votre maison et renforcez la zone correspondante des Ba-ga de chaque pièce de votre maison, spécialement dans les pièces où vous passez la plupart de votre temps.

Comme pour la Purification de l'Espace, plus vous êtes clair sur ce que vous désirez, plus les corrections et les mises en valeur que vous apportez sont efficaces. Leurs effets sont encore plus profonds quand vous les effectuez dans un but précis et que, du fond du cœur, vous formulez le souhait que les meilleures choses arrivent pour le plus grand bien de tous ceux qui sont concernés. Vous pouvez même décider de procéder à une petite cérémonie à chaque transformation que vous effectuez pour vous permettre de mieux vous concentrer sur le but que vous voulez atteindre et pour obtenir une efficacité maximale.

Miroirs

L'histoire de Blanche-Neige et les sept nains se trouve profondément ancrée dans le subconscient de tous les Occidentaux. Sa méchante belle-mère, la belle mais vaniteuse reine, demande tous les jours à son miroir : « Miroir, mon beau miroir, dis-moi qui est la plus belle ? », et le miroir répond sans jamais mentir, même si la reine devient des plus enragées quand il commence à lui dire que c'est Blanche-Neige qui est la plus belle.

Il y a également la grande œuvre littéraire de Lewis Carroll *Alice à travers le miroir*, mais aussi la superstition séculaire selon laquelle un miroir cassé entraîne sept ans de malheur. On a souvent attribué aux miroirs des vertus magiques. Ils sont en effet de puissants agents de transmutation de l'énergie. Enfin, on peut en faire usage de manières tellement différentes dans le Feng Shui, qu'on y fait souvent référence comme étant « l'aspirine du Feng Shui », la véritable panacée.

UTILISATION DE MIROIRS POUR APPORTER DES CORRECTIONS

On peut corriger efficacement une zone manquante dans une maison à l'aide de miroirs. Dans le dessin ci-dessous, la zone de la Fortune qui est absente est ajoutée symboliquement en suspendant un miroir sur l'un des murs qui cloisonne la zone manquante, son côté réfléchissant tourné vers l'intérieur de la pièce. Il n'est pas nécessaire de placer un miroir sur

les deux murs. (Si l'un de ces murs possède une fenêtre, vous préférez peut-être utiliser un cristal plutôt
qu'un miroir — reportez-vous à la page 330).

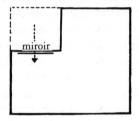

Miroir corrigeant une zone manquante

UTILISATION DE MIROIRS EN CONJONCTION AVEC LE BA-GA

Lorsque vous suspendez un miroir dans une zone du
Ba-ga que vous voulez mettre en valeur, c'est à ce
moment-là que vous commencez à apprécier le pouvoir
des miroirs. Cela équivaut à augmenter le volume du
monde énergétique et à faire entrer davantage de ses
vibrations dans votre espace. Faites attention à ne pas
dépasser la mesure, car un trop grand nombre de
miroirs peut se révéler difficile à gérer et peut vous
provoquer des étourdissements et des nausées. Un
miroir par pièce est suffisant. Des miroirs de plus petites dimensions peuvent être ajoutés au besoin.

MIROIRS OUVRANT UN ESPACE

Les miroirs peuvent être employés pour apporter
davantage de lumière (et d'une façon symbolique

davantage d'énergie positive) dans des zones som-
bres comme des vestibules lugubres. Ils sont également utiles pour donner l'illusion qu'une pièce est
plus grande qu'elle ne l'est en réalité. On peut trouver un exemple parfait de cette application dans les
minuscules toilettes des avions des lignes commer-
ciales, dans lesquelles toute personne serait facilement atteinte de claustrophobie s'il n'y avait pas de
miroir. Fréquemment utilisés dans les restaurants et
les boutiques pour donner l'impression d'un lieu
plus spacieux, les miroirs peuvent aussi agrandir une
pièce ou le corridor étroit d'une maison.

DOUBLEMENT SYMBOLIQUE
À L'AIDE DE MIROIRS

Vous pouvez utiliser des miroirs pour renforcer
l'énergie de manière symbolique. Pour les commer-
ces, le Feng Shui recommande de placer un miroir
qui réfléchit la caisse afin de doubler les bénéfices ou
de mettre des miroirs derrière des produits exposés
sur des rayons pour doubler les ventes. Par contre,
un miroir qui renvoie l'image d'un bureau n'est pas
une bonne idée, car cela accroît symboliquement la
charge de travail sans nécessairement augmenter les
profits ! Assurez-vous d'avoir complètement éliminé
le désordre avant de suspendre des miroirs dans votre
maison, sinon vous ne ferez que multiplier par deux
vos problèmes !

MIROIRS DANS UNE CHAMBRE

Un trop grand nombre de miroirs placés dans votre
chambre peut vous empêcher de bien dormir. Les
miroirs de forme arrondie sont par ailleurs préférables

à ceux qui présentent une forme anguleuse. Ne suspendez jamais de miroirs dans lesquels vous pouvez vous voir quand vous êtes dans votre lit. Les miroirs placés à la tête ou au pied d'un lit ne sont pas non plus recommandés. Ne mettez pas de miroir dans la chambre des enfants, à moins qu'ils ne le demandent.

ENTREPOSAGE DES MIROIRS

Étant donné leur pouvoir, il n'est pas recommandé de laisser des miroirs aux murs sans intentions précises, tandis qu'ils font rebondir l'énergie d'une façon aléatoire dans l'espace. Cela peut créer du chaos et de la confusion dans votre vie. Si vous n'utilisez pas un miroir, désactivez-le en le couvrant ou tournez-le vers le mur, afin qu'il ne réfléchisse pas la lumière.

COMMENT SUSPENDRE LES MIROIRS

Suspendez les miroirs de façon qu'ils ne coupent ni le haut ni le bas de la tête des personnes qui s'y regardent régulièrement. Si vous avez des enfants, il est préférable de placer les miroirs de manière qu'ils puissent se regarder facilement dedans ou au contraire ne pas se voir du tout. Si un enfant ne voit pas plus haut que ses yeux, cela peut entraîner chez lui un sentiment de médiocrité.

Si un miroir est placé de telle manière qu'il ne réfléchit qu'une partie du bas du corps, cela peut produire un malaise physique précisément au niveau où le miroir coupe le corps. Par exemple, si vous avez chez vous un miroir dans lequel vous voyez souvent votre image, mais qu'elle se trouve tronquée à partir de la taille jusqu'aux pieds, votre corps aura la sensation d'être coupé au niveau de la taille et peut éventuellement développer un problème à ce niveau. C'est principalement le fait des longs miroirs qui sont appuyés contre un mur plutôt que d'être suspendus et de ceux qui sont placés sur des coiffeuses dans les chambres.

Une femme avait un miroir dans lequel elle ne pouvait pas voir le dessus de sa tête, car il était suspendu trop bas pour elle, et cela faisait des années qu'elle souffrait de maux de tête douloureux. Ce miroir se trouvait dans la zone centrale de son appartement, ce qui veut dire qu'elle se voyait ainsi plusieurs fois par jour. Lorsqu'elle eut changé la position du miroir pour le suspendre plus haut, afin de voir entièrement sa tête, ses maux de tête disparurent.

Suspendez les miroirs dans lesquels vous vous regardez le plus souvent de manière qu'ils vous renvoient une image comportant suffisamment d'espace au-dessus de votre tête, ce qui vous permettra ainsi de développer votre potentiel à un niveau élevé.

Faites attention à ne pas placer deux miroirs qui se réfléchiraient l'un dans l'autre, l'énergie oscillerait alors entre les deux en pure perte. Un homme qui avait deux miroirs qui se faisaient face dans la zone de la Carrière de son appartement travaillait très dur, mais ne progressait pas dans ce domaine. Dès qu'il eut enlevé un des miroirs, il prit son essor.

Gardez également à l'esprit que suspendre un miroir dans la position la plus idéale selon le Ba-ga est de peu d'utilité s'il réfléchit une image affreuse. Suspendez toujours des miroirs qui réfléchissent des choses plaisantes à regarder.

Les miroirs ne doivent pas être adossés contre un mur ni inclinés dans un angle, car, n'étant pas droits, ils créent des effets quelque peu indésirables. Fixez-les solidement à un mur.

QUELS GENRES DE MIROIRS UTILISER

Pour une utilisation à l'intérieur des murs, plus un miroir est grand, mieux c'est, à condition qu'il soit proportionné à la pièce où il se trouve. Il est toujours préférable d'utiliser des miroirs encadrés, à moins que la glace ne soit coupée pour s'adapter parfaitement aux dimensions d'une niche. Des miroirs qui possèdent des bords tranchants créeront une vie en dents de scie. Les cadres peuvent être circulaires, ovales, carrés ou rectangulaires.

Utilisez des miroirs qui sont assez larges, afin que vous n'ayez pas l'impression que vous devez vous rapetisser pour vous voir entièrement. Cela est particulièrement important pour les miroirs en pied. Vous vous sentirez plus fort si le miroir dans lequel, vous vous regardez renvoie une image entourée d'espace, vous donnant ainsi de la place pour vous développer.

Les miroirs qui font office de carreaux sont absolument à proscrire. Ils coupent votre image en dizaines de minuscules morceaux, ce qui a pour effet de fragmenter votre vie. Les grands miroirs divisés en plusieurs parties, dont ceux des penderies, peuvent aussi se révéler indésirables.

Les miroirs convexes peuvent réellement dynamiser l'énergie dans les moments où vous en avez besoin. Ils agissent un peu comme des antibiotiques qui, pris en cas de réelle urgence, donnent des résultats excellents, mais si vous en prenez au moindre malaise, alors quand vous en aurez réellement besoin leur efficacité sera minime. Ils peuvent même avoir un effet contraire si leur usage est continu. L'une de mes clientes, une femme d'affaires qui n'arrivait pas à trouver du personnel, plaça un miroir convexe dans la zone des Amis bienveillants de sa maison et reçut des dizaines de demandes d'emploi de personnes qui voulaient travailler pour elle. Quand ses affaires commencèrent à baisser, elle plaça ce même miroir dans la zone de la Fortune et il y eut un regain rapide d'activité. Elle continue depuis d'utiliser ce miroir comme une aide occasionnelle.

ENTRETIEN DES MIROIRS

Maintenez vos miroirs dans un état de propreté étincelante et ils vous rendront de formidables services. Il est préférable d'utiliser des miroirs qui ont une bonne surface réfléchissante. Les miroirs qui ont perdu leur couche d'argent ternissent votre vie. Les pires de tous sont les miroirs anciens dont l'état est déplorable. L'une de mes clientes possédait une belle grande maison, avec trois énormes miroirs de ce genre dans le hall d'entrée, qui correspondait à la zone de la carrière de sa maison. Ces miroirs avaient été accrochés là trois ans auparavant et il s'avéra que ni son mari ni elle n'avaient pu trouver de travail depuis. Un « état déplorable » est ce qui caractérisait le mieux leurs finances. Une glace fêlée doit être remplacée immédiatement ou le miroir, enlevé.

Cristaux

UTILISATION DES CRISTAUX

Lorsque l'on entre dans une pièce où un cristal suspendu à la fenêtre répand une lumière irisée, on peut véritablement sentir son effet revigorant ! En effet, le cristal réfracte l'énergie de la lumière du soleil et la disperse dans toute la pièce. Sur le plan symbolique, cela apporte davantage de force de vie positive dans votre maison. Les cristaux concentrent, activent et relèvent l'énergie. Ils donnent de meilleurs résultats s'ils sont suspendus à une fenêtre qui reçoit beaucoup de lumière.

On peut utiliser des cristaux pour mettre en valeur une zone particulière selon le Ba-ga ou pour corriger une zone manquante dans votre maison. Suspendez un cristal à la fenêtre qui fait face à la partie manquante pour apporter symboliquement l'énergie de cet espace dans votre maison.

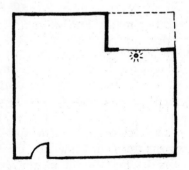

Cristal corrigeant une zone manquante

COMMENT SUSPENDRE VOS CRISTAUX

Vous obtiendrez en principe de meilleurs résultats si vous suspendez un cristal au milieu d'une fenêtre et dans sa partie supérieure. Étant donné que les cristaux rendent plus active l'énergie de l'endroit où ils sont suspendus, il est primordial que l'objet qui se trouve tout près — peu importe ce dont il s'agit — soit le symbole de ce que vous voulez obtenir dans votre vie !

QUELS TYPES DE CRISTAUX UTILISER

Les cristaux clairs, à multiples facettes et irisés sont les meilleurs. La gamme de toutes les couleurs de l'arc-en-ciel indique que vous invoquez toutes les éventualités, afin d'atteindre votre potentiel le plus élevé. Les cristaux sphériques produisent l'effet le plus complet. Vous pouvez en trouver dans des dimensions variées qui vont d'un diamètre de 20 mm, convenant aux pièces plus petites et aux chambres d'enfants, à un diamètre de 70 mm, recommandé uniquement dans ce cas pour les salles de banquet et autres ! Choisissez la taille selon ce qui semble le plus approprié à la fenêtre où vous voulez les accrocher.

ENTRETIEN DE VOS CRISTAUX

N'utilisez jamais un cristal qui est ébréché. Il pourrait altérer l'énergie et produire des effets indésirables. Gardez toujours vos fenêtres et vos cristaux dans un état de propreté étincelante. Le nettoyage de vos cristaux devrait faire partie de vos travaux d'entretien ménager hebdomadaires ou tout au moins devriez-vous les laver une fois par mois. Pour vous en souvenir facilement, accomplissez toujours cette tâche le premier jour du mois. Vous pouvez laver vos cristaux à l'endroit où ils se trouvent, en les trempant dans un petit bol contenant de l'eau de source non gazeuse puis en les laissant sécher naturellement. N'oubliez pas d'entretenir vos cristaux et ils vous le rendront.

Éclairage

Un éclairage créatif peut transformer un sous-sol lugubre en un lieu confortable et attrayant, et une boutique sans intérêt en un endroit qui attire irrésistiblement la clientèle. C'est un moyen d'attirer et de concentrer l'attention, de remonter le moral et de stimuler, d'activer et de mettre en valeur l'espace. Installez des lampes à faisceau montant ou descendant, afin d'enrichir certaines zones selon le Ba-ga, en éclairant, par exemple, des plantes, de beaux tableaux ou des bibelots. Une lumière attirante à l'extérieur de votre maison est comme un phare qui vous souhaite la bienvenue. Utilisez un éclairage dirigé vers le haut pour relever une énergie oppressante provenant d'un plafond bas ou en pente, d'une pièce ou d'un couloir sombre ou étroit. Pour corriger une zone manquante, placez un éclairage dans l'encoignure manquante la plus éloignée et orientez le faisceau lumineux vers la maison.

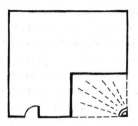

Spot corrigeant une zone manquante

Carillons éoliens

Je suis toujours étonnée du nombre de personnes qui ont chez elles un carillon éolien suspendu dans l'embrasure d'une porte ou dans un couloir, m'obligeant à me contorsionner pour pouvoir passer. Au lieu d'accroître la circulation de l'énergie, en réalité ils l'obstruent !

Dans le Feng Shui, les carillons éoliens sont principalement utilisés pour modérer l'énergie. Pensez à ce que vous pouvez ressentir quand vous opposez votre main au vent. Si vous maintenez vos doigts ensemble, le vent ne peut pas passer à travers votre main, mais si vous ouvrez vos doigts, une partie du vent va passer par les ouvertures. Les carillons éoliens fonctionnent de la même façon et par conséquent ralentissent l'énergie, en bloquant une partie de celle-ci pour ne laisser passer que le reste. Le joli tintement des carillons épure l'énergie sur son passage. C'est un son charmant à entendre, mais ce n'est absolument pas indispensable pour rendre les carillons efficaces, tout simplement parce qu'ils ont été utilisés dans le Feng Shui pendant des milliers d'années et que l'énergie à laquelle ils sont reliés dans le monde invisible les activera de toute façon.

Dans quelles circonstances un carillon éolien trouve-t-il son utilité ? Si les escaliers de votre maison sont dans l'alignement de la porte d'entrée, un carillon suspendu au plafond, quelque part entre la marche du bas et la porte, ralentira la vitesse à laquelle l'énergie (et, sur un plan symbolique, l'argent) dévale vos escaliers et s'échappe par la porte d'entrée. Si votre porte d'entrée se trouve dans l'alignement de votre porte arrière, l'énergie se déplace trop rapidement dans votre maison et vous risquez de rater des occasions. Un carillon éolien suspendu au plafond quelque part entre les deux portes ralentira suffisamment le flux de l'énergie pour vous donner le temps d'examiner les choses. Vous pouvez également suspendre un carillon dans un long couloir, afin de ralentir l'énergie qui y circule trop rapidement ou en placer un dans la zone appropriée selon le Ba-ga, afin de tranquilliser une énergie perturbée dans un domaine de votre vie.

Les carillons éoliens servent également à élever le niveau de l'énergie dans une maison. Les Balinais adorent suspendre des carillons en bambou aux avant-toits d'un bâtiment. Il y a aussi des carillons qui s'agitent dans le vent et qui produisent des *ding-ding* mélodieux portant jusqu'aux rizières. Dans le Feng Shui chinois, il est recommandé de suspendre un carillon éolien près de l'entrée d'un commerce pour favoriser les affaires.

Plantes et fleurs

Utilisez des plantes qui représentent symboliquement par leurs formes ce que vous voulez créer.
D'une manière générale, les plantes aux feuilles
arrondies et dirigées vers le haut donnent de
meilleurs résultats pour le Feng Shui. L'une de mes
préférées est la *Crassula Argentea*, qui est excellente
pour mettre en valeur la zone de la Fortune. Évitez
de placer des plantes qui ont des feuilles pointues
dans des espaces réduits, car coupant le ch'i, il peut
en résulter des disputes et de la mauvaise humeur,
spécialement si elles sont placées dans la zone des
Relations.

Un homme qui avait assisté à mon cours « Premier
pas dans la pratique du Feng Shui » prit conscience
qu'il avait une collection de cactus épineux dans la
zone de la Fortune de sa maison depuis dix-sept ans.
Il s'en débarrassa le lendemain. Dans le même
temps, sa femme, qui était en visite chez une tante
à Singapour, lui téléphonait pour lui faire savoir que
sa tante leur remettait spontanément un chèque
d'un montant substantiel ! La seule fois où elle leur
avait donné de l'argent remontait à dix-sept ans
auparavant, lorsqu'ils avaient acheté leur maison.

Pour de plus amples renseignements sur les plantes,
reportez-vous aux pages 281-282 et 291.

Animaux

Les animaux familiers peuvent contribuer énormément à activer l'énergie, car, se déplaçant dans tous les sens, ils la font circuler. Une petite fille qui avait pris connaissance du Ba-ga entreprit de mettre son hamster dans la zone de la Fortune de sa chambre et l'encouragea à faire tourner sa roue le plus possible. Toute contente, elle m'appela quelques semaines plus tard pour me dire que ce qu'elle obtenait en argent de poche et d'autres sources avait triplé ! Malheureusement, son hamster s'était épuisé et avait beaucoup maigri. Aussi, après discussion, fut-elle d'accord pour recevoir seulement le double d'argent de poche et améliorer la santé de son hamster !

Objets qui se déplacent

Tout objet en mouvement contre un arrière-plan immobile a pour effet d'activer l'énergie et d'attirer l'attention. Les enseignes au néon qui clignotent et d'autres objets qui bougent peuvent être utilisés dans les vitrines pour attirer les clients. Les escalators et les tapis roulants sont aussi efficaces, à condition que le nombre d'escalators se dirigeant vers le bas n'excède pas le nombre de ceux qui se dirigent vers le haut ! Dans votre maison, vous pouvez utiliser des mobiles pour mettre en valeur n'importe quelle zone selon le Ba-ga.

Objets massifs

Vous pouvez utiliser des objets tels que des statues en pierre pour apporter des corrections selon le Feng Shui et ancrer votre énergie (cela est particulièrement utile si vous dormez dans une pièce qui comporte un espace inoccupé en dessous). D'autres objets pesants, faits de bois ou de pierre ou encore des meubles de grande taille peuvent être utilisés temporairement pour redresser une situation telle qu'une carrière chancelante (dans la zone du Parcours), des finances en baisse (dans la zone de la Fortune), des relations difficiles (dans la zone des Relations), etc. Si vous laissez ces objets trop longtemps en place, cela peut avoir un effet contraire et entraîner une stagnation de l'énergie, aussi faut-il rester vigilant et observer ce qui se passe.

Objets symboliques

Placez des photos ou des bibelots dans différentes zones, selon le Ba-ga, pour mettre sous forme de symbole ce que vous voulez créer dans les différents domaines de votre vie. Une femme qui cherchait son partenaire idéal avait eu une série de petits amis décevants. « Ils avaient tous besoin de recevoir des coups de pied dans le derrière pour bouger, me confia-t-elle. » En parcourant sa maison, je trouvai, bien calée dans sa zone des Relations, une énorme statue d'un bouddha pétrifié. Elle la remplaça par une figurine plus macho et plus active, et trouva l'homme qui lui convenait !

Pour corriger, selon le Feng Shui, des plafonds oppressants, utilisez des photos de ballons, de cerfs-volants, d'anges, d'hélicoptères, d'avions, d'oiseaux, de papillons, etc., qui s'élèvent vers le ciel. Des canards en céramique en position de vol peuvent se révéler utiles pour corriger des escaliers abrupts (placez-les en train de voler vers le ciel afin de faire monter l'énergie en haut des escaliers).

L'eau

Je n'ai pas encore trouvé de restaurant chinois dans le monde où il n'y ait pas un aquarium ou tout au moins une représentation de poissons en train de nager. L'eau activée par des poissons vivants est une mise en valeur du Feng Shui reconnue pour apporter la prospérité. C'est un principe qui est très souvent mis en pratique dans le monde des affaires.

Pour dissiper une cassure du ch'i, des jets d'eau peuvent être placés entre votre maison et ce qui provoque cette cassure. Un bain pour les oiseaux placé dans une zone manquante développera une énergie de haut niveau en attirant des oiseaux dans l'espace.

Les couleurs

Il y a de nombreuses années, j'habitais dans une grande maison victorienne où j'avais fait l'expérience de peindre les pièces d'une couleur différente. Il y avait la pièce brune, la pièce rouge, etc. J'ai ainsi appris que chaque couleur produisait un effet particulier : le rouge rend actif et attire l'attention (remarquez le nombre de grands magasins qui utilisent cette couleur dans leur logo), le bleu apaise et détend, le vert soigne et revitalise, le jaune enrichit les émotions, le brun permet d'avoir les pieds sur terre, mais peut devenir trop pesant, le rose est la couleur de l'amour, l'orange stimule l'appétit (ne peignez pas votre cuisine en orange si vous voulez perdre du poids !).

Le blanc et le noir ne sont pas des couleurs en elles-mêmes, mais respectivement la présence de toutes les couleurs et leur absence totale. Leur symbolisme est différent selon les cultures. À Bali, par exemple, le blanc est la couleur la plus élevée et symbolise la pureté dans le cycle de la vie et de la mort. En Chine, le blanc est associé à la mort et au deuil. Un décor blanc dans une maison peut ouvrir toutes les possibilités, mais trop de blanc peut être l'indice d'un manque de but dans la vie. Le noir symbolise la vacuité lors d'une transition. D'ailleurs, beaucoup d'adolescents passent par « une phase du tout en noir » (ils portent des vêtements noirs, peignent leurs meubles en noir, etc.) tandis qu'ils se cherchent.

Le choix des couleurs est un vaste sujet pour lequel beaucoup de facteurs personnels doivent être pris en compte. Les couleurs, comme les odeurs, peuvent stimuler des souvenirs profondément enfouis dans le subconscient et dans le corps. Le docteur Max Lüscher, auteur de *The Lüscher Color Test*, s'est intéressé aux causes des préférences en matière de couleur et a mené une étude très détaillée sur le sujet. Il a conclu que les préférences étaient gouvernées par « des dispositions déjà existantes ou par l'équilibre glandulaire ».

Les couleurs que vous voyez en entrant chez vous conditionnent ce que vous allez ressentir en ce lieu et, par conséquent, ce que vous pourrez y faire. Choisissez toujours des couleurs avec lesquelles vous vous sentez bien.

Les tons pastel possèdent un plus haut degré vibratoire que les couleurs primaires et sont assurément le meilleur choix possible pour la chambre des bébés. Au fur et à mesure qu'ils grandissent, les enfants deviennent plus attirés par les couleurs primaires. Laissez-les choisir la couleur de leur chambre lorsqu'ils atteignent un âge où ils commencent à exprimer des préférences. Soyez également plus attentif aux changements d'énergie opérant en vous-même qui peuvent modifier la façon dont vous vous reliez aux champs vibratoires des différentes couleurs et changez votre décoration en conséquence.

Comment savoir si vous agissez pour le mieux

DÉCLIC

Après une consultation approfondie, j'avais suggéré à l'une de mes clientes d'effectuer des transformations dans sa maison. Très sensible, elle m'a raconté qu'elle avait ressenti un « clic » à l'intérieur d'elle-même à chaque changement. C'est précisément le but à atteindre, tout l'art du Feng Shui consistant à réorienter et à aligner de nouveau les différents courants de l'énergie. Ce dont elle faisait l'expérience en réalité, c'était la « justesse » des rectifications qu'elle était en train d'apporter sur le plan physique et la résonance correspondante à l'intérieur d'elle-même.

EFFET VISUEL

Toutes les transformations que vous apportez à votre maison selon les principes du Feng Shui doivent se fondre dans votre maison pour en améliorer l'apparence. Si des personnes visitant votre maison vous disent : « Mais que fait donc cet objet ici ? », c'est que vous devez remettre en question votre aménagement. Les miroirs et les carillons éoliens qui proviennent de Chine font peut-être beaucoup d'effet dans le quartier chinois de votre ville mais, dans une élégante maison occidentale, ils auront l'air déplacés. Il est donc important de toujours vous entourer d'objets qui correspondent à votre propre style de décoration. Si vous avez trouvé ce qui convient, vous serez satisfait du résultat et on vous fera des compliments.

EFFET SENSORIEL

Votre corps sait exactement ce qui vous convient ou non et peut se révéler votre meilleur guide, si vous savez comment interpréter les signes qu'il vous envoie. Si l'aménagement de votre maison selon les principes du Feng Shui vous donne un sentiment d'allégresse et de bien-être total dans votre corps, c'est qu'il est correct. Deepak Chopra décrit très bien ce phénomène dans son livre *Les Sept Lois spirituelles du succès.*

> « L'univers utilise un mécanisme très intéressant pour vous aider à faire spontanément les bons choix, mécanisme qui touche aux sensations de votre corps. Votre corps expérimente

deux sortes de sensations : l'une est une sensation de bien-être, l'autre, de malaise. Au moment où vous faites consciemment un choix, portez attention à votre corps et demandez-lui : "Si je fais ce choix, que se passe-t-il ? Si votre corps envoie un message de bien-être, c'est le bon choix, mais s'il envoie un message de malaise, ce n'est pas le bon choix. »

EFFET SUR
VOTRE RESPIRATION

Nous prenons un peu d'énergie dans notre corps à chaque respiration. J'ai expliqué dans la première partie de ce livre combien il est important de respirer profondément tandis que vous effectuez la Purification de l'Espace, afin que l'énergie continue de circuler. De la même façon, lorsque vous apportez des transformations à votre maison selon le Feng Shui, vous pouvez vous laisser guider par votre respiration pour savoir si vous agissez pour le mieux. Quand l'énergie a toute la liberté voulue, vous respirez naturellement, sans faire aucun effort ; quand l'énergie se trouve restreinte, vous vous sentez à l'étroit dans votre poitrine et votre respiration est difficile. Restez à l'écoute de votre respiration et obtenez ainsi des indications sur ce que vous êtes en train de faire.

LES RÉSULTATS

Le véritable test pour le Feng Shui consiste à vous demander si votre vie s'est améliorée. Parfois, les changements surviennent brusquement et sont manifestes. J'en ai donné de nombreux exemples tout au long de ce livre. D'autres fois, les résultats sont plus lents à venir et sont moins évidents.

Très souvent, les gens vont dire : « Ah ! oui, mais cela aurait pu arriver de toute façon sans le Feng Shui. » Ils ont peut-être raison, mais l'inverse est aussi possible. Je me rappellerai toujours d'une cliente qui avait eu une série de « coups de chance » extraordinaire après que je lui eus conseillé de suspendre un cristal à l'une des fenêtres de sa maison. Lui rendant visite quelque temps plus tard, elle restait convaincue que le Feng Shui n'avait rien à y voir. Je lui ai alors proposé d'enlever le cristal et de la rembourser, mais elle se leva d'un bond de sa chaise et me barra le passage tandis que je me dirigeais vers la fenêtre en question. Son esprit ne voulait pas l'admettre, mais son corps savait qu'elle avait besoin de garder le cristal où il se trouvait !

Ces changements dans l'énergie de votre maison peuvent avoir des répercussions sur le plan concret. Après avoir effectué quelques transformations selon le Feng Shui, il arrive parfois que des ampoules grillent ou que des mécanismes divers réagissent. Les machines qui n'étaient pas fiables peuvent aussi « s'autoguérir » et marcher mieux qu'auparavant.

Vous devez vous rappeler, comme pour de nombreuses formes de guérison, que les choses doivent parfois empirer avant de s'améliorer par la suite. Dans ce cas, il vous faut simplement résister pendant quelque temps et surmonter vos difficultés. Si toutefois vous continuez de subir des échecs ou si vous semblez être sur une pente descendante, il est tout à fait possible que les changements apportés ne soient pas corrects et aient besoin d'être inversés. Vous pouvez placer un miroir avec les meilleures intentions du monde, mais ne pas saisir qu'en agissant ainsi vous avez complètement déséquilibré quelque chose d'autre.

SI TOUT VA BIEN,
NE CHANGEZ RIEN

Dans son livre *Feng Shui Made Easy*, William Spear raconte une histoire pour nous mettre en garde. Il s'agit d'un homme qui avait apporté beaucoup de transformations à sa maison en suivant les principes du Feng Shui et dont les conséquences se révélèrent désastreuses. Quand on le questionna, il ressortait que tout allait parfaitement bien dans sa vie, jusqu'à ce qu'il déplace des meubles et suspende des cristaux, des carillons éoliens, des miroirs, etc., dans le but d'améliorer sa vie encore davantage, mais, ce faisant, il avait rompu l'harmonie qui existait déjà dans sa maison.

J'ai entendu des histoires semblables d'innombrables fois. Ne soyez pas cupide ! Si tout va bien dans votre vie, observez votre maison et tirez-en des leçons, car vous avez déjà créé une circulation de l'énergie harmonieuse dans votre espace et ce dernier vous le rend bien. Il vous suffit simplement d'effectuer de temps en temps un petit ajustement par-ci par-là selon les principes du Feng Shui.

CHAPITRE XX

INTÉGRATION DU FENG SHUI DANS VOTRE VIE

Créer un espace sacré, c'est plus que transformer votre maison ou votre lieu de travail en un endroit idéal, c'est vivre consciemment dans le flux de l'énergie universelle à partir de laquelle toutes les choses se manifestent, c'est développer votre capacité à donner de l'amour et à en recevoir, à être intime avec les gens et avec les choses, c'est augmenter votre amour de la vie. Cela apporte en même temps une nouvelle perception des choses, de nouvelles valeurs, une façon tout à fait nouvelle d'être et d'agir.

Pour utiliser au mieux le contenu de ce livre, les principes de base de la Purification de l'Espace, la conscience électromagnétique et le Feng Shui doivent être le point central de votre attention pendant quelque temps, au fur et à mesure que vous développez votre savoir-faire et que vous ajustez le monde qui vous environne à vos aspirations profondes. Pour certaines personnes, cela peut se réaliser très rapidement, pour d'autres, cela est plus lent. Soyez patient et donnez-vous le temps dont vous avez besoin.

Après avoir rendu votre environnement conforme à vos désirs, n'en faites plus l'objet principal de votre attention et laissez la Purification de l'Espace et le Feng Shui devenir des moyens qui peuvent vous aider dans la vie, plutôt que le but premier. Certaines personnes essaient d'en faire une religion, d'autres en deviennent tellement obsédées qu'elles ne peuvent effectuer aucun changement dans leur maison à moins de consulter au préalable leur praticien du Feng Shui. Considérez ces outils comme des moyens pour arriver à une fin et non pas comme un but. Intégrez-les dans votre manière de vivre et utilisez-les pour vous donner davantage de pouvoir et pour arriver à maîtriser votre vie.

Nous sommes tous responsables devant notre Moi supérieur pour créer, sur le plan concret, les circonstances propres à remplir le but de notre existence. Ne pas agir ainsi, c'est se laisser aller dans cette partie importante de notre parcours spirituel. En employant les techniques du Feng Shui pour obtenir ce que nous désirons sous toutes les formes qui ont un sens pour nous, nous marchons sur un chemin sacré.

Rappelez-vous que ces techniques doivent être utilisées pour le plus grand bien de tous, jamais dans un but purement égoïste. À Bali, on utilise une expression, *gotong-royong,* qui se traduit par « l'esprit de coopération mutuelle ». Tout le monde aide tout le monde et chacun est aidé par chacun. Lorsque vous pratiquez le Feng Shui de cette façon, amour et abondance emplissent votre vie.

En écrivant cet ouvrage, mon intention est de transformer d'une manière positive la vie de ceux qui le lisent et qui mettent en pratique l'enseignement qui y est donné. Je crois qu'apprendre à créer un espace sacré est extrêmement profitable dans tous les domaines de notre vie. Je crois également que les effets se répercutent beaucoup plus loin que nous ne pouvons l'imaginer, comme une réaction en chaîne autour de l'univers. En étant responsable de la purification et de l'amélioration de notre atmosphère, en améliorant la qualité de notre environnement électromagnétique et en harmonisant le flux de l'énergie dans notre propre espace, chacun de nous contribue de façon significative au bien-être de tous.

POUR LES RÉSIDANTS
DES PAYS AUTRES
QUE LE ROYAUME-UNI

Si vous voulez prendre contact avec moi, voici mon adresse électronique, ou écrivez-moi en joignant une grande enveloppe à votre adresse, accompagnée d'un coupon postal international qui peut être échangé contre un timbre au Royaume-Uni.

Karen Kingston
Suite 401, Langham House
29 Margaret Street
London W1N 7LB
Angleterre
Tel/Fax : +44(0) 7000 77 22 32
E-mail : UKoffice@spaceclearing.com
Informations générales : info@spaceclearing.com
Website : www.spaceclearing.com